SaaS+AI 架构实战

业务解析、架构设计、AI应用

汤奕◎著

电子工业出版社
Publishing House of Electronics Industry
北京·BEIJING

内 容 简 介

本书共分为四部分：SaaS 概述与架构基础、SaaS 整体架构规划、SaaS 核心领域系统架构设计、AI 时代的 SaaS 变革。本书从基础理论入手，系统讲解 SaaS 架构设计方法，涵盖多租户系统、权限管理、商品管理、库存系统等核心领域的架构设计，同时深入探讨 AI 技术在 SaaS 中的创新应用。

本书面向不同领域的读者，开发人员可掌握构建高效稳定的 SaaS 系统的技能；产品经理能深入理解架构设计与业务需求的融合之道；架构师可掌握完整的架构设计方法论；企业管理者能了解如何通过 SaaS 架构推动业务快速发展；AI 工程师可了解如何将 AI 技术整合到 SaaS 业务中。不同领域的读者都能在本书中获得切实可行的架构设计方法与实践经验。

未经许可，不得以任何方式复制或抄袭本书之部分或全部内容。
版权所有，侵权必究。

图书在版编目（CIP）数据

SaaS+AI 架构实战 ：业务解析、架构设计、AI 应用 / 汤奕著. -- 北京 ：电子工业出版社, 2025. 5. (2025. 8 重印) -- ISBN 978-7-121-50151-7

Ⅰ. F272.7-39

中国国家版本馆 CIP 数据核字第 2025Q14B58 号

责任编辑：陈晓猛
印　　刷：北京七彩京通数码快印有限公司
装　　订：北京七彩京通数码快印有限公司
出版发行：电子工业出版社
　　　　　北京市海淀区万寿路 173 信箱　　　　邮编：100036
开　　本：787×980　1/16　　印张：21.25　　字数：476 千字
版　　次：2025 年 5 月第 1 版
印　　次：2025 年 8 月第 2 次印刷
定　　价：118.00 元

凡所购买电子工业出版社图书有缺损问题，请向购买书店调换。若书店售缺，请与本社发行部联系，联系及邮购电话：(010) 88254888，88258888。
质量投诉请发邮件至 zlts@phei.com.cn，盗版侵权举报请发邮件至 dbqq@phei.com.cn。
本书咨询联系方式：faq@phei.com.cn。

前　　言

　　SaaS（软件即服务）是一种新型的服务交付模式，近年来在各行业中得到了广泛应用。它通过云计算平台为用户提供按需使用的软件服务，彻底改变了传统的软件购买和部署方式。

　　随着企业对信息化、智能化需求的持续提升，SaaS 系统的设计和构建已成为架构设计领域的重要课题。

为什么要写本书

　　随着 SaaS 模式在各行各业的普及，企业纷纷采用这一模式来提升业务效率、降低 IT 成本。

　　然而，SaaS 系统的架构设计绝非易事。它不仅涉及技术层面，更关乎业务和战略。设计并构建一个能高效支撑业务战略、灵活可扩展的 SaaS 架构是一项重大挑战。

　　开发人员、产品经理和架构师在处理复杂的业务需求、应对技术挑战和优化架构时，往往倍感压力。因此，需要一本全面的指南，帮助我们理解 SaaS 架构设计的核心原理和实践方法，从而应对日益复杂的系统。

　　本书填补了 SaaS 架构设计领域的知识空白。读者将从本书获得系统化的 SaaS 架构设计方法，掌握从需求分析到架构实现的完整流程，学会如何将架构与企业战略目标、业务流程和技术实现紧密结合，最终打造出稳定、可扩展且符合企业战略的 SaaS 系统。

　　此外，随着人工智能（AI）技术的兴起，SaaS 与 AI 的结合正在创造全新的业务场景和解决方案。本书除了介绍传统 SaaS 架构设计，还将深入探讨 SaaS+AI 的应用，帮助读者把握这一新兴趋势，掌握 AI 技术与 SaaS 架构的融合之道，从而打造更智能的系统。

本书特色

本书从理论与实践相结合的角度出发，深入分析 SaaS 架构设计的关键要素。通过大量实际案例，详细介绍架构设计的各个环节。

本书将 SaaS 架构设计方法论系统化地划分为多个核心章节，包括 SaaS 基本概念、架构设计流程、业务分析、系统架构规划、领域系统设计，以及 SaaS+AI 应用实践。每个章节采用简洁明晰的语言，循序渐进地引导读者掌握 SaaS 架构设计的精髓，确保读者能在实际项目中灵活应用这些知识。

本书紧密结合实际业务场景，深入阐述如何基于行业需求设计合适的 SaaS 架构。特别是对于新零售行业和 AI 应用等领域，本书提供了具体的场景示例，帮助读者更好地理解 SaaS 架构在不同业务场景中的实际应用方法。

本书内容

本书共分为四部分、15 章，系统地介绍了从 SaaS 基础理论到架构设计与实施的全过程。主要内容包括：

第一部分：SaaS 概述与架构基础。

- SaaS 模式概述：阐述 SaaS 的核心概念、发展历程及其与 PaaS、IaaS 的关系。
- SaaS 架构的理论基础：深入讲解架构设计的目标与原则，融合 TOGAF 和 DDD 方法论，帮助读者建立完整的架构设计知识体系。
- SaaS 架构建设流程：讲解 SaaS 架构建设的整体流程，包括业务战略规划、架构蓝图设计、领域系统架构设计、架构治理与实施。

第二部分：SaaS 整体架构规划。

- SaaS 业务架构分析：详述如何通过价值流分析、业务流程分析、业务能力评估、业务对象定义和组织架构设计来系统地解析 SaaS 业务。
- SaaS 系统架构规划：基于业务架构，阐述应用架构、数据架构和技术架构的设计方法与实践。

第三部分：SaaS 核心领域系统架构设计。

- 多租户系统：详细讲解 SaaS 多租户系统架构设计方法，解决租户隔离和资源共享的关键问题。
- 基础数据设计：探讨基础数据建模和设计方法，保障数据一致性。
- 用户权限系统：介绍权限管理系统的架构设计方法，实现精准的用户权限控制。
- 商品管理系统：介绍商品管理系统的架构设计方法。
- 中央库存系统：介绍全渠道零售场景下的中央库存系统的架构设计方法。
- 线上/线下交易系统：介绍全渠道交易系统的架构设计方法。
- 订单履约系统：介绍高效订单履约系统的架构设计方法。
- 促销系统：介绍促销系统的架构设计方法。

第四部分：AI 时代的 SaaS 变革。

- AI 大模型与智能体：探讨 AI 技术在 SaaS 中的创新应用，介绍大模型与智能体的实践方法。
- SaaS+AI 应用实战：通过实际案例，展示 SaaS 与 AI 融合的应用场景和架构设计。

读者对象

无论是开发人员、产品经理、架构师、企业管理者，还是 AI 工程师，本书都提供了清晰的思路和实践指南，结合实际应用场景，提供可行的架构设计方案，帮助读者解决实践中遇到的难题。

- 开发人员：本书详细介绍 SaaS 架构的设计与实现，指导开发人员在实践中构建高效、稳定、可扩展的 SaaS 系统。
- 产品经理：通过分析 SaaS 架构与业务需求的关系，帮助产品经理了解如何利用合适的架构来满足用户需求，推动产品快速迭代。

- 架构师：提供全面的 SaaS 架构设计流程与方法，指导架构师设计符合企业战略和业务目标的架构体系。
- 企业管理者：从企业战略和业务需求出发，帮助管理者了解如何将 SaaS 架构与公司目标结合，推动业务创新与增长。
- AI 工程师：帮助 AI 工程师掌握如何将 AI 技术整合到 SaaS 架构中，实现智能化的业务应用。

致谢

本书的完成离不开众人的支持与帮助。在此，要向所有在写作过程中给予我帮助和支持的人表示诚挚的感谢。

首先，感谢我的家人，尤其是我的妻子。感谢家人在我写作期间给予的理解与支持。你们的陪伴与鼓励让我能够专心致志、克服困难。没有你们的支持，本书无法如期完成。

其次，感谢所有为本书提供宝贵意见和反馈的专家与实践者。你们的深刻见解和行业经验帮助我不断完善内容，使本书更加贴近实际需求。

最后，感谢所有读者，你们的支持是我不断前行的动力。希望本书能为读者带来启发，帮助读者在 SaaS 架构设计与实现的道路上走得更远。

再次感谢大家！

汤奕
2025 年 3 月

目　　录

第一部分　SaaS 概述与架构基础

第 1 章　SaaS 模式概述 2

1.1　SaaS 的定义 2
    1.1.1　什么是 SaaS 2
    1.1.2　SaaS 的本质 3
    1.1.3　SaaS 的所有权 3
1.2　SaaS 的发展历程 4
    1.2.1　萌芽期 4
    1.2.2　探索期 4
    1.2.3　扩张期 5
    1.2.4　变革期 5
1.3　如何理解 IaaS、PaaS、SaaS 6
    1.3.1　什么是 IaaS 6
    1.3.2　什么是 PaaS 6
    1.3.3　SaaS、PaaS、IaaS 的关系 7
1.4　SaaS 的分类 8
    1.4.1　通用型 SaaS 8
    1.4.2　行业型 SaaS 9
1.5　SaaS 的特点 9
    1.5.1　可配置、可定制 9
    1.5.2　快速交付 10

1.5.3 开放集成 10
1.5.4 多租户架构 11
1.6 SaaS 面临的挑战 11
1.6.1 标准化与定制化的冲突 11
1.6.2 数据安全 12
1.6.3 多租户架构的性能挑战 12
1.6.4 系统切换成本高 12
1.6.5 网络延迟 12
1.6.6 服务保障 13
1.7 本章小结 13

第 2 章 SaaS 架构的理论基础 14

2.1 什么是架构 14
2.2 架构设计的目的 15
2.2.1 架构设计的误区 15
2.2.2 不做架构设计会有什么问题 16
2.2.3 架构设计的目的是什么 16
2.3 从多维度理解架构 17
2.3.1 视角 18
2.3.2 视图 20
2.4 企业架构 TOGAF 20
2.4.1 什么是企业架构 TOGAF 20
2.4.2 TOGAF 的核心视图 21
2.5 企业架构与 DDD 融合 22
2.5.1 什么是 DDD 22
2.5.2 DDD 与架构视图 23
2.5.3 DDD 带来的价值 24
2.5.4 DDD 的缺点 25
2.5.5 DDD 的核心概念 26

	2.5.6 领域和子域	26
	2.5.7 核心域、通用域和支撑域	27
	2.5.8 限界上下文	28
	2.5.9 实体	28
	2.5.10 值对象	29
	2.5.11 聚合与聚合根	29
	2.5.12 领域服务	30
	2.5.13 领域事件	30
	2.5.14 DDD 分层架构	31
2.6	架构设计的衡量标准	32
	2.6.1 功能性	33
	2.6.2 可用性	34
	2.6.3 性能	34
	2.6.4 可扩展性	35
	2.6.5 安全性	35
	2.6.6 团队协作效率	35
	2.6.7 复杂度	36
	2.6.8 成本效益	36
2.7	本章小结	37

第 3 章 SaaS 架构建设流程 ... 38

3.1	SaaS 架构建设流程概述	38
3.2	业务战略规划	39
	3.2.1 战略目标设计	39
	3.2.2 商业模式设计	39
3.3	架构蓝图设计	40
	3.3.1 业务架构设计	40
	3.3.2 应用架构设计	41
	3.3.3 数据架构设计	41

3.3.4　技术架构设计 41
3.4　领域系统架构设计 42
　　　3.4.1　领域系统定位 42
　　　3.4.2　系统流程梳理 43
　　　3.4.3　系统功能规划 43
　　　3.4.4　概念模型设计 43
　　　3.4.5　分层架构设计 44
3.5　架构治理与实施 44
　　　3.5.1　架构现状调研与分析 44
　　　3.5.2　与目标架构的差距分析 45
　　　3.5.3　实施规划与演进路径 45
　　　3.5.4　持续改进 46
3.6　示例：新零售 SaaS 的背景与目标 46
　　　3.6.1　零售企业的发展路径 46
　　　3.6.2　新零售行业的发展趋势 47
　　　3.6.3　传统零售系统的痛点 49
　　　3.6.4　新零售 SaaS 的目标客户 49
　　　3.6.5　新零售 SaaS 的价值定位 50
3.7　本章小结 51

第二部分　SaaS 整体架构规划

第 4 章　SaaS 业务架构分析 54

4.1　目标与步骤 54
4.2　价值流 56
　　　4.2.1　从价值主张到价值流 56
　　　4.2.2　价值流的概念 57
　　　4.2.3　如何识别价值流 58
　　　4.2.4　如何识别价值流阶段 59

- 4.3 业务流程 61
  - 4.3.1 业务流程的概念 61
  - 4.3.2 端到端流程 62
  - 4.3.3 职能流程 64
  - 4.3.4 示例：蛋糕企业的业务流程 65
  - 4.3.5 业务场景 66
  - 4.3.6 示例：蛋糕加工流程的业务场景 67
- 4.4 业务能力 68
  - 4.4.1 业务能力的概念 68
  - 4.4.2 业务能力的构成 69
  - 4.4.3 业务流程与业务能力的区别 69
  - 4.4.4 如何识别业务能力 70
  - 4.4.5 示例：零售企业的业务能力 71
- 4.5 业务对象 72
  - 4.5.1 如何识别业务对象 72
  - 4.5.2 业务对象的属性 73
- 4.6 组织架构 74
  - 4.6.1 组织架构的概念 74
  - 4.6.2 组织架构的核心特点 74
  - 4.6.3 常见的组织架构类型 75
  - 4.6.4 示例：零售企业的组织架构 75
- 4.7 各业务要素的层次关系 76
- 4.8 本章小结 77

第 5 章 SaaS 系统架构规划 79

- 5.1 目标与步骤 79
- 5.2 应用架构设计 80
  - 5.2.1 应用服务的定义 81
  - 5.2.2 如何划分应用服务 81

5.2.3　示例：订单履约应用服务划分 82
　　5.2.4　应用结构的定义 83
　　5.2.5　应用结构的抽象层次 84
　　5.2.6　如何划分应用结构 85
　　5.2.7　应用的划分原则 86
　　5.2.8　示例：新零售 SaaS 整体应用结构设计 88
　　5.2.9　示例：订单履约系统的应用结构划分 91
　　5.2.10　应用交互的定义 92
　　5.2.11　应用服务的上下游 92
　　5.2.12　应用服务的交互方式 94
5.3　数据架构设计 96
　　5.3.1　规划主题域 97
　　5.3.2　梳理主题域的关系 98
　　5.3.3　数据模型设计 99
　　5.3.4　数据库技术 101
　　5.3.5　数据治理 102
5.4　技术架构设计 104
　　5.4.1　技术服务 104
　　5.4.2　技术组件 104
　　5.4.3　基础设施 104
　　5.4.4　关于技术架构的说明 105
5.5　本章小结 105

第三部分　SaaS 核心领域系统架构设计

第 6 章　多租户系统 108

6.1　多租户概述 108
　　6.1.1　什么是多租户 108
　　6.1.2　传统软件模式 vs SaaS 模式 108

6.2	多租户使用场景	109
6.3	SaaS 多租户隔离模式	111
	6.3.1 资源隔离的层次	111
	6.3.2 竖井隔离模式	111
	6.3.3 共享模式	113
	6.3.4 分域隔离模式	114
6.4	多租户系统的定位	115
6.5	多租户的概念模型	115
	6.5.1 多租户的核心概念模型	116
	6.5.2 概念模型的应用场景	117
6.6	多租户系统的应用架构	119
6.7	本章小结	121

第 7 章 基础数据设计 122

7.1	基础数据概述	122
	7.1.1 基础数据包含哪些	122
	7.1.2 基础数据的设计原则	123
7.2	组织数据设计	124
	7.2.1 什么是零售企业	124
	7.2.2 零售管理分类法	125
	7.2.3 组织管理的核心概念模型	127
	7.2.4 零售企业的组织模型示例	129
7.3	销售渠道数据设计	132
	7.3.1 什么是多渠道零售	132
	7.3.2 为什么要经营多渠道	133
	7.3.3 销售渠道分类	134
	7.3.4 销售渠道的应用场景	135
7.4	其他基础数据	137
	7.4.1 店铺/门店/仓库数据	137

7.4.2 地址库数据 137
7.4.3 收款账户 138
7.4.4 公司数据 138
7.5 本章小结 138

第 8 章 用户权限系统 140

8.1 什么是权限 140
8.2 为什么需要权限系统 140
8.3 权限模型方案 141
    8.3.1 ACL 模型 141
    8.3.2 RBAC0 模型 142
    8.3.3 RBAC1 模型 143
    8.3.4 RBAC2 模型 144
8.4 权限分类 144
    8.4.1 功能权限 145
    8.4.2 数据权限 146
8.5 用户权限的概念模型 147
    8.5.1 用户 148
    8.5.2 角色 148
    8.5.3 用户组 149
    8.5.4 职位 149
    8.5.5 功能权限 150
    8.5.6 数据权限 150
8.6 RBAC 权限模型示例 151
8.7 应用架构设计 152
8.8 本章小结 154

第 9 章 商品管理系统 155

9.1 什么是商品管理系统 155
9.2 商品管理流程 156
9.3 商品管理系统设计面临的挑战 157
9.3.1 行业需求差异大 158
9.3.2 支撑的业务场景复杂 159
9.3.3 消费者端与商家端的需求叠加 159
9.3.4 连锁多组织管理 159
9.4 商品概念模型设计 160
9.4.1 基础资料 161
9.4.2 商品主档信息 164
9.4.3 渠道差异化信息 166
9.5 商品模型应用场景示例 167
9.5.1 多规格商品 167
9.5.2 组合商品 168
9.5.3 连锁商品管理 170
9.6 应用架构设计 172
9.7 本章小结 174

第 10 章 中央库存系统 175

10.1 中央库存系统概述 175
10.1.1 什么是库存 175
10.1.2 中央库存系统的核心功能 175
10.2 库存管理面临的挑战 176
10.3 中央库存管理的业务框架 177
10.4 库存管理系统流程 178
10.4.1 自上而下的变动流程 179
10.4.2 自下而上的变动流程 180

10.5 库存概念模型设计 182
   10.5.1 仓库层 183
   10.5.2 调度层 184
   10.5.3 销售层 185
10.6 库存管理场景示例 186
   10.6.1 多仓供货场景 186
   10.6.2 单仓给多店供货场景 187
   10.6.3 门店全渠道库存共享场景 189
   10.6.4 组合商品的库存处理场景 190
10.7 应用架构设计 192
10.8 本章小结 194

第 11 章　线上/线下交易系统 195

11.1 全渠道交易模式 195
11.2 线上/线下交易流程 196
   11.2.1 电商购物流程 196
   11.2.2 O2O 购物流程 198
   11.2.3 电商购物与 O2O 购物的差异 199
   11.2.4 门店收银流程 200
11.3 线上交易系统规划 201
   11.3.1 正向交易系统流程 202
   11.3.2 逆向交易系统流程 205
   11.3.3 系统的核心功能 209
11.4 线下交易系统规划 209
   11.4.1 门店收银系统流程 209
   11.4.2 系统的核心功能 212
11.5 概念模型设计 212
   11.5.1 订单域核心概念模型 213
   11.5.2 订单拆单场景 215

11.5.3　订单状态机 216
　　11.5.4　订单金额计算 217
　　11.5.5　售后域核心概念模型 219
　　11.5.6　退款单状态机 221
11.6　应用架构设计 222
　　11.6.1　应用层 222
　　11.6.2　领域层 223
　　11.6.3　关联系统 223
11.7　本章小结 224

第12章　订单履约系统 226

12.1　什么是订单履约系统 226
12.2　订单履约流程的核心问题 226
12.3　订单履约系统规划 227
　　12.3.1　订单履约系统流程 228
　　12.3.2　履约服务表达 229
　　12.3.3　履约调度 231
　　12.3.4　物流调度 232
　　12.3.5　系统的核心功能 233
12.4　概念模型设计 234
　　12.4.1　履约域核心概念模型 234
　　12.4.2　订单履约的拆单逻辑 237
　　12.4.3　单门店履约场景 238
　　12.4.4　多仓库履约场景 238
　　12.4.5　基于物流条件拆分场景 239
　　12.4.6　基于商品特性拆分场景 240
12.5　应用架构设计 240
　　12.5.1　应用层 241
　　12.5.2　领域层 242

12.5.3 关联系统...243
12.6 本章小结 243

第 13 章 促销系统 245

13.1 促销业务概述 245
13.1.1 什么是促销 245
13.1.2 促销的价值 245
13.1.3 促销与营销的关系 246
13.2 促销业务流程 247
13.2.1 促销目标设定 247
13.2.2 促销方案设计 247
13.2.3 促销配置与推广 248
13.2.4 活动执行与过程管理 249
13.2.5 数据分析与评估 249
13.2.6 促销工具的使用场景 250
13.2.7 促销工具的分类 251
13.3 促销系统规划 252
13.3.1 促销活动系统流程 253
13.3.2 促销活动创建环节 253
13.3.3 C 端促销活动参与 255
13.3.4 促销逆向流程 256
13.3.5 促销活动效果分析 257
13.3.6 优惠券系统流程 257
13.3.7 创建优惠券模板 258
13.3.8 创建领券活动 260
13.3.9 领取和使用 C 端优惠券 260
13.3.10 促销系统的核心功能 261
13.4 概念模型设计 262
13.4.1 促销系统核心概念模型 262

  13.4.2 活动的叠加互斥规则 265
  13.4.3 活动命中规则 266
  13.4.4 优惠计算顺序 266
  13.4.5 优惠分摊 267
 13.5 应用架构设计 268
  13.5.1 应用层 268
  13.5.2 领域层 269
  13.5.3 关联系统 269
 13.6 本章小结 270

第四部分 AI 时代的 SaaS 变革

第 14 章 AI 大模型与智能体 272

 14.1 AIGC 概述 272
  14.1.1 基本概念 272
  14.1.2 AIGC 类型 273
  14.1.3 AIGC 产业链结构 274
  14.1.4 AIGC 营收模式 275
 14.2 AI 大模型的基础概念 276
  14.2.1 大语言模型 277
  14.2.2 参数 277
  14.2.3 token 278
  14.2.4 上下文 278
  14.2.5 多模态 279
  14.2.6 温度 279
  14.2.7 词向量 280
 14.3 AI 大模型的原理与实践 281
  14.3.1 大模型如何理解人类语言 281
  14.3.2 Transformer 架构 281

14.3.3　提示词工程..282
14.3.4　知识库..283
14.3.5　微调..284
14.4　AI智能体..284
14.4.1　什么是AI智能体..284
14.4.2　为什么需要AI智能体..284
14.4.3　AI智能体与传统AI协同工作的区别......................................285
14.4.4　AI智能体的架构..285
14.4.5　AI智能体与大模型的关系..288
14.4.6　AI智能体平台..288
14.5　本章小结..290

第15章　SaaS+AI应用实战...291

15.1　SaaS+AI概述..291
15.1.1　SaaS是否会被AI原生应用取代..291
15.1.2　AI给SaaS行业带来的变革..293
15.1.3　SaaS+AI的四种应用类型..294
15.2　AI在新零售行业的应用场景..296
15.2.1　客户洞察..296
15.2.2　商品规划..297
15.2.3　市场营销..297
15.2.4　渠道运营..298
15.2.5　客户服务..298
15.2.6　IT管理..299
15.2.7　供应链管理..299
15.2.8　人力资源管理..300
15.2.9　财务管理..300
15.2.10　风险合规管理..301
15.3　SaaS+AI应用架构..301

- 15.3.1 业务场景：发现和确定业务场景 ... 302
- 15.3.2 智能体：构建可复用的智能应用 ... 303
- 15.3.3 大模型：选择合适的大模型作为核心推理引擎 ... 303
- 15.3.4 知识库：管理企业的核心知识资产 ... 303
- 15.3.5 工具系统：现有的运营工具和业务系统 ... 303

15.4 AI内容营销 ... 304
- 15.4.1 AI内容营销的业务场景 ... 304
- 15.4.2 AI内容营销的系统流程 ... 305
- 15.4.3 AI内容营销系统的应用架构 ... 308

15.5 门店数字员工 ... 310
- 15.5.1 什么是数字员工 ... 310
- 15.5.2 数字员工的实现思路 ... 310
- 15.5.3 门店运营的业务场景 ... 312
- 15.5.4 门店数字员工的应用架构 ... 314

15.6 本章小结 ... 316

第一部分
SaaS 概述与架构基础

第 1 章　SaaS 模式概述

第 2 章　SaaS 架构的理论基础

第 3 章　SaaS 架构建设流程

第 1 章　SaaS 模式概述

在当今数字化时代，软件服务的交付方式正经历深刻变革。传统的软件销售模式正被更灵活、更高效的服务模式所取代。其中，软件即服务（SaaS）这种创新的软件交付模式，正在重塑企业的信息化建设方式。

本章将深入探讨 SaaS 模式的基本概念、发展历程及重要特征。我们将从 SaaS 的定义出发，分析其本质属性和所有权的特点，帮助读者全面理解这种创新软件交付模式。通过回顾 SaaS 在中国市场的发展历程，我们将展现其从萌芽到变革的演进过程，以及各阶段面临的机遇与挑战。

通过本章的学习，读者能准确把握 SaaS 模式的核心，理解其与传统软件模式的根本区别，为深入学习 SaaS 架构设计和实践奠定基础。

1.1　SaaS 的定义

1.1.1　什么是 SaaS

SaaS（Software as a Service）即"软件即服务"，是一种通过互联网提供软件服务的模式。

与传统软件需要用户自行购买、安装和维护不同，SaaS 由服务提供商统一托管，用户只需通过网络按需使用即可。

以 SaaS 先驱 Salesforce 为例，其提供的客户关系管理（CRM）解决方案让企业无须购买昂贵的软件或配置复杂的服务器，企业只要订阅 Salesforce 的服务，就能通过网络管理客户信息、跟踪销售进度。这种按需付费模式使中小企业也能使用先进的软件服务，提升业务效率。

SaaS 的应用范围不仅限于企业，个人用户同样受益。例如金山的 WPS Office、百度网盘、有道云笔记等面向个人用户的 SaaS 产品，用户只需支付订阅费用，就能获得持续的功能更新和技术支持，无须一次性投入大量资金购买软件许可。

1.1.2 SaaS 的本质

SaaS 的本质是一种软件交付模式，将软件作为服务提供给用户，而不是传统的软件产品销售。

SaaS 的核心是由服务提供商负责软件的开发、部署、维护和升级，用户只需专注于使用软件来提升业务效率。

这就像租房一样，租户支付租金，但不拥有房产。同样地，用户支付 SaaS 订阅费使用软件服务，但不拥有软件。这种"租赁"模式降低了前期投入和技术门槛，使软件使用更便捷、更经济实惠。

SaaS 的另一个特征是高度的可扩展性和灵活性。用户可以根据实际需求调整服务规模和功能范围，无须担心硬件资源限制、软件版本兼容等问题。

以 ERP 系统为例，传统 ERP 系统部署复杂，维护成本高。而 SaaS ERP 通过云端提供统一平台，企业按需选择模块、灵活配置功能。这不仅加快了部署速度，还降低了维护和升级难度，让企业能更专注于核心业务发展。

1.1.3 SaaS 的所有权

在 SaaS 模式下，软件的所有权属于服务提供商，而非终端用户。用户通过订阅付费使用软件服务，但不拥有软件本身，这种所有权的分离带来了多方面的优势。

1. 服务提供商负责软件的开发、维护和升级，用户专注于业务应用

企业使用 SaaS 服务无须配置服务器、安装补丁或管理安全风险，这些工作全由服务提供商承担。这不仅减轻了企业的 IT 负担，还确保了软件的可靠性和安全性。

2. 软件更新变得更加敏捷

传统软件需要手动下载并安装新版本，而 SaaS 通过云端自动推送更新，确保用户始终

使用最新的功能和安全补丁，持续提升用户体验。

3. 灵活的定价和使用方案

用户可根据需求选择订阅方案，调整服务规模和功能范围。按需付费降低了前期投入和运营成本，让软件使用更经济实惠。

1.2 SaaS 的发展历程

SaaS 在中国的发展历程，从最初引入概念到如今蓬勃发展，经历了几个关键阶段[1]。

1.2.1 萌芽期

2004 年至 2005 年，企业级 SaaS 在中国开始萌芽。

Salesforce 和 Oracle 等海外成熟 SaaS 企业将 SaaS 概念引入中国市场后，采用"先试后买"策略，初步激发了国内企业对 SaaS 模式的兴趣。然而，当时大多数中国企业对订阅式软件服务模式并不熟悉，导致 SaaS 在国内发展缓慢。

后来，一些企业开始探索这一新兴领域。八百客推出了国内首款 SaaS 产品 CRMbeta，用于客户关系管理。用友网络则发布了国内首个 SaaS 平台"用友云"，提供 ERP 解决方案。

这些早期尝试标志着中国 SaaS 市场的初步形成，主要集中在 CRM 和 ERP 领域。但由于当时的市场环境尚未成熟，因此整体市场规模较小，关注度有限。

1.2.2 探索期

2005 年至 2015 年，中国 SaaS 产业进入探索期。资本的注入加速了这一进程，推动大量 SaaS 企业涌现。市场上主要出现了三类 SaaS 企业：

- 传统软件企业：以金蝶和明源云为代表，这些企业基于原有的软件服务优势，逐

---

[1] 信息来源：中国信息通信研究院。

步向 SaaS 模式转型，推出了 CRM 和 ERP 等云服务，满足企业用户的需求。
- 互联网企业：以钉钉、飞书和企业微信为代表，这些企业凭借成熟的在线协作体系，通过 SaaS 模式提供企业管理工具，推动企业内部数字化转型。
- SaaS 创业企业：如有赞、微盟、光云科技、销售易和纷享销客等，这类企业专注特定领域，为电商、零售等垂直行业提供 SaaS 解决方案。经过十多年发展，多家企业已成功上市，成为行业的引领者。

虽然这些企业积极探索创新，但由于市场对 SaaS 模式接受度不高，推广阻力较大，市场渗透率仍然偏低。这一时期，中国 SaaS 产业整体呈现缓慢上升态势，尚未形成规模化市场。

1.2.3 扩张期

2015 年至 2020 年是中国 SaaS 产业的扩张期。国家政策的支持，尤其是《国务院关于促进云计算创新发展培育信息产业新业态的意见》等政策引导，为 SaaS 发展提供了有力保障。

企业数字化转型需求不断增长，加之移动互联网的普及，推动企业广泛采用协同办公、文件共享和 CRM 等 SaaS 工具，以降低成本、提升效率。

用户数量迅速增长带动了 SaaS 服务商收入大幅提升，吸引了大量资本的关注和投资。这一时期被誉为中国的"SaaS 元年"。IDC 数据显示，2015 年中国 SaaS 市场规模达到 10.5 亿美元，同比增长 30%，呈现显著增长势头。

到了 2017 年，SaaS 服务商在产品标准化和规模化方面遇到挑战，市场增长速度放缓。随着资本市场热度下降，SaaS 企业开始沉淀经验，探索新的发展路径。

1.2.4 变革期

自 2020 年以来，远程办公、线上教育和在线零售等需求激增，推动 SaaS 服务得到广泛应用。企业加速将业务迁移到云端，数字化转型进程明显加快。

SaaS 的市场普及度和接受度大幅提升，融资活动重新活跃，推动中国 SaaS 市场进入新一轮高速发展期。

2023 年后，资本市场趋于理性，企业用户已深刻认识到 SaaS 服务在数字化转型中的关键作用，市场认知度显著提高。

随着人工智能技术特别是 ChatGPT、DeepSeek 的兴起，SaaS 服务商开始探索 SaaS 与 AI 的深度融合，孵化出"SaaS+AI"等创新产品。中国 SaaS 产业经历了概念萌芽、探索转型到高速扩张，现已步入变革阶段。

1.3 如何理解 IaaS、PaaS、SaaS

作为云计算的基础架构，IaaS、PaaS 和 SaaS 形成了一个层次分明的服务体系，从基础设施到应用服务，满足了不同类型企业的多样化需求。

1.3.1 什么是 IaaS

基础设施即服务（Infrastructure as a Service，IaaS）是云计算服务模式中的一种，它将基础设施（包括服务器、网络技术、存储和数据中心空间）作为服务提供给用户。

IaaS 不仅包含物理硬件资源，还提供了操作系统和虚拟化技术，帮助用户高效管理和使用这些资源。通过互联网，用户可以灵活获取和使用这些完善的计算机基础设施，满足业务需求。

IaaS 的核心优势在于其灵活性和可扩展性。传统模式下，企业需要投入大量资金购买物理硬件，维护内部 IT 基础设施，还需要聘请外部 IT 承包商进行维护和更新。

而通过 IaaS，企业可以按需购买云资源，并随业务增长灵活调整，无须昂贵的初始投资。这种按需付费模式大幅降低了企业的运营成本。

除此之外，IaaS 让企业获得了对基础架构更大的控制权。企业可以直接访问和监控 IaaS 平台，无须依赖外部 IT 承包商，从而确保资源的高效利用和安全性。

1.3.2 什么是 PaaS

平台即服务（Platform as a Service，PaaS）是云计算服务模式的一种，它不仅提供基础设施，还提供了完整的软件开发和运行平台。

PaaS 旨在简化开发流程，帮助开发人员高效地创建、部署和管理应用。服务供应商通过 PaaS 平台提供从操作系统到中间件，再到开发工具的全套服务，使开发人员无须从零搭建环境，从而节省大量时间和资源。

PaaS 的主要优势在于其开发友好性和高效性。开发人员可以直接使用 PaaS 提供的工具和环境，专注于应用开发和创新，无须关心底层基础设施。

PaaS 具备强大的定制能力，让企业能根据需求开发独特的应用。对于希望打造个性化解决方案，但缺乏大规模开发资源的企业来说，PaaS 是理想选择。

例如，Salesforce 在 2007 年推出的 PaaS 平台 Force.com 已被超过 5 万家企业采用。Salesforce 利用 Force.com 平台开发其核心 SaaS 产品，如 Sales Cloud 和 Service Cloud。

许多 SaaS 客户有定制化的业务需求，需基于 Force.com 进行定制开发。通过该平台，客户不仅可以定制开发新功能，还能对 Salesforce 的标准功能进行改造，满足其独特的业务流程。例如，医疗行业的 CRM 产品 Veeva 就是基于 Force.com 开发的，专门针对医疗行业的需求进行了优化和定制。

1.3.3 SaaS、PaaS、IaaS 的关系

SaaS、PaaS 和 IaaS 作为云计算服务模式的三大支柱，在功能和目标用户上各有侧重，相互关联，共同构建了完整的云服务生态系统。

从服务层级来看，IaaS 处于基础层，提供最基础的计算资源和基础设施，类似于企业自行购买服务器、存储设备和网络设施来搭建 IT 基础设施。

PaaS 位于中间层，构建在 IaaS 之上，提供开发和运行环境，简化应用开发流程。这相当于租用一个现成的开发平台，企业可以在此基础上快速开发和部署应用，无须管理底层硬件。

SaaS 则位于最上层，直接向终端用户提供应用服务，用户无须关心底层的开发和维护工作。

企业从零开始研发软件系统时，需要关注 9 个技术层次：应用、数据、运行库、中间件、运行系统、虚拟化技术、服务器、存储和网络。

虚拟化技术、服务器、存储和网络构成了软件的基础设施。运行库、中间件和运行系统则是在这些基础设施之上搭建的平台。各类应用程序可以继续构建在这个平台之上。

如图 1-1 所示，并非所有企业都具备独立搭建软件系统的能力。根据企业规模和需求的不同，通常会选择以下方案：

- 大型企业：拥有充足的资金和技术实力，适合选择 IaaS 方案，可自主搭建和维护完整的软件系统，从而获得更强的系统控制能力。
- 中型企业：具备一定规模的技术团队，适合选择 PaaS 方案，可通过部分定制化开发来平衡成本和效率，获得更灵活的解决方案。
- 小型企业：资源有限，适合选择 SaaS 方案，可直接采用现成的云服务，降低成本和技术门槛。

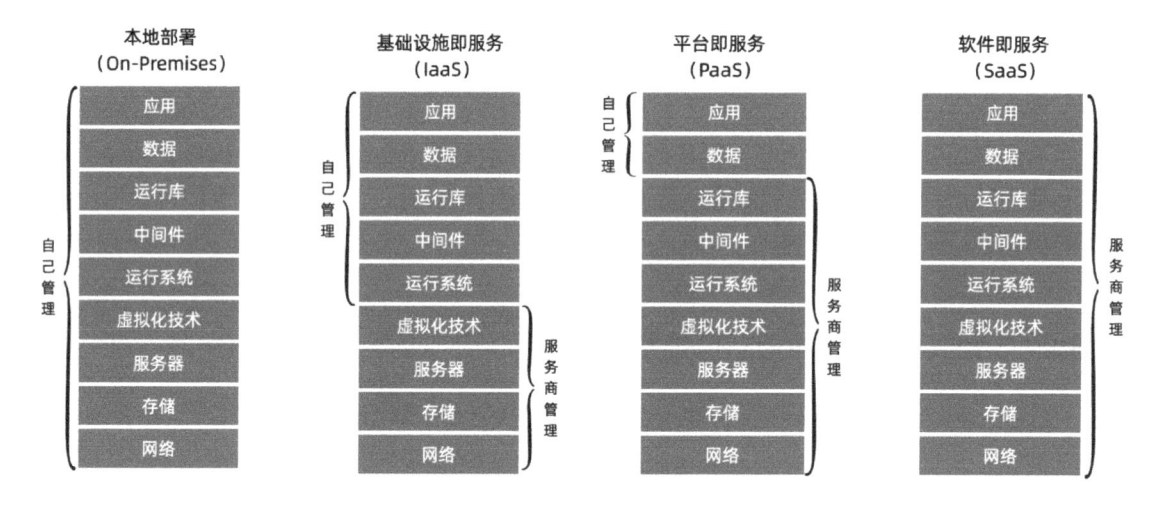

图 1-1　SaaS、PaaS、IaaS 的关系

1.4　SaaS 的分类

根据 SaaS 的服务范围和功能特点，我们可以将其分为通用型 SaaS 和行业型 SaaS 两大类。

1.4.1　通用型 SaaS

通用型 SaaS 是指能够跨多个行业提供特定业务功能的云服务产品。

这类 SaaS 涵盖范围广泛，包括企业资源计划（ERP）、客户关系管理（CRM）、人力资源管理（HRM）、财务管理（FMS）、即时通讯（IM）等。其核心特点在于"多个行业，特定功能"，要求厂商具备将特定业务功能高度抽象化的能力，以适应不同领域的需求。

例如，钉钉作为智能办公工具，不仅适用于科技公司，还广泛应用于制造、教育、金融等多个行业，其功能涵盖即时通讯、任务管理、日程安排等，极大地提升了企业协同效率。

1.4.2 行业型 SaaS

行业型 SaaS 也被称为垂直类 SaaS，专注于特定的行业，提供针对性强、贴近业务场景的云服务产品。

这类 SaaS 针对特定行业的独特需求，提供定制化的功能和解决方案，如餐饮、零售、建筑、汽车、教育等。其核心特点是"特定行业，多个功能"，要求厂商具备深厚的行业知识和专业能力，以满足行业内复杂多样的业务需求。

相比通用型 SaaS，行业型 SaaS 的市场规模相对较小，但其专业性和定制化服务使其在特定行业内具有强大的竞争力。

例如，加拿大电商 SaaS 平台 Shopify，专注于电商领域的深度服务，并成为行业龙头。Veeva Systems 也是行业型 SaaS 的代表，专注于制药和生物科技行业的管理需求。

1.5 SaaS 的特点

SaaS 模式作为一种创新的软件交付模式，具有多个显著特点。本节将从可配置、可定制、快速交付、开放集成及多租户架构等关键维度，深入分析 SaaS 的核心特征。

1.5.1 可配置、可定制

可配置与可定制是 SaaS 软件的重要特性，让用户能灵活调整软件以满足自身需求。

可配置是指用户能通过预设选项调整软件功能和界面，如添加品牌 Logo、修改配色方案或调整模块显示顺序。这种配置无须编写代码，操作简单直观，满足大多数用户的基本需求。

可定制则提供更深层次的个性化调整，主要在预定义的定制节点上处理，用户可以根据特定业务流程需求，定制功能模块或集成第三方服务。

以钉钉为例，这款智能办公工具提供了丰富的定制化方案。企业可以根据需求调整工作流、设置权限管理，还能集成财务软件或项目管理工具等第三方应用。这种高度可定制性让钉钉能适应不同行业和规模企业的需求，有效提升用户体验。

但是，过度的可定制性会增加系统复杂度和用户学习成本。因此，SaaS 服务商需要在灵活配置与系统简洁之间找到平衡点。

1.5.2 快速交付

快速交付是 SaaS 模式的一大优势，充分展现了其高效的开发和部署能力。

SaaS 软件采用中心化部署，由服务商统一管理所有更新和维护，这种方式让软件能够实现频繁迭代，更新周期可以缩短至每月甚至每周一次。

中心化部署模式让服务商能够快速发布新功能和修复漏洞，无须等待用户配合。这不仅缩短了更新时间，还确保所有用户同步获得最新版本，避免了版本碎片化。

此外，SaaS 服务商通过统一的系统和配置，简化了开发测试流程，提高了开发效率。服务商拥有用户数据的访问权限，也让问题排查和回归测试变得更加方便，进一步加快了交付速度。

1.5.3 开放集成

开放集成是 SaaS 软件与企业内部系统、第三方应用协同工作的关键。

由于 SaaS 软件运行在云端，无法直接访问企业内部系统，因此需要通过开放 API 来实现系统互通。这样，企业就能将 SaaS 软件与现有的 ERP、CRM、HRM 等系统无缝集成，从而构建统一的业务流程和数据流。

开放集成推动了 SaaS 生态系统的发展。企业可以通过整合不同的 SaaS 产品来构建完整的业务生态圈，并将这些产品打包成整体解决方案，从而提升企业的整体运营效率。

典型的例子如 Salesforce 的 AppExchange 平台，提供了丰富的第三方应用，让企业可按需选择集成哪些应用，打造个性化解决方案。

1.5.4 多租户架构

多租户架构是 SaaS 软件的核心设计理念之一，它让单一软件实例能同时服务多个用户（租户），并确保各租户的数据和配置互相隔离。

在多租户架构中，租户共享同一套硬件资源和软件应用，但各自的数据和配置保持独立。这让服务商能通过集中管理实现高效的资源分配和维护。

多租户架构最大的优势是显著降低了运营成本。服务商只需维护一套系统就能服务多个租户，减少了重复工作。同时，集中管理提高了系统可扩展性，服务商能根据需求动态分配硬件资源，确保系统在高负载下保持稳定高效。

以阿里云为例，其多租户架构通过虚拟化技术，实现资源的高效利用和隔离管理，租户可以根据需求自由配置资源和应用，获得个性化服务。同时，通过严格的安全策略和监控机制，确保了数据安全和系统稳定。

1.6 SaaS 面临的挑战

尽管 SaaS 平台在企业数字化转型中展现出诸多优势，但在实际应用中仍面临着一系列重要挑战。这些挑战涵盖了技术实现、业务运营和用户体验等多个维度。本节将探讨 SaaS 平台在实践中遇到的 6 个关键问题。

1.6.1 标准化与定制化的冲突

标准化让 SaaS 产品更易扩展，能服务更多用户，同时降低开发和运营成本。

然而，不同行业和企业都有特殊的业务需求，特别是大型企业对定制化的要求较高，单纯的标准化功能往往无法满足这些多样化需求。定制化不仅提高了技术复杂度，还增加了系统设计和维护成本。

为了在标准化与定制化之间找到平衡点，SaaS 服务商可采用模块化架构、丰富的开放 API 和低代码平台等策略，满足用户个性化需求，同时提升市场竞争力和用户满意度。

1.6.2 数据安全

将数据存储在云端服务器上，虽然便捷高效，但也带来了一系列数据安全隐忧，例如数据泄露风险、未经授权访问、数据传输安全。

开放集成也面临安全和兼容性挑战，SaaS 服务商必须确保 API 的安全性，防范数据泄露和未经授权访问。因此，SaaS 服务商在设计开放集成方案时，需要平衡安全性、兼容性和易用性，并提供完善的技术支持和文档。

企业在选择 SaaS 服务商时，需要重点评估服务商的安全防护措施和合规认证。

1.6.3 多租户架构的性能挑战

SaaS 采用多租户架构设计，让多个用户共享同一套系统资源和基础设施。这种共享模式提高了资源利用率，但也带来了性能挑战。

当出现高并发访问时，可能出现争抢系统资源的情况，导致响应速度下降。由于租户间共享系统资源，单个租户的性能问题可能产生连锁反应，影响其他租户的使用体验，降低整体服务质量。

这就要求 SaaS 服务商在系统设计时必须重点考虑资源隔离和负载均衡机制。

1.6.4 系统切换成本高

从传统系统迁移至 SaaS 产品需要转移大量历史数据，对于企业来说，这是一项繁重的工作。

例如，零售企业采用云 POS 系统时，需要迁移多年的销售记录、商品数据、库存数据等。员工还需要学习新系统操作，适应新的工作流程，这都增加了时间成本和投入。

SaaS 服务商需要提供完善的数据迁移方案，包括数据迁移工具、迁移执行计划和数据验证等，同时提供技术支持，确保数据迁移过程顺畅，将企业的切换成本和风险降到最低。

1.6.5 网络延迟

由于 SaaS 软件完全依赖云端服务器，其数据传输速度往往低于企业内网。在网络基础设施不完善或带宽有限的地区，这个问题更加突出。

当多个用户同时访问系统时，带宽资源竞争会导致响应速度降低，尤其是在进行大规模数据传输时。

1.6.6 服务保障

SaaS 服务商必须遵守服务级别协议（SLA）中承诺的系统稳定运行时间，当出现故障时，如果服务商无法及时恢复系统和处理故障，则会直接影响用户的业务运营。

例如，一家教育企业的在线教学系统，因服务器故障未能及时修复，导致学生无法正常上课，严重影响教学进度和用户体验，这对教育企业来说是致命打击。

因此，服务商必须建立可靠的运维体系，提升系统高可用性和快速故障响应能力。

1.7 本章小结

本章全面介绍了 SaaS（软件即服务）模式的基本概念、发展历程及重要特征。作为一种创新的软件交付模式，SaaS 正在重塑企业的信息化建设方式。

通过对 SaaS 定义的深入分析，我们发现它的本质是一种面向用户的创新软件交付模式。

回顾 SaaS 在中国的发展历程，从萌芽期、探索期、扩张期，再到现今的变革期。2020 年后，企业数字化转型为 SaaS 带来新的发展机遇，并且 SaaS 正在探索与人工智能（AI）的深度融合。

在云计算服务体系中，SaaS、PaaS、IaaS 构成了层次分明的服务架构。按服务范围、功能特点划分，SaaS 可分为通用型和行业型两大类，满足不同场景的需求。

SaaS 的显著特点包括可配置、可定制、快速交付、开放集成和多租户架构。这些特性让企业能灵活调整功能、及时获取更新、实现系统集成，并通过多租户架构提升资源利用效率。

然而，SaaS 在实践中也面临诸多挑战。如何平衡标准化与定制化需求、如何保障数据安全、如何优化多租户架构性能、如何降低系统切换成本，以及如何解决网络延迟和服务保障等问题，这些都需要服务商和企业共同努力。

随着技术的进步和市场的成熟，这些挑战将逐步得到解决，SaaS 将在企业数字化转型中发挥更重要的作用。

第 2 章 SaaS 架构的理论基础

在当今数字化时代，软件系统日益复杂，从单体应用发展到分布式系统，从传统本地部署转向云原生架构，技术的快速发展不断为架构设计带来了新的挑战与机遇。

本章将深入探讨 SaaS 架构的理论基础。我们将从架构的定义出发，剖析架构设计中的常见误区，探讨架构设计的必要性，以及如何多维度理解和实践架构设计。通过理论与实例的结合，帮助读者建立对软件架构的系统认知。

2.1 什么是架构

要成为一名优秀的架构师，必须深入理解架构的概念。这不仅需要对架构设计的基础要素有认知，更要全面、精准地掌握其本质。

如果对架构的理解模糊或有偏差，那么在设计和实施架构方案时就可能出现诸多问题，如可扩展性受限、维护困难、系统性能差等。从长远来看，这不仅会影响项目成功，还会阻碍个人职业发展，比如晋升受阻、面试表现不佳，以及在领导团队时难以有效进行指导和决策。

因此，建立对架构清晰、准确、全面的认知，既是成为优秀架构师的基石，也是推动项目成功和个人职业发展的关键。

我们先看一下维基百科上关于架构的定义：

软件架构是对系统结构的抽象描述，以及构建这些结构所遵循的原则。这些结构包含软件元素、元素间的关系及其属性。

从这个定义中，我们可以提炼出几个关键词：系统、元素、关系和原则。

- 系统：由多个相互关联的部分构成的整体，这些部分通过有序的交互方式协同工作，共同完成特定的功能或任务。
- 元素：构成软件系统架构的基本单元，如子系统、模块、组件等。
- 关系：系统中各个元素之间的连接和交互方式，定义了元素如何协作以实现系统功能。
- 原则：指导架构设计和实施的基本准则，确保系统设计符合最佳实践，满足业务需求，并保持长期的可维护性和可扩展性。

下面以一个零售系统为例，深入理解这些重要概念。通过分析其架构设计，我们可以清晰地看到这些核心要素是如何在实践中体现的：

- 零售系统包含多个核心子系统，比如基础数据、商品管理、库存管理、线上商城、POS 收银、订单履约、仓储管理、配送管理、客户运营、采购和客服等。
- 以订单履约系统为例，它可进一步细分为履约服务表达、订单派单、订单管理、拣货管理、发货管理和逆向履约等模块。
- 这些子系统和模块相互协作以完成系统功能。例如，线上商城子系统会调用商品子系统的服务功能来展示商品信息。
- 在架构设计原则方面，整体架构应遵循简单性、适用性和演进性原则。同时，代码架构需要遵循以下设计原则：单一职责原则、开闭原则、里氏替换原则、最少知识原则、接口隔离原则和依赖倒置原则。

2.2 架构设计的目的

在深入探讨架构设计的具体目的之前，我们需要先了解人们在理解和实践架构设计时的常见误区。

这些误区不仅影响架构设计的效果，还可能会造成项目资源的浪费。

2.2.1 架构设计的误区

对于架构设计，许多人存在误解。

有人认为架构很重要，因此每个项目都必须进行架构设计。然而，事实是许多创业公司的初期产品，即使没有精心设计的架构也能正常运行。过分强调架构设计可能会增加大量的研发成本，却无法带来相应的回报。

另一个误解是认为架构设计必定能提高研发效率。实际上，简单的设计往往更加高效，架构设计需要投入大量时间和资源，如果这些资源直接用于开发，项目反而会更快完成。

还有一个误区是盲目效仿大厂，认为既然大厂的项目都会做架构设计，考虑高并发、高性能、高可用等场景，那么我们也应该这样做。

由于大厂的成功，许多公司高薪聘请大厂的技术专家。在做架构设计时，最常听到的论调就是"阿里也是这么做的""腾讯也是这么做的"。

虽然大厂的经验和成功模式值得借鉴，但照搬大厂的架构可能会使系统过于复杂，不仅难以实施和维护，还会影响团队的协作效率和系统的稳定性。

2.2.2　不做架构设计会有什么问题

如果不需要做架构设计，则可能意味着你的系统还不够复杂。

随着业务增长，系统通常会从单体应用演变为分布式应用。系统日益复杂，技术团队也会分化为多个专职的团队，各自负责和维护一部分的系统应用。这时，如果缺乏架构设计，则系统会迅速陷入混乱，出现以下问题：

- 应用边界模糊：开发人员可能会随意拆分应用，而不是基于实际业务需求。由于缺乏明确的拆分原则和规范，应用数量会疯狂增加，团队需要耗费大量精力理解各应用间的协作关系，严重降低研发效率。
- 缺乏模块化设计：所有功能代码混杂在一起，没有清晰的模块划分。即使是小改动，也会牵一发而动全身，产生意外 Bug，后续修改和扩展变得极其困难。
- 团队协作效率低：没有明确的架构设计，团队成员无法快速理解各自的工作边界和依赖关系，导致大量频繁无效的沟通，影响开发进度和项目交付。
- 技术标准失控：由于缺乏架构标准和原则，开发人员可能盲目追求新技术，却未能深入理解，导致问题难以快速定位和修复，还会让团队疲于应对。同时，不同开发团队使用不同的技术栈，造成公司技术栈混乱，无法形成高效的最佳实践。

2.2.3　架构设计的目的是什么

架构设计的目的是解决系统复杂度过高带来的问题。

通过合理的架构设计，我们可以有序地重构系统，降低系统的"熵值"，推动系统持续演进，从而提升软件质量和研发效率。

虽然这个结论听起来简单，但在理解架构设计的核心目的后，我们就能准确判断何时需要进行架构设计。我们将核心目的归纳为以下几点。

1. 满足相对复杂的需求

在需求复杂的场景下，系统通常涉及多个业务领域的功能和数据处理。架构设计帮助我们厘清各业务领域的核心元素和相互关系，明确各部分的职责，从而确保系统具有良好的可扩展性和可维护性。

2. 满足非功能性需求

系统不仅要满足业务需求，还需要考虑多项非功能性需求，如性能、安全性、可用性和可伸缩性等。以大型电商系统为例，为了确保系统在访问高峰期能够高效运行，在架构设计方面，通常会采用负载均衡、缓存和读写分离等架构方案。

3. 延长系统生命周期

对于长期运行和发展的系统，随着时间推移，系统功能会不断堆积，导致代码变得臃肿且难以扩展。在这种情况下，新功能的迭代效率也会逐渐降低。因此，在进行架构设计时，必须充分考虑未来的变化，包括功能迭代效率和业务增长可能带来的挑战。

4. 满足业务变革的需要

业务的重大变革往往会直接影响系统的整体架构。以 SaaS 产品为例，当从电商业务扩展到零售业务时，需要整合线下门店业务、调整业务流程并更新产品功能。架构设计必须确保新功能能够无缝集成到现有系统中，同时维持系统的稳定性和可扩展性。

2.3 从多维度理解架构

在工作当中，我们经常会听到以下说法：

- 产品负责人说，现在的业务架构太复杂，需要仔细梳理。
- 技术领导说，这个项目很复杂，需要做一下系统架构方案评审。

- 研发经理说，这次秒杀活动的访问量非常大，需要采用高并发架构方案。
- 一线研发人员说，互联网大厂都会用到微服务架构，我要学好微服务架构设计。

上面提到的架构到底指的是什么？这些说法究竟是对还是错？

实际上，这些说法都正确，只是从不同视角来看待问题。

复杂系统往往涉及众多利益相关者，包括客户、产品经理、研发人员、销售人员、运营人员和管理人员等。由于每个人的背景和认知的差异，因此会从不同角度来理解系统。

为了有效控制复杂度，我们需要为各类角色设计专门的信息呈现方式。通过合理的信息分类和定义，确保每个利益相关者都能快速获取他们最关注的信息。

要达成这一目标，我们首先需要理解两个关键概念：视角和视图。

通过视角与视图，我们可以分离关注点，将复杂问题拆解，使每个部分的复杂度都控制在可管理的范围内。

当团队建立了统一的架构认知框架后，业务标准化程度也随之提升。我们可以清晰地区分系统中的稳定部分和变化部分，从而提炼出可复用的业务组件，更快地应对业务需求变化。

2.3.1　视角

什么是视角？大白话就是你站在什么地方看。

以城市系统为例，当你站在城市的某条马路上时，你能看到什么？

你会看到几幢楼房、几排树木、几条大马路，以及熙熙攘攘的行人。

但是，当你坐在飞机上俯瞰大地时，你会看到什么？

你会看到成片的楼盘、连绵的群山、蜿蜒的江河和广阔的湖海。这说明你所能观察到的景象与你所处的位置密切相关，同时你所处的位置影响你看待事物的尺度。

如果把视角比作一个坐标点，那么它需要一套坐标系，坐标系通常有四个维度：广度、深度、视图、时间，如图 2-1 所示。

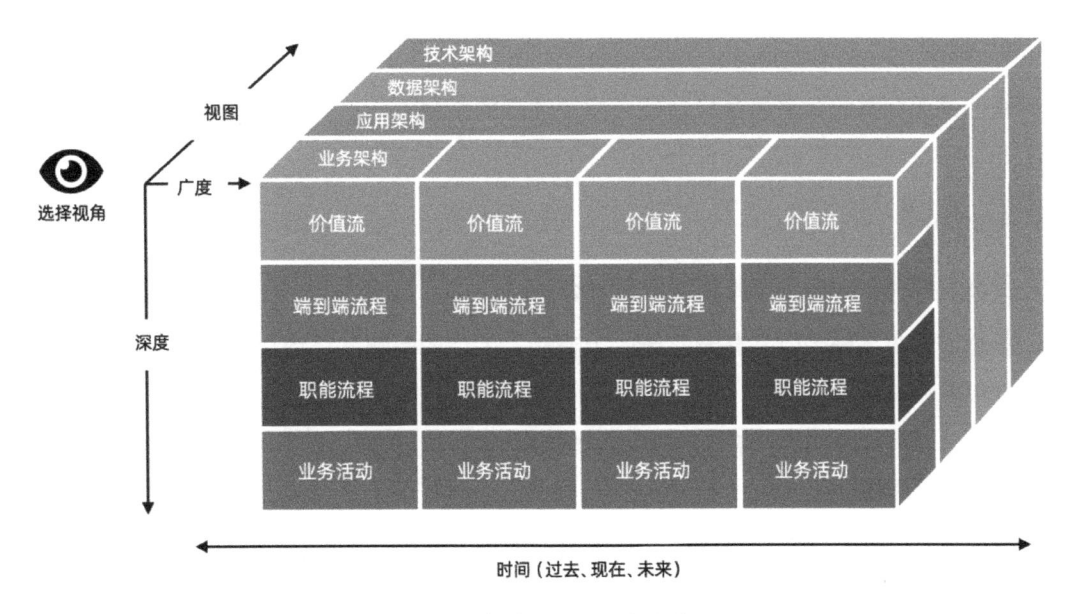

图 2-1 架构视角的四个维度

1. 广度

广度是指观察事物的范围大小。以业务流程为例，根据不同的出发点，我们可能需要观察单个部门内的流程、多个部门之间的协作流程，或跨越多个部门的端到端流程。

2. 深度

深度是指观察事物的细节层次。例如，分析业务流程时，我们可能需要关注组织级、部门级的流程，或具体岗位的操作步骤。同样，在研究软件系统时，我们可能需要审视系统级、应用级、模块级的系统，或具体的代码实现。

广度和深度往往相互影响，观察范围越广，层次就越抽象。这一特点与组织架构设计相辅相成，高层管理者通常视角全面但不深入细节，而一线执行人员则对细节了解透彻但视角较窄。

3. 时间

时间维度比较好理解，它关注系统在不同时间点的状态和变化，分为过去、现在和未来。通过考虑时间维度，架构师能够全面把握系统生命周期，从而制定更合理、更可持续的架构方案。

4. 视图

视图是为利益相关者量身打造的一组关注点的集合。

2.3.2 视图

什么是视图？大白话就是你想看到什么。

同样以城市系统为例，赶早高峰的上班族，关注的是哪条路线通勤时间最短，因此他需要一份公交地铁路线图。

正在找房的租客关注的是公司周边有哪些小区，以及租金水平，因此他需要一份公司附近小区分布地图。

想要疏通下水道的工人，关注的是下水道的排布方式，因此他需要一份详细的下水道分布图。

在同一个城市系统中，不同角色的关注点和所需信息截然不同。若将所有信息混杂在一起，不进行视图隔离，那么信息过于庞杂，每个人都难以获取所需的信息。

同理，不同利益相关者关注软件系统的角度也各不相同。为了区分这些关注点，诞生了多种软件视图分类方法。其中较为著名的包括"4+1"架构视图，即逻辑视图、进程视图、物理视图、开发视图、场景视图，以及 TOGAF 企业架构提出的业务架构、应用架构、数据架构和技术架构视图分类方法。

下面重点介绍一下企业架构 TOGAF 的架构视图分类方法。

2.4 企业架构 TOGAF

2.4.1 什么是企业架构 TOGAF

TOGAF（The Open Group Architecture Framework）是一个被广泛采用的企业架构（Enterprise Architecture，EA）框架，由开放组（The Open Group）开发和维护。

它为组织设计、规划、实施和治理企业信息架构提供了系统化的方法和工具。TOGAF 旨在帮助企业通过高效的架构管理，实现业务目标、优化资源利用和增强灵活性。

2.4.2 TOGAF 的核心视图

在 TOGAF 理论中，有四种核心视图：业务架构、应用架构、数据架构和技术架构。

这四种核心视图构成了企业整体架构的核心。虽然各视图的关注点不同，但它们相互联系、相互支撑，共同构建了完整的企业架构体系，如图 2-2 所示。

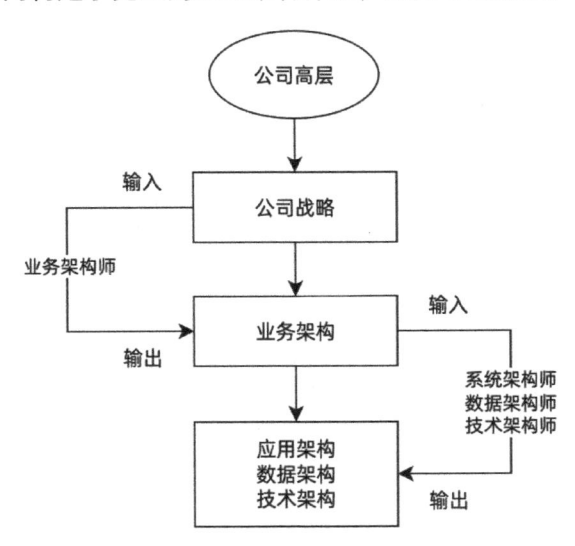

图 2-2 完整的企业架构体系

1. 业务架构

业务架构定义了企业如何将其业务战略转化为结构化的、全面的、多维度的抽象模型。这些模型包括价值流、业务能力、业务流程、业务对象和组织架构，同时描述了它们与企业战略、产品、策略、项目执行及利益相关者之间的关系。

2. 应用架构

应用架构描述了企业内应用系统的结构、行为和相互关系，以及这些系统如何支持业务流程。它既关注单个应用的架构设计，也注重应用系统间的协作方式，确保所有系统能够协同运作，有效支撑企业目标。

3. 数据架构

数据架构明确定义了企业的数据管理方式，包括数据的收集、存储、管理和使用。它包括数据模型设计、数据库技术选型，以及数据治理机制的建立与实施。

4. 技术架构

技术架构描述了支撑企业业务、数据和应用服务所需的 IT 基础设施和技术组件结构，包括硬件设施、软件包、网络系统、技术中间件、通信设备和计算资源等。

2.5 企业架构与 DDD 融合

前面介绍了 TOGAF 的四种视图，它们共同构成了一个完整的企业架构框架。

接下来，我们将深入探讨领域驱动设计（DDD）这一重要方法论，以及它如何与企业架构协同工作来解决复杂的业务问题。

通过了解 DDD 的核心概念和应用方式，我们将看到它如何帮助组织更有效地实现从业务战略到技术实现的转化。

2.5.1 什么是 DDD

大多数人初次接触领域驱动设计（DDD）时，通常会阅读 Eric Evans 的《领域驱动设计》。这本书被誉为 DDD 的"圣经"，但许多读者看完后往往感到困惑，觉得内容深奥难懂。

DDD 旨在实现软件系统与业务的紧密对接，提高开发效率和质量，同时更好地应对复杂性。它将业务置于核心地位，通过深入把握领域知识并建立有效的领域模型来指导软件设计和开发过程。

具体而言，DDD 的核心概念包括：

- **分治思想**：DDD 应对复杂性的核心理念是"分而治之"。它将复杂的业务领域划分为较小的子域，并在每个子域中明确上下文边界和核心实体等要素。通过这种系统化的分解、分类和推导过程，最终形成最优解决方案。
- **领域建模**：DDD 的核心在于将业务流程抽象化，通过定义领域实体、领域服务和领域事件等要素来满足业务需求。作为贯穿整个软件生命周期的方法论，领域模型让开发人员、产品经理和架构师能够基于统一的模型进行设计和讨论，确保项目始终保持正确方向。

- 架构分层：DDD 采用清晰的分层架构，将应用程序分为用户接口层、应用层、领域层和基础设施层四个主要层次。每一层都具有明确的职责和功能定位。这种分层架构使业务领域的结构更加清晰、有序。
- 事件驱动：领域事件是一种跨领域的交互机制，负责在不同模块之间传递信息。通过事件的发布与订阅机制，不仅使领域模型更加简洁，还实现了系统间的低耦合。

2.5.2 DDD 与架构视图

在四种架构视图（业务架构、应用架构、数据架构、技术架构）和 DDD 的落地过程中存在 2 个问题：

（1）在业务领域划分环节，DDD 未提供明确的领域划分指导，如何进行合理的领域划分？

（2）如何基于业务架构合理划分应用系统结构和抽象数据模型？

企业架构与 DDD 的融合能有效解决这两个问题，如图 2-3 所示。

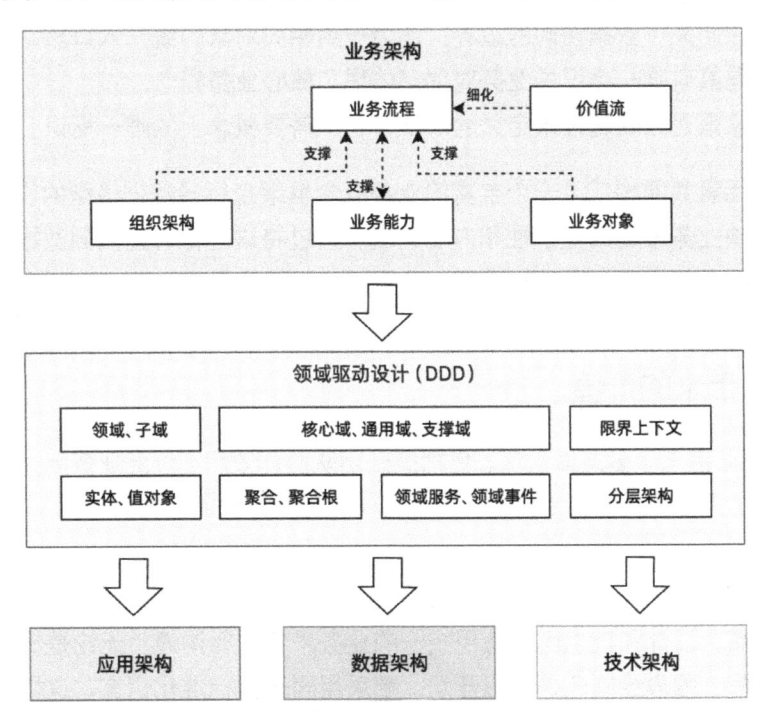

图 2-3　企业架构与 DDD 的融合

端到端的业务流程包含多个业务场景，每个场景都需要依赖不同的业务能力。通过对业务能力进行分层抽象，我们可以识别出各个层次的业务能力，这为领域和子域的划分提供了重要依据。

在应用架构设计阶段，需要对应用系统结构进行划分。应用是一个可独立发布和部署的单元，可提供一个或多个应用服务。在这一过程中，DDD 中的限界上下文为划分应用系统结构提供了有效依据：

- 当业务复杂度高、用户规模较大且团队规模较大时，应用系统需要拆分为微服务，以实现独立部署和维护。在这种情况下，通常一个限界上下文对应一个微服务。
- 当应用系统面向企业内部用户时，由于用户规模较小，通常不需要分布式架构。这类应用宜采用较大颗粒度划分，将多个相关的限界上下文整合在一个应用中，以减少系统调用并降低部署复杂性。

在数据模型设计过程中，DDD 的核心概念为数据建模提供了重要指导：

- 聚合根定义了数据访问的边界，作为一组相关对象的统一入口。
- 实体是具有唯一标识的业务对象，体现了核心业务概念。
- 值对象是通过其属性来定义的对象，它不需要概念上的唯一标识。

这些模型元素共同构成了一个丰富的业务概念框架来指导数据模型的设计，确保数据模型能准确反映业务领域的复杂性和内在逻辑。通过将这些概念应用到数据建模中，我们可以创建出更贴合业务需求、结构清晰、易于维护的数据模型。

2.5.3　DDD 带来的价值

DDD 为企业带来了多方面价值，包括提升团队协作效率、沉淀业务能力和优化技术实现。下面从几个关键方面深入了解 DDD 在实践中的具体价值与优势。

1. 统一语言

业务、产品、设计和技术团队使用统一的业务术语进行沟通。无论是日常交流、设计讨论、文档编写、图表绘制还是代码开发，都采用同一套标准化语言，这样大幅提升了工作效率。

2. 团队协作高效

通过系统化地识别和分类需求，将其划分为清晰的领域、子域和限界上下文，可以有效指导团队分工协作，避免职责混乱。这种划分方式可以防止任务错配，例如将原本属于技术团队 A 的任务错误分配给技术团队 B。这样也能避免两个团队重复开发同一功能，造成资源浪费。

3. 领域能力沉淀

业务能力的可复用性是衡量软件架构设计质量的关键指标。通过建立业务知识与模型之间的统一映射关系，并持续验证和优化这些模型，我们能确保它们准确反映当前业务状况。这种方式让业务知识能够通过模型得到有效传承，让团队新成员能够准确理解业务逻辑。

4. 业务与技术有效融合

传统开发方式过分注重数据库表结构设计，却忽略了业务模型。DDD 则采用相反的策略——先抽象业务领域模型，再据此设计数据库结构。这种方法让业务与技术真正融合，克服了传统开发中只关注数据层和接口层的局限性。

2.5.4 DDD 的缺点

尽管 DDD 在构建复杂软件模型方面具有显著优势，但这套方法论也存在一些明显的局限性。

1. 学习曲线陡峭

DDD 包含了限界上下文、实体、值对象、聚合和领域事件等一系列复杂概念。掌握这些概念需要投入大量时间和精力，对初学者或习惯简单开发模式的团队来说尤其具有挑战性。

2. 过度设计的风险

研发团队在运用 DDD 概念时，容易陷入过度设计的陷阱。为了完美实现领域模型，可能会构建过于复杂的层次结构和关系，导致"充血模型"泛滥，甚至演变成"高血压模型"。这不仅增加了项目的复杂度，还会显著提高开发和维护成本。

3. 实施成本较大和时间较长

DDD 的正确实施需要投入大量时间和资源进行领域建模，同时要求与业务方保持密切沟通。这种特性在项目初期可能会延缓开发进度，特别是对于需要快速交付的短期项目来说，会带来较大压力。

4. 不适用于所有项目

DDD 主要适用于业务逻辑复杂、需要长期发展和维护的大型软件项目。对于业务简单或生命周期较短的项目，使用 DDD 反而会带来不必要的复杂性和额外投入，因此并不适合所有项目。

2.5.5 DDD 的核心概念

图 2-4 为 DDD 的完整设计流程，DDD 的核心概念由两个关键部分构成：战略设计和战术设计。战略设计专注于宏观层面的领域分析和边界划分，而战术设计则着重于微观层面的领域模型实现。

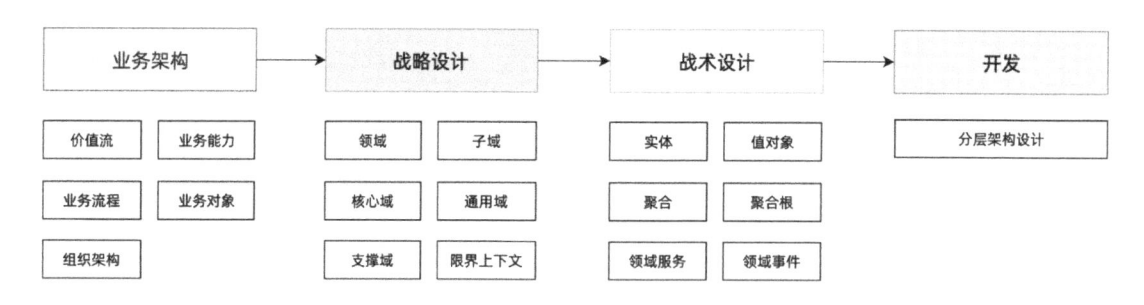

图 2-4　DDD 的完整设计流程

2.5.6 领域和子域

领域指的是特定的业务范围或问题域。在运用 DDD 解决业务问题时，会将业务领域细分，并将问题限定在特定边界内。在这个边界内，DDD 建立领域模型，并通过代码实现这些模型来解决相应的业务问题。这种方法的核心思想是"分而治之"。

领域可以进一步划分为子域，每个子域对应一个更小的问题域或业务范围。DDD 本质上是一种处理复杂领域的设计方法,它通过持续细分将复杂的业务简化,使其更易理解和实现。

这种方法类似于公司的组织结构。以一家互联网创业公司为例,它包含产品研发部、市场营销部、客户服务部等部门。领域就像公司里的一个大部门,比如产品研发部,负责产品的设计与研发,主导公司的产品方向和策略。

子域则类似于大部门下的小团队。例如,产品研发部门下面有产品团队、前端团队、后端团队和测试团队。每个子域团队专注于具体职能任务,共同实现上级部门的目标。这种分层确保每个部门、团队和小组都有明确的职责,让公司运作更加有序高效。

同理,在 DDD 中,通过划分领域和子域,软件研发团队能更好地理解和处理复杂的业务需求。各个层级虽关注不同细节,但通过协作完成整个系统的开发。

2.5.7 核心域、通用域和支撑域

在领域划分过程中,子域可根据其重要性和功能属性分为核心域、通用域和支撑域。

核心域决定产品和公司的核心竞争力,通用域是多个子域共用的功能域,支撑域则负责支持业务运转,但既不直接影响核心竞争力,也不包含通用功能。

划分这三类域的主要目标是聚焦关键事项。通过这种划分,公司能够清晰区分不同子域的重要性,从而更有效地分配资源和关注度,在激烈的市场竞争中保持优势。

以电商领域为例,主要子域包括商品、订单、用户、支付、物流、客服和数据分析。

在电商领域中,核心域直接关系到业务的核心价值和主要收入,主要包括:

- 商品子域:负责管理商品信息,包括展示、分类、搜索和推荐等功能,构成电商平台的基础。
- 订单子域:负责订单的创建、修改、查询和状态管理等,是交易流程的关键环节。
- 支付子域:负责支付交易处理,包括支付方式管理、状态跟踪和渠道对接等,是完成交易的核心环节。
- 物流子域:负责商品配送管理,包括物流公司对接和配送状态跟踪等,确保商品准确送达消费者。
- 客服子域:提供客户支持服务,包括咨询和投诉处理等,解决用户使用过程中的问题。

通用域支持多个业务领域的运作：

- 用户子域：负责用户信息管理，包括注册、登录和资料编辑等。虽然用户管理在多个系统中都很重要，但在电商系统中的主要职责是支持核心业务流程。

支撑域为核心域提供支持，主要涉及决策分析支撑：

- 数据分析子域：负责业务数据分析，包括用户行为和销售数据分析等，为决策制定和业务优化提供支持。

2.5.8 限界上下文

在 DDD 中，限界上下文（Bounded Context）是对一个特定业务边界内的概念和规则进行统一管理的范围。它将领域模型的适用范围、业务语言及规则约束都界定在一个相对独立的"上下文"中，以避免概念在不同业务场景间混用或冲突。

在一个复杂系统中，不同业务子域可能对同一个名词或实体有各自的含义和处理逻辑。若不加区分，则容易出现命名混乱、逻辑冲突等问题。通过划分限界上下文，可以让团队在各自的上下文内部使用统一的"业务语言"，保持模型的一致性与完整性。

在限界上下文之间，通常还需要定义清晰的协作关系和数据交换方式。例如，通过上下文映射（Context Map）来确定上下文之间的接口、依赖及团队之间的协同策略。这样可以最大限度降低跨上下文沟通带来的复杂度，也让每个上下文能独立演进。

例如，在电商平台中，"订单"一词在"支付"上下文和"仓储"上下文中可能包含不同的信息和规则。"支付"上下文关注付款状态、交易金额等，"仓储"上下文关注库存、物流等。把它们划分到不同的限界上下文中，可以让每个上下文的"订单"实体都针对自己需要的领域规则进行优化，避免混淆。

2.5.9 实体

实体是具有唯一标识的对象。即使实体的其他属性发生变化，只要其标识（如 ID）保持不变，它就仍被视为同一个实体。实体在系统中代表持续存在的业务对象。实体具有以下关键特征：

- 标识性：每个实体都有唯一标识，通常通过 ID 或编码实现。
- 连续性：实体在其生命周期内可能经历多种状态变化，但标识始终保持不变。

- 区分性：即使两个实体的所有非标识属性完全相同，只要标识不同，它们就是不同的实体。

以电商平台的订单系统为例，每个订单实体都有唯一的订单号。即使订单的属性（如商品、数量）或状态（如已付款、已发货）发生变化，只要订单号相同，它仍然是同一个订单。

2.5.10 值对象

值对象是描述事物状态或属性的对象，它没有唯一标识，且通常不可变。值对象用于表示对象的某个特征，无须独立身份，仅为更完整地描述实体。值对象的关键特征包括：

- 无标识：值对象没有唯一标识。它们通过属性值定义，通常作为实体的一部分存在。
- 不可变性：一旦创建，值对象的属性就不应被修改。若需改变，则应创建新的值对象。
- 替换性：由于没有唯一标识，值对象可被具有相同属性的另一个值对象完全替代。

举例来说，订单中的收货地址（包含省、市、街道和邮编）是值对象，因为它没有独立标识，仅描述了一个地理位置。

同样，订单的支付金额（包括数字和货币单位）也是值对象，因为它只描述了价值的数量，本身不需要独立存在。

2.5.11 聚合与聚合根

在 DDD 中，聚合是一个核心概念，它帮助开发者管理复杂度，尤其是在处理大量相关对象时。聚合由紧密关联的实体和值对象组成，是修改和保存数据的基本单位。每个聚合都有一个仓库，用于保存其数据。

聚合包含一个聚合根和上下文边界。边界根据业务需求和内聚原则定义了聚合应包含的实体和值对象。聚合之间保持松耦合，这种设计自然地实现了微服务的高内聚、低耦合特性。

在 DDD 分层架构中，聚合是领域层的一部分。领域层可包含多个聚合，共同实现核心业务逻辑。实体在聚合内采用充血模型实现业务能力，确保业务逻辑的高内聚。

跨多个实体的业务逻辑通过领域服务实现，而跨多个聚合的业务逻辑则通过应用服务实现。

聚合根可以类比为部门负责人，既是实体，也是聚合"部门"的管理者。作为实体，它拥有自身的属性和业务行为，执行特定的业务逻辑。作为管理者，它在聚合内部会协调实体和值对象，完成业务逻辑。

而在聚合间的协作中，聚合根充当对外接口人。它通过自身 ID 关联其他聚合，接收外部请求。访问聚合内其他实体时，必须先经过聚合根，再导航至内部实体，外部对象无法直接访问聚合内的实体。

2.5.12 领域服务

领域服务用于处理实体、值对象或聚合无法独立完成的业务逻辑。它专门封装跨实体或跨聚合的复杂逻辑。领域服务仅包含纯业务逻辑，不直接涉及数据库操作、消息队列等具体技术实现。

需要将领域服务与应用服务区分开来。应用服务位于应用层，主要负责调用外部系统和协调多个领域对象的流程。而领域服务则专注于领域内部的业务规则计算。领域服务具有以下特征：

- 跨聚合或跨实体逻辑：当业务逻辑需要使用多个聚合的数据或操作时，适合将其放在独立的领域服务中。
- 聚焦业务逻辑：理想情况下，领域服务应只依赖领域模型中的接口或抽象模型，而不关注具体的数据库、网络调用等基础设施的细节。这样可以保持领域逻辑的纯净性和可测试性。

2.5.13 领域事件

在 DDD 中，领域事件（Domain Event）是一个核心概念。它表示业务领域中发生的重要事件，这些事件由具体业务行为触发，例如用户注册、订单生成或支付完成。领域事件反映了业务流程中的关键状态变更，对流程的进展具有重大影响。

领域事件在软件开发中发挥着关键作用，其重要性主要体现在以下几个方面：

1. 微服务解耦

领域事件是微服务架构中实现服务解耦的有效工具。通过将直接调用转换为异步消息传递，它降低了服务间的依赖，提高了系统的灵活性和可维护性。

2. 数据一致性保障

在分布式系统中，数据一致性保障是一项重大挑战。领域事件通过记录业务操作，使系统即使在发生故障时也能通过重放事件来恢复状态，从而增强了系统的容错能力。

3. 系统可追溯性

领域事件为系统提供了完整的历史变更记录。通过存储和追踪这些事件，我们能够清晰地了解系统状态的演变过程，这对故障排查、系统优化和业务分析都具有重要价值。

4. 促进业务理解

作为领域模型的重要组成部分，领域事件反映了业务领域中的关键变化。通过识别和捕获这些事件，开发者能够更深入地理解业务规则和逻辑，同时加强研发人员与业务人员之间的有效沟通与协作。

2.5.14 DDD 分层架构

DDD 分层架构是对传统三层架构的优化升级，形成了四层结构。如图 2-5 所示，这四层从上到下分别是用户接口层、应用层、领域层和基础设施层。

1. 用户接口层

用户接口层负责管理系统与用户的交互。它接收用户输入（如表单数据或操作），并将应用层的处理结果通过 Web 页面或移动应用界面呈现给用户。

2. 应用层

应用层处理业务用例和流程相关的操作，理论上不应包含业务规则或逻辑。它位于领域层之上，负责协调多个聚合的服务和领域对象，完成服务的编排与组合。

应用层需保持简洁，开发时应避免在此放置领域层的业务逻辑。若应用层过于复杂，则可能导致领域模型失焦，使微服务退化为传统三层架构，致使业务逻辑混乱。

```
┌─────────────────────────────────────┬─────┐
│           用户接口层                │     │
│  ┌──────┐  ┌──────┐  ┌──────┐       │     │
│  │App端 │  │PC端  │  │小程序│       │     │
│  └──────┘  └──────┘  └──────┘       │     │
├─────────────────────────────────────┤  基 │
│             应用层                  │  础 │
│          ┌──────────┐               │  设 │
│          │ 应用服务 │               │  施 │
│          └──────────┘               │  层 │
├─────────────────────────────────────┤     │
│             领域层                  │     │
│  ┌──────┐ ┌──────────┐ ┌──────────┐ │     │
│  │ 实体 │ │ 领域服务 │ │ 领域事件 │ │     │
│  └──────┘ └──────────┘ └──────────┘ │     │
├─────────────────────────────────────┤     │
│           基础设施层                │     │
│ ┌──────┐ ┌────────┐ ┌────────┐ ┌────┐│    │
│ │数据库│ │文件系统│ │消息中间件│ │缓存││   │
│ └──────┘ └────────┘ └────────┘ └────┘│    │
└──────────────────────────────────────┴────┘
```

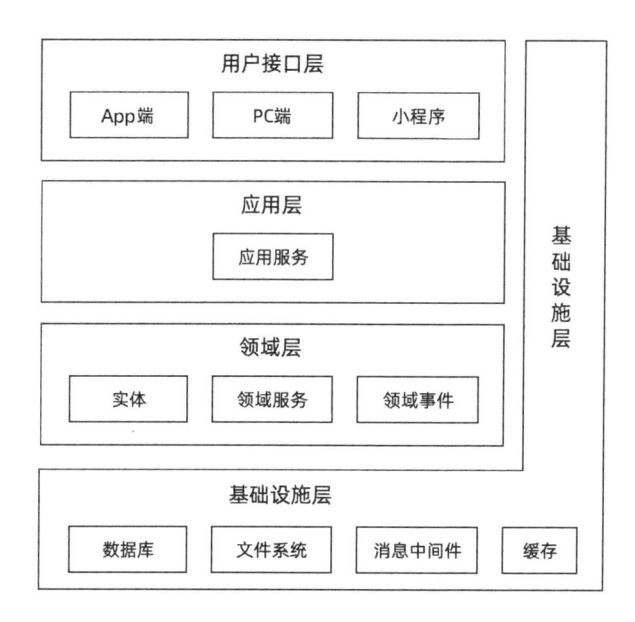

图 2-5　DDD 分层架构

3. 领域层

领域层是系统的核心，负责封装业务概念、逻辑和规则。它执行核心业务逻辑，并通过各种校验确保业务的准确性。领域层包含聚合根、实体、值对象和领域服务等领域模型对象。

4. 基础设施层

基础设施层为其他层提供技术支持和基础服务，包括数据库、文件系统、消息中间件和缓存等。

2.6　架构设计的衡量标准

架构设计的首要目标是服务于业务需求。因此，我们不应该盲目追求所谓的"最厉害的"架构，而应该寻找最适合当前业务环境和未来发展需求的架构方案。

衡量架构设计的合理性是一个复杂的过程，需要从多个视角进行全面评估。可以从以下视角进行分析：

- 功能需求视角：评估架构是否有效支撑当前业务需求，并具有充分的灵活性，可以适应未来业务的发展。
- 非功能需求视角：评估系统的可用性、性能、可扩展性和安全性等关键技术指标。
- 团队协作视角：评估架构能否有效促进团队协作和提升开发效率，包括复杂度管理和团队协作效率。
- 成本效益视角：评估架构方案在技术投入和业务价值间的平衡，包括开发、运维、硬件和技术债等成本。

2.6.1 功能性

功能性维度是评估架构设计的基础标准，主要关注架构是否能够有效支持和实现业务需求。

1. 解决现有业务问题

架构设计必须有效解决现有业务问题，同时兼顾日常运营的各类场景。

以订单管理业务为例，系统需要处理订单创建、取消和退款退货等多种操作。当架构设计能为这些操作提供完整的功能支持，并在接口和模块层面实现清晰的职责划分时，就表明它具备良好的业务覆盖能力。

2. 高效实现业务需求

优秀的架构设计应当让功能开发和迭代变得高效，而不是依靠打"补丁"来实现。

在理想情况下，当业务方提出新需求时，技术团队能够快速定位相关模块并进行扩展，无须对现有代码进行大规模修改。如果微服务或插件化架构规划合理，那么新功能只需在特定服务或插件中实现，无须影响整个系统，既节省了时间，又降低了风险。

3. 前瞻性设计

业务需求总是在不断变化和升级。如果每次功能扩展都需要重构架构，那么不仅会浪费资源，还会增加系统运行风险。因此，评估架构设计的优劣，关键在于观察其应对未来变化的弹性。

好的架构在初期就应考虑版本迭代和模块替换的流程设计，确保业务逻辑和模块能够独立升级,避免出现"牵一发而动全身"的情况。当架构能够随业务演进而稳健成长时,就说明它在功能层面具备了前瞻性。

2.6.2 可用性

可用性是指系统能够长时间、连续不间断地正常运行的能力。

可用性通常用"几个9"来衡量,例如,"4个9"(99.99%)的可用性意味着系统在一年内的不可用时间不超过53.6分钟。在分布式系统中,高可用性往往通过以下几个方面来实现:

- 集群:通过增加机器、分担压力来降低风险。例如,同一服务部署在多台服务器上,或同一数据存储在多台服务器上互相备份。
- 自恢复:系统在出现问题时能够快速恢复,不影响业务的可用性。这包括超时处理、重试机制、回滚和数据恢复等策略。
- 限流:通过控制系统的访问量和流速,防止系统被过多的请求压垮。
- 降级:在系统压力过大时,暂时关闭部分非核心功能,以保证核心功能的正常运行。

2.6.3 性能

性能主要包括响应时间、吞吐量和资源利用率等关键指标。系统需要在业务高峰期保持稳定响应,并且在数据量和请求量增加时,避免出现明显卡顿。

提升性能有多种方法,包括使用缓存、异步通信和高效的负载均衡策略等。需要注意的是,性能优化往往会增加成本。过度追求性能可能导致硬件和维护费用攀升,因此需要在性能和成本之间找到平衡点。

评价系统性能主要关注以下指标:

- 平均响应时间(ART):从发起请求到收到响应的平均耗时。
- 吞吐量(TPS或QPS):每秒能够处理的请求量。
- 资源利用率:CPU、内存、磁盘I/O、网络带宽等的使用情况。
- 95/99分位响应时间:衡量大部分请求的耗时分布,用于发现长尾延迟问题。

2.6.4 可扩展性

可扩展性是指系统能够轻松适应未来的需求增长和业务扩张，无须对系统架构进行重大重构。

具体来说，提升可扩展性包括以下几个方面：

- 架构设计：采用合适的设计模式和架构设计（如 DDD 分层、微服务等），让系统能灵活地添加和扩展功能。
- 性能：系统能通过增加硬件资源来应对业务增长，无须大幅修改代码。
- 数据处理：系统能通过分库分表等技术处理快速增长的数据量。

2.6.5 安全性

安全体系涵盖了从网络层防御、应用层鉴权和加密，到数据层审计与备份的各个环节。常见的安全措施包括：

- 权限管理：为不同角色设置恰当权限，防止越权访问。
- 数据加密：在传输和存储两个层面实施加密策略。
- 防火墙与安全组：限制端口开放范围，减少系统暴露面。
- 漏洞扫描和渗透测试：主动发现系统安全隐患。

2.6.6 团队协作效率

架构设计最终需要在团队中落地实施。如果一个复杂的系统架构缺乏相应的团队支持，就难以持续维护。反之，一个缺乏架构约束的团队容易各自为政，最终导致系统割裂、技术栈混乱。

因此，团队协作和责任分配是衡量架构优劣的重要维度。

当架构能够将不同业务领域清晰划分给对应的小组时，各小组就能专注于自身的业务上下文，协作更加顺畅。如果模块之间界限模糊，团队成员随意修改他人代码，就会增加沟通成本和冲突风险。

以下是一些常见的评估维度：

- 从提出需求到系统上线的平均周期：是否因跨团队协调而严重拖延。
- 跨部门沟通成本：是否存在过多的会议、需求转译或接口对接问题。
- 故障归责与处理机制：出现故障时，是否能快速定位责任团队并完成故障修复。

优秀的架构设计必须与团队的规模、组织文化和目标定位相匹配。大型公司可能更适合"按业务线划分模块"的方式，而小团队可能更适合"全栈式开发"的方式。没有"放之四海而皆准"的最佳实践，最适合团队的架构才是最好的架构。

2.6.7 复杂度

随着业务不断扩张，系统架构的复杂度会急剧上升。如果不加以控制，那么系统将变得难以理解和维护，最终降低团队的开发效率与创新能力。复杂度管理的核心是在系统持续演进过程中保持其可理解性和可维护性。最常见的复杂度来源包括：

- 功能堆积：持续添加新功能，却未及时梳理和优化现有功能与公共逻辑。
- 模块划分不当：微服务过度拆分导致交互复杂，或者模块过大导致核心逻辑难以理解。
- 技术栈混乱：各团队引入多样化的编程语言、框架和工具，缺乏统一标准。

衡量复杂度管理的好坏，可以观察：

- 模块依赖关系：服务之间的调用关系是否清晰可见。
- 文档时效性：文档是否及时更新，过时文档会增加系统复杂度。
- 团队理解程度：是否存在只有少数人了解的"黑盒模块"。

降低复杂度可以从以下几方面着手：

- 宏观层面：划分清晰的业务域和子域，使团队各自维护稳定的业务边界。
- 中观层面：统一技术栈和框架选型，避免重复造轮子。
- 微观层面：定期重构老旧模块，抽取公共组件，清理废弃代码。

2.6.8 成本效益

成本效益是指在满足核心指标和业务需求的前提下，系统的投入与产出的各种资源和成本。成本效益包括硬件资源、云服务开销、人力运维成本，以及技术债务可能带来的隐性支出。

在预算和团队资源有限的情况下，过分追求高可用和高性能可能会得不偿失。

有些团队过早构建"高并发、高可用、高性能"的复杂系统，却与实际业务规模不匹配，最终导致投入产出比失衡。

而另一些团队直到业务快速扩张时才发现架构性能不足，不得不仓促应对，结果引发频繁的线上事故和大量加班。

因此，对架构师而言，准确把握系统规模和演进时机是一项重要能力。

2.7 本章小结

本章深入探讨了 SaaS 架构的理论基础，从架构的定义出发，系统地介绍了架构设计的关键概念和方法论。

首先，我们明确了架构的定义，包括系统、元素、关系和原则四个核心要素。通过分析架构设计的误区和必要性，我们认识到架构设计的主要目的在于解决系统复杂度过高带来的问题。

其次，在多维度理解架构方面，我们介绍了架构视角和架构视图的概念。架构视角涵盖广度、深度、视图和时间四个维度，而视图则是针对不同利益相关者定制的关注点集合。本章详细讲解了 TOGAF 的四个核心视图：业务架构、应用架构、数据架构和技术架构。

同时，我们深入探讨了领域驱动设计（DDD）的核心概念，包括领域和子域、限界上下文、实体、值对象、聚合与聚合根、领域服务和领域事件等。

最后，我们从功能性、可用性、性能、可扩展性、安全性、团队协作效率、复杂度和成本效益等维度，建立了一套完整的架构设计衡量标准，为评估和优化架构设计提供了系统化的方法支撑。

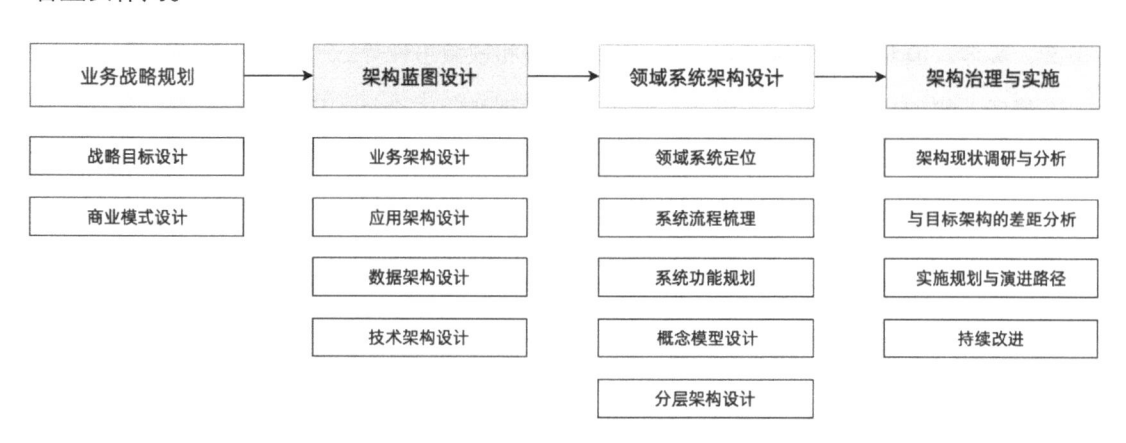

第 3 章 SaaS 架构建设流程

SaaS 架构建设是一项复杂的系统工程，不仅需要技术层面的实现，更要从业务战略、架构设计、治理与实施等多个维度进行全面规划。

一个成功的 SaaS 架构可以帮助企业降低 IT 成本、提升业务灵活性、加快创新步伐，并为客户带来更优质的服务体验。

本章将详细介绍 SaaS 架构建设的各个关键阶段，从战略规划到具体实施，为读者提供完整的架构建设指南。

3.1 SaaS 架构建设流程概述

如图 3-1 所示，SaaS 架构建设流程包含多个关键环节，每个环节都对整体架构设计起着重要作用。

业务战略规划	架构蓝图设计	领域系统架构设计	架构治理与实施
战略目标设计	业务架构设计	领域系统定位	架构现状调研与分析
商业模式设计	应用架构设计	系统流程梳理	与目标架构的差距分析
	数据架构设计	系统功能规划	实施规划与演进路径
	技术架构设计	概念模型设计	持续改进
		分层架构设计	

图 3-1　SaaS 架构建设流程

3.2 业务战略规划

SaaS 架构建设必须以清晰的业务战略为基础。缺乏明确的战略方向，技术投入将可能变得盲目。业务战略主要包含战略目标和商业模式两个核心方面，它们构成了所有设计和实施工作的起点。

3.2.1 战略目标设计

战略目标明确了组织发展的核心方向，它需要与企业的愿景、使命和核心价值观紧密结合。

在开始规划架构之前，企业必须确定其长期发展目标，这包括市场占有率、客户满意度和业务收入增长等关键指标。同时，企业需要评估内外部环境，深入了解竞争格局和行业发展趋势。

清晰的战略目标为企业业务规划指明方向，帮助决策者合理分配资源、优化流程，并促进组织协同。由于这些目标会直接影响 SaaS 架构蓝图的整体设计，因此制定战略目标是架构设计工作的首要任务。

3.2.2 商业模式设计

商业模式是实现战略目标的途径，它描述了企业如何创造、传递和获取价值。

在 SaaS 领域，订阅制是最基础和常见的商业模式，即用户按月、季度或年支付固定费用以持续使用服务。不同的商业模式决定了企业的运营重点和收益来源，因此在架构规划时，必须结合商业模式来规划应用和数据布局。

有效的商业模式必须与市场需求和客户行为相匹配。企业需要深入了解客户痛点、需求和期望，并分析竞争对手优劣势，从而设计出富有差异化竞争力的商业模式。商业模式与业务架构紧密相连，它将直接影响架构设计中的关键要素。

3.3 架构蓝图设计

明确业务战略后,接下来要构建完整的架构蓝图,如图 3-2 所示。架构蓝图包括业务架构、应用架构、数据架构和技术架构四类架构视图。

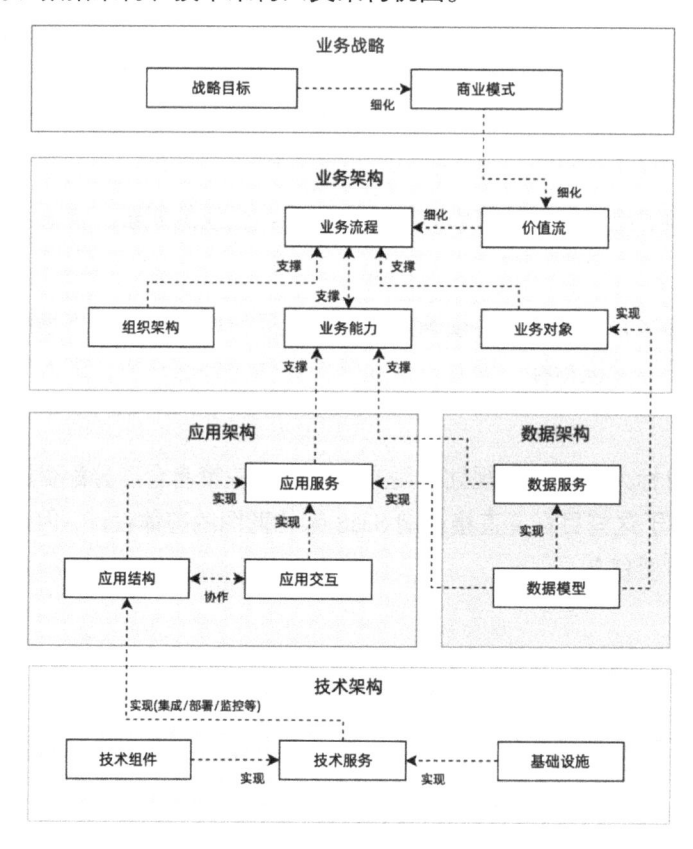

图 3-2 架构蓝图设计框架

这些架构视图相互关联,但各自有不同的重点,只有先绘制清晰的蓝图,才能梳理复杂的系统关系,为后续功能落地奠定基础。

3.3.1 业务架构设计

业务架构是对企业业务流程、业务能力和组织角色的抽象描述,它从业务视角对 SaaS 系统支撑的业务进行结构化梳理。

在设计业务架构时，必须紧扣战略目标和商业模式。通过可视化方式梳理端到端业务流程，找出瓶颈和优化点。为了确保部门间信息流转顺畅，需要优化跨部门流程，减少冗余和重复工作。

将企业核心业务和支撑业务进行分层分类，并明确各业务单元的能力边界和职责。同时，建立统一的业务术语标准以减少沟通歧义，结合行业最佳实践和标杆企业的流程设计经验，最终的业务架构图应直观展示企业的业务全貌和交互关系。

3.3.2　应用架构设计

应用架构负责将业务需求转化为具体的技术实现方案，明确所需的应用系统，以及协作关系。

在设计应用架构时，应遵循分层和模块化设计原则，降低系统间的耦合度，通过合理划分应用服务边界，团队可以更高效地进行协同开发和维护。

此外，还需重点设计应用间交互的接口和数据协议，包括通信方式、数据格式和安全策略等。根据业务特点，可将系统拆分成微服务或插件等独立模块。

3.3.3　数据架构设计

在数据架构中，数据模型的标准化和治理至关重要。企业应建立数据字典和模型，统一字段定义和元数据规范，同时构建数据质量管理机制。

在安全与合规方面，必须落实数据脱敏、访问控制和隐私保护措施，确保数据的准确性和可靠性。

此外，企业需要通过数据洞察市场趋势、优化业务流程并发现潜在机会。因此，数据架构设计应提供完善的数据服务，以满足分析和决策的需求。例如，配备数据分析平台和可视化工具，为决策者提供实时和离线的数据分析能力，支持更有效的决策制定。

3.3.4　技术架构设计

技术架构为应用和数据提供底层支撑，涵盖基础设施、网络、安全、运维等关键领域。在设计技术架构时，需要权衡系统稳定性需求和成本约束。

在高并发业务场景中，需要配置适当的负载均衡和缓存方案。对于关键节点，应搭建集群或容器平台以保障高可用。

网络拓扑和安全防护方案的设计必须周密，以有效防范潜在攻击和故障。运维和监控是技术架构中的核心要素。

建立完善的自动化运维体系，包括自动化部署、配置管理和故障告警。借助实时监控和日志分析，可快速识别性能瓶颈和错误。通过容器化和微服务架构，可实现弹性扩容和快速迭代。

对于敏感业务，必须加强安全管理，部署防火墙、入侵检测和访问审计等防护措施。

3.4 领域系统架构设计

一个复杂的 SaaS 业务通常包含多个业务领域。以零售 SaaS 为例，它包括基础数据、商品管理、库存管理、线上商城、POS 收银、订单履约、仓储管理、配送管理、客户运营、采购和客服等领域。

在这个阶段，我们需要深入理解各个具体的业务领域，为每个领域设计适合其特性的系统架构。

3.4.1 领域系统定位

领域系统是面向特定业务或专业领域的系统，它包含特定行业或场景中的核心业务逻辑和规则。

在整体架构中，领域系统既可以作为独立的子系统存在，也可以嵌入综合平台系统。定位领域系统时，需要评估其价值、功能范围和企业意义。

进行领域系统定位时，首先要确定系统在业务链条中的位置，例如订单处理、财务结算或客户管理等环节。根据其在业务链条中的位置，明确目标用户、关键需求和系统间的交互方式。

通过评估资源投入和预期收益，可以确定领域系统的优先级和实施顺序。由于某些领域系统构成企业核心竞争力，因此必须优先规划和建设。

准确的领域系统定位可以减少系统冗余和重复建设，让企业能够集中精力解决最具价值和最紧急的问题。这一点对资源有限的企业尤为重要。

同时，清晰的定位也为后续的流程梳理、功能规划和模型设计提供了明确指导。

3.4.2　系统流程梳理

系统流程梳理需要重点分析领域系统是如何与业务流程中各项业务活动进行交互的。

首先，罗列系统涉及的主要业务活动，并对每个活动的输入、输出、处理逻辑和参与角色进行详细分析。通过梳理端到端的流程图，确保对整体流程有完整认知，这有助于团队识别关键路径、潜在风险和流程优化空间。

其次，需要深入分析系统间的依赖关系，避免产生循环依赖或冗余调用。同时，系统流程梳理也要考虑与外部系统接口的依赖关系。

对于包含复杂审批流或逆向流程的业务，必须提前规划流程的可扩展性，这样能帮助企业在领域系统上线后，大幅降低沟通成本和维护成本。

3.4.3　系统功能规划

基于系统流程梳理，需要将各个流程活动分解为具体可实现的功能模块。

每个功能模块都需要明确定义输入、输出和业务规则。在规划阶段，要根据业务价值进行评估，将功能划分为核心功能和次要功能。

在功能规划过程中，建议采用"用户故事"或"功能用例"来描述具体业务场景，明确界定各角色的系统使用方式和预期结果。这种方法不仅能确保功能设计更贴合实际需求，也便于后期的测试和迭代优化。

规划完成后，需要形成完整的系统功能列表和功能模块图。这能帮助业务部门和需求方达成共识，同时为开发团队提供清晰的开发边界和接口规范。当需求变更时，可以基于功能模块快速评估并做出调整。

3.4.4　概念模型设计

概念模型描述系统中主要的业务对象及其关系。它通过抽象化表达系统功能和流程中的核心概念，帮助团队统一对业务概念的理解。

在设计概念模型时，首先要列出系统中最关键的实体（如订单、客户、商品等），然后明确它们之间的关联关系（如一对多、多对多等）。同时，需要对各实体的属性进行简要描述。

概念模型通常以 ER 图或 UML 类图的形式呈现，重点展示实体间的结构化关系。在设计过程中，概念模型需要与组织的业务词汇保持一致，避免使用模糊的术语或与现有定义冲突的概念。

企业内部应建立统一的元数据管理平台，确保各系统使用一致的概念定义。同时，概念模型要保持适当的抽象性和灵活性，为未来业务变化预留空间。

3.4.5 分层架构设计

分层架构设计是领域系统落地的重要方式，它根据功能或关注点将系统进行拆分，通常包括表现层、业务逻辑层和数据访问层。

对于复杂的业务系统，可以采用领域驱动设计（DDD）的分层方案，包括用户接口层、应用层、领域层和基础设施层。

分层架构设计需要确保数据流和调用链的清晰性，每一层都应明确定义其接口，避免跨层访问。分层架构设计可以降低系统耦合度，提升可维护性和可扩展性。

3.5　架构治理与实施

架构治理与实施是将前期规划转化为实际成果的关键阶段，它需要全面评估企业当前的架构状况，并制定清晰的实施路径，确保架构规划能够平稳落地。

3.5.1　架构现状调研与分析

架构治理必须建立在对企业现状的深入了解之上。实施前，需要全面调研现有业务现状、系统现状和团队现状。

调研过程包括部门访谈、收集业务及系统文档，同时评估各系统的成熟度和稳定性。

在调研阶段，需要形成较为完整的业务架构、应用架构、数据架构和技术架构的现状报告。只有准确把握当前状况，才能为后续的差距分析奠定基础。

调研分析还需要关注组织和人员层面，包括了解团队的技术能力、开发流程和项目管理模式，以及与外部合作伙伴和供应商之间的合作模式与接口规范。

这些信息对于预判架构实施过程中的协作难点和管理挑战至关重要。

3.5.2　与目标架构的差距分析

差距分析是将当前状态与目标状态进行系统性对比，帮助团队识别关键问题并确定改进优先级。

在这一阶段，我们需要将前期调研的现状与战略目标、商业模式和未来规划进行系统对比。通过分析各类架构视图的维度信息，识别出现有系统与目标要求之间的具体差距。

差距分析需要从以下多个维度展开：
- 业务层面：流程效率、客户满意度、客户管理水平等。
- 应用层面：应用划分合理性、功能完整性、应用间交互关系等。
- 数据层面：数据模型的全面性、准确性、一致性等。
- 技术层面：架构腐化程度、技术栈统一性、运维自动化水平等。

这些差距直接影响企业实现目标的效率和质量。针对每个维度的差距，需要制定明确的改进思路和评估指标。最终，差距分析应形成一份清晰可行的改进清单，作为后续实施规划的依据。

3.5.3　实施规划与演进路径

实施规划是将差距分析转化为具体行动的过程，需要明确各项改进和项目的优先级及所需资源。

为了确保实施规划平稳推进，通常采用里程碑式的分期实施方案，通过渐进式演进，边实施边验证，及时调整策略。

实施规划过程中需要综合考虑项目范围、预算、人力和预期收益等要素，并将目标分为短期、中期和长期三个层次。

- 短期目标着重解决亟待改善的问题，如修复关键故障点和消除重大安全隐患。
- 中期目标主要关注重要功能上线、平台升级和业务优化。
- 长期目标聚焦于企业整体的数字化转型、智能化提升、重大架构变革。

通过持续积累阶段性成果，最终实现与战略目标的全面对齐。完成规划后，需要制定完整的演进路线图。

演进路线图要清晰展示关键里程碑、时间节点和核心任务。每个阶段都需设定明确的成功标准和验收指标，确保目标可度量。同时，建立合理的风险管理和回退机制，为意外情况提供应对方案。

3.5.4 持续改进

架构治理和实施不是一次性任务，而是持续循环的过程。在各个阶段结束后，需要进行回顾和总结，评估实现目标的效果和不足。

如果效果不达标，则要找出原因并制定改进措施。如果目标达成良好，也要总结经验，为后续项目提供可复制的成功方法。

通过持续集成和持续交付，如 DevOps、敏捷方法论等，可以快速将新功能或优化项目投入生产环境；通过实时监控和反馈，可以及时发现并修复问题。这种方式让架构能更好地适应业务变化，实现"以终为始"的迭代演进。

3.6 示例：新零售 SaaS 的背景与目标

后续章节将通过一个新零售 SaaS 的实例来串联前面讲的所有知识点，帮助读者更好地掌握 SaaS 架构知识体系。

本节将详细介绍这个新零售 SaaS 的背景与目标，从企业的发展路径、行业发展趋势、传统系统痛点、目标客户和价值定位五个方面分析其市场背景与落地目标。

3.6.1 零售企业的发展路径

零售行业历经多年变革，从最初的单店经营到多元化跨界发展，企业规模与业务模式都在不断进化。根据企业所处阶段,可以将发展路径分为五个阶段:单店经营、分店扩张、区域连锁、跨区域拓展、多元化发展。

1. 单店经营阶段

企业在一个地区或城市开设单个门店。此时,企业需要专注于了解当地市场和客户需求,这是积累经验和提升品牌知名度的关键阶段。

为了在市场中建立竞争优势,企业必须持续提升产品和服务质量,如探索新零售模式、开发新产品、优化服务体验、完善售后服务等。

2. 分店扩张阶段

企业开始逐步在不同地区开设更多门店,以满足更广泛的市场需求。这不仅增加了品牌曝光率,还提高了采购和物流效率。

在这个阶段,企业也考虑拓展新的销售渠道,如电商平台、O2O 平台、社交平台,以吸引更多消费者。

3. 区域连锁阶段

企业开始在不同城市或地区开拓新市场,通过直营或加盟模式实现多区域的连锁经营,形成较强的品牌优势和规模经济效应。

4. 跨区域拓展阶段

企业进一步扩展不同省份或国家的市场,扩大规模,丰富产品线,引入更多创新元素。在这个阶段,企业可能面临不同市场环境和文化差异的挑战,需要灵活应对。

5. 多元化发展阶段

企业开始关注多元化业务,涉足金融、娱乐、供应链等领域,实现跨行业、全渠道的发展战略。这种多元化发展带来了更多的机遇和挑战,要求企业具备更高的管理能力和战略规划水平。

3.6.2 新零售行业的发展趋势

随着科技的迅速发展和社会的深刻变革,消费者的购物习惯、服务需求和体验期待正经历着前所未有的转变。

在数字化时代发展浪潮的推动下，消费者不仅追求多元化和个性化的服务，其行为模式也逐渐向智能化、即时化和场景化方向发展。

1. 全渠道无缝体验

消费者希望在不同的购物场景中享受到一致的购物体验。新零售企业通过 O2O 模式，实现了线上/线下场景的无缝连接，让消费者随时随地购物，提高购物的便利性和消费者满意度。在线下门店购买的商品也可以在线上进行退换货，实现线上/线下的无缝体验。

2. 个性化服务

人们的消费观念和消费习惯都在不断地发生变化，消费者越来越注重个性化和定制化的产品与服务，希望得到更好的体验和满足感。随着科技的发展，消费者的信息获取途径越来越多，竞争也越来越激烈，零售企业需要通过个性化服务来吸引和留住消费者，提高市场竞争力和盈利能力。

3. 多品类经营

目前流量越来越昂贵，新零售企业开始拓展更多品类业务。与单一品类经营相比，多品类经营可以更好地满足消费者的多种需求，提高销售额和消费者满意度。例如，一个家具零售商可以扩展业务到销售家居饰品、家具维修服务等领域，从而吸引更多消费者，提高消费者忠诚度，也增加了企业的收入来源。

4. 数据应用

随着智能化和大数据的发展，新零售企业越来越重视数据应用。通过数据分析，企业可以预测消费者的购买行为和消费习惯，从而优化产品、服务和营销策略。数据驱动的经营已成为企业获得竞争优势的关键手段，让企业能更准确地把握消费者需求，提供更优质的产品和服务。

5. AI 应用

新零售企业正在积极运用人工智能技术，将销售、客服和营销等环节智能化，以提升运营效率和服务质量。具体应用包括基于 AI 的个性化商品推荐系统、24 小时智能客服机器人，以及智能化的精准广告投放。这些技术让企业能够为消费者提供更个性化、更便捷的购物体验。

3.6.3 传统零售系统的痛点

传统零售系统普遍采用独立部署的架构，难以应对当今多渠道、多触点、多场景的市场竞争。其主要痛点如下：

- 信息孤岛严重：各业务环节使用独立系统，数据无法共享。门店销售、线上商城与社交媒体渠道彼此割裂，无法形成统一的用户画像。
- 缺乏实时响应能力：库存更新与订单查询存在数据延迟，导致门店缺货或库存积压频发，无法及时根据销售数据调整补货计划和促销策略。
- 个性化运营能力薄弱：传统系统仅提供基础的销售记录分析，缺乏用户精细化分层和智能推荐功能，难以满足消费者的个性化需求。
- 维护成本高：系统部署需投入大量硬件设备和 IT 人员，升级与定制开发周期长。当业务快速扩张时，系统扩容困难。
- 渠道拓展受限：无法支持新兴社交平台、小程序、直播带货等业务形态。部分系统缺乏 API 接口，难以对接第三方资源和应用。

这些痛点使传统零售企业难以快速适应市场变化，也无法为消费者提供一体化服务。因此，越来越多的企业开始寻求新一代数字化解决方案。

3.6.4 新零售 SaaS 的目标客户

对于 SaaS 企业来说，目标客户可分为三类：小客户、中腰部客户和大客户。

单店经营阶段的商家通常属于小客户，企业规模一般为 50 人以下。分店扩张阶段和区域连锁阶段的商家是中腰部客户，企业规模一般为 50～500 人。跨区域拓展阶段和多元化发展阶段的商家则是大客户，企业规模为 500 人以上。

小客户的付费能力和意愿较低，抗风险能力差，第二年倒闭的概率很高。这对依赖续费的 SaaS 商业模式构成了非常大的挑战。

大客户的业务复杂度高，系统规划和评估严格，需要多个系统融合。此外，用户、购买者、评估者和决策者往往是分离的。面对这样的客户，定制化开发成为必然选择。而定制化开发对 SaaS 公司而言是一把双刃剑。不定制大客户不买账，但定制又可能导致成本失控。

吴昊老师在《SaaS 创业路线图》一书中指出，SaaS 公司在定制化开发方面，从 IT 架构到工程师雇佣成本都不具优势。虽然为少数头部企业提供定制化开发有助于打磨未来的标准化产品，但长期为大客户做定制化开发并非 SaaS 公司的最终目标。

大客户服务成本高，小客户又利润薄，因此中腰部客户成为更理想的选择，在 SaaS 行业，有"得腰部客户者得天下"的说法。

因此，新零售 SaaS 的核心目标客户定位为中腰部客户。

3.6.5　新零售 SaaS 的价值定位

在这个竞争激烈的市场中，新零售系统厂商必须思考如何实现差异化竞争，从而在市场竞争中脱颖而出。

基于对新零售行业发展趋势、传统零售系统痛点和目标客户的分析，新零售 SaaS 的价值定位是：专注服务零售行业的中腰部客户，为其提供全渠道销售管理、客户精准营销和灵活定制化的 SaaS 产品。

1. 全渠道销售管理

新零售 SaaS 系统提供线上/线下全渠道销售管理，帮助企业统一管理商品、库存和订单等资源。更重要的是，企业可以通过 SaaS 系统统一收集各渠道的客户数据，包括线上商城、线下门店、社交媒体和各类平台，从而形成完整的客户消费数据闭环并进行分析。

2. 客户精准营销

新零售 SaaS 系统通过 AI、大数据分析技术实现对客户的精准营销。系统通过分析客户的购买行为、消费偏好和消费心理，为客户提供个性化的商品推荐和优惠方案。同时，通过多渠道投放个性化营销内容，有效提升客户满意度和复购率。

3. 灵活定制化

由于新零售连锁企业面临复杂的业务场景，它们需要使用多种 IT 系统。由于单一产品无法满足所有业务需求，SaaS 服务商通常需要聚焦特定细分领域，为企业提供专业解决方案。可以采用以下核心策略：

- 对于新兴业务链路，如全渠道销售管理和客户精准营销等，系统需要具备强大的功能支持。
- 对于相对稳定的传统业务链路（如供应链管理、人力资源管理和财务管理），可采用开发基础版本或对接现有成熟系统的方式。
- 通过模块化设计和标准化开放接口，满足企业的个性化定制需求。

因此，SaaS 系统采用模块化设计，让企业能根据自身需求选择所需功能并进行灵活定制。企业可以根据自身业务模式和流程，定制门店管理、商品管理、订单管理、会员管理等功能，从而提高运营效率和管理水平。

3.7　本章小结

本章详细介绍了 SaaS 架构建设的完整流程，从战略规划到具体实施，为读者提供了系统化的架构建设指南。

首先，SaaS 架构建设必须以业务战略为基础，通过明确的战略目标和商业模式设计来指导整体架构方向。架构蓝图设计阶段需要从业务架构、应用架构、数据架构和技术架构四个维度进行全面规划，确保各架构视图之间的协调统一。

在领域系统架构设计中，需要深入具体业务领域，通过系统定位、流程梳理、功能规划、概念模型设计和分层架构设计，构建符合业务特点的领域系统。

架构治理与实施是将规划转化为落地实施的关键环节。通过现状调研、差距分析、实施规划，制定清晰的演进路径。持续改进机制则确保了架构能够随业务发展而不断优化和完善。

本章最后以新零售 SaaS 为例，深入分析了零售企业的发展路径、行业发展的趋势、传统系统的痛点、目标客户和价值定位。后续章节将以这个实例来串联所有知识点。

总的来说，成功的 SaaS 架构建设是一个系统性工程，需要在战略、设计、实施等多个层面保持一致。只有建立完善的架构体系，才能帮助企业降低 IT 成本、提升业务灵活性、加快创新步伐，最终为客户带来更优质的服务体验。

第二部分
SaaS 整体架构规划

第 4 章　SaaS 业务架构分析

第 5 章　SaaS 系统架构规划

第 4 章 SaaS 业务架构分析

本章将为读者提供一个 SaaS 业务架构的系统性框架，探讨 SaaS 业务架构分析的核心要素，帮助 SaaS 企业深入剖析目标客户的业务模式，全面理解其业务架构。

无论读者是 SaaS 创业者、产品经理还是架构师，本章内容都将为读者的系统设计和决策提供帮助。

4.1 目标与步骤

SaaS 业务架构分为两种视角：SaaS 企业自身的业务架构、SaaS 服务客户的业务架构。

前者聚焦于 SaaS 公司自身如何研发、销售、交付其软件服务，涵盖产品研发、获客、产品交付和技术支持等业务活动。

后者关注客户如何利用 SaaS 产品支持和改进自身业务，需要分析客户的价值流、业务流程、业务能力和组织架构等。

理解这两种视角的区别对于 SaaS 企业至关重要。SaaS 企业不仅要确保自身高效运营，还需要为客户提供有价值的、灵活的且可扩展的解决方案。

本章主要聚焦于后者，即 SaaS 服务客户的业务架构。如果读者想了解 SaaS 企业自身的业务架构如何设计，则可以参考吴昊老师的《SaaS 创业路线图》。

在这个阶段，我们的核心目标是深入剖析客户群体的业务模式，全面理解其业务架构。要实现这一目标，需要系统性地梳理业务架构的各个核心要素。

市面上有许多业务架构分析体系，各有各的侧重点。有些体系包含过多晦涩难懂的概念和术语。

对于业务架构分析方法，核心目标有两点：一是将复杂业务解构为一系列清晰、合理的抽象模型，使 SaaS 企业的各个部门能快速理解并落实业务目标；二是确保这些抽象模型具有强大的复用性和灵活的扩展性。

本章主要参考 BIZBOK 的业务架构体系，BIZBOK 是"Business Architecture Body of Knowledge"的缩写，它由业务架构协会（Business Architecture Guild）开发，旨在为企业提供一套标准化的业务架构框架和最佳实践指导。

BIZBOK 涵盖了业务架构的各个方面，包括战略目标、价值流、业务能力、业务流程、业务对象、组织架构等，帮助组织更有效地规划和管理其业务运营，支持战略目标的实现。它的概念清晰、逻辑简洁，易于理解和应用，如图 4-1 所示。

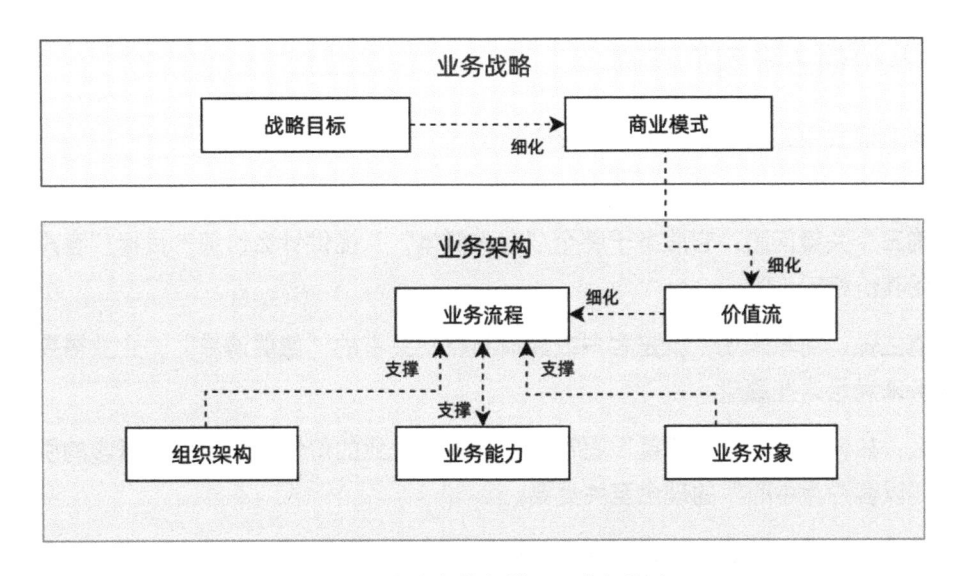

图 4-1 业务架构的核心要素与关系

我们将通过以下步骤展开业务架构的分析：

（1）价值流分析：识别为客户创造价值的关键流程和环节。

（2）业务能力分析：评估和确定组织需要具备的关键能力。

（3）业务流程分析：细化业务能力的具体工作流程。

（4）业务对象分析：明确并管理业务流程中的关键业务实体和关系。

（5）组织架构分析：确定支持业务能力所需的组织单元和关系。

4.2 价值流

价值流在业务架构中扮演着关键角色，它是企业战略和日常运营之间的纽带。

通过价值流分析，企业能够清晰地了解如何持续为客户创造价值。这种分析不仅有助于企业实现其价值主张，还为后续的业务能力评估、流程改进和组织结构优化提供了坚实的基础。

4.2.1 从价值主张到价值流

在商业模式中，价值主张占据了核心地位。

每个企业基本都会强调"以客户为中心"，企业在决定投入某个产品或服务之前，首先需明确三个关键问题：它服务于哪个"客户群体"？提供什么价值？目标"客户群体"能否接受其价格？

价值主张，简单来说，就是客户或其他利益相关者的"愿望清单"，企业需要通过产品或服务来满足这些愿望。

那么，如何实现这些"愿望"呢？答案是通过企业的价值流。价值流概念的引入对企业聚焦"以客户为中心"的理念至关重要。

如果没有梳理清楚价值流，那么企业可能会面临以下问题：

- 资源分配不当：无法准确识别哪些活动真正为客户创造价值，导致资源浪费在非关键环节上。
- 客户需求满足不足：缺乏对客户价值的清晰认识，可能导致产品或服务无法有效满足客户需求。
- 内部协作效率低下：各部门之间缺乏共同目标和清晰的价值创造路径，造成沟通障碍和效率损失。
- 创新方向偏离：无法准确把握市场需求和价值创造机会，可能导致创新方向与实际需求脱节。

4.2.2 价值流的概念

在 BIZBOK 中，价值流是核心的业务架构要素之一，主要用于描绘企业如何为其客户和其他利益相关者创造与交付价值。

价值流是为客户创造价值的端到端活动集合，涵盖从客户提出需求到最终价值交付的所有环节。这里的客户既可能是最终消费者，也可能是企业内部用户。价值流有以下两个关键特点。

1. 针对特定利益相关者的需求设计

这意味着每条价值流都有其服务的目标群体，我们需要时刻关注这些群体，满足他们的具体需求。

2. 针对这些特定需求，实现闭环价值交付

价值流会进一步细化为价值流阶段、具体的业务流程、解决方案、产品或服务。我们需要确保这些要素能够有效地串联起来，使最终交付的价值真正满足利益相关者的需求。

这样可以避免出现"各自为战"的情况，即每个人都在辛苦工作，但最终却没有交付实际价值。

那么，利益相关者有哪些呢？对零售企业而言，利益相关者可大致分为以下两大类。

1. 终端消费者

他们是企业产品和服务的直接消费者，其需求、偏好和体验直接决定了企业的市场地位和长期发展。因此，企业在战略决策和日常运营中，必须将终端消费者的需求置于核心位置。这是驱动业务增长的关键。

2. 其他利益相关者

其他利益相关者包括供应商、员工、股东、合作伙伴等，他们虽然不是直接的消费者，但在企业的运营和发展中扮演着至关重要的角色。

4.2.3 如何识别价值流

在零售行业中，价值流涵盖了从产品开发到客户服务的方方面面，反映了零售商家如何在竞争激烈的市场中脱颖而出。

零售企业的价值流通常有两类：运营型价值流、支撑和管理型价值流。

1. 运营型价值流

这类价值流是企业创造和传递价值给客户的主要途径，直接关系到企业的核心业务运作，包括产品研发、销售、客户服务等方面，对企业的日常运营和收入产生直接影响。这类型的核心价值流包括：

- **产品管理价值流（从创意到产品）**：将一个想法转化为实际产品的全过程，包括市场调研、产品设计、研发、生产和上市等步骤。
- **市场营销价值流（从机会到潜在客户）**：利用市场机会，通过营销手段吸引潜在客户的过程，目的是让更多人了解并感兴趣。
- **交易价值流（从潜在客户到订单交付）**：将感兴趣的潜在客户转化为实际购买者，并完成商品交付的过程，涉及销售、订单处理、物流配送等环节。
- **客户服务价值流（从成交客户到忠诚客户）**：通过优质的售后服务、客户关怀、客户权益，将一次性购买的客户培养成长期的忠诚客户的过程。

2. 支撑和管理型价值流

这类价值流虽不直接面向客户，却满足其他利益相关者的需求，对企业的整体运作起着至关重要的作用。例如，人力资源管理、财务管理、IT支持、法律合规、供应链管理等方面。

这些价值流为核心业务提供必要的支持和保障，确保企业能够高效、合规地运营。

以一家蛋糕商家为例，图 4-2 展示了几条常见的价值流，并阐明了利益相关者、价值主张和价值流之间的关系。

利益相关者	价值主张	价值流
终端消费者	提供高品质、精心烘焙的蛋糕,满足客户的口味需求,提升客户的生活品质	产品管理价值流
		市场营销价值流
		交易价值流
		客户服务价值流
门店部门	确保高效的供应链管理,持续供应新鲜优质的产品,助力门店运营顺畅	供应链管理价值流
财务部门与管理层	提供准确透明的财务管理支持,助力企业实现稳健运营和盈利增长	财务管理价值流
员工	建立公平的绩效管理体系,激励员工发挥潜能,推动个人与企业共同发展	员工与绩效管理价值流
其他	……	……

图 4-2 蛋糕商家常见的价值流

4.2.4 如何识别价值流阶段

价值流通常包含多个价值流阶段,每个阶段都具有其特定的价值增量,共同为客户交付完整价值。

如何划分价值流阶段?价值流的阶段应尽可能与客户旅程的阶段相匹配,建立清晰的对应关系。梳理客户旅程是提升客户体验的关键步骤。通过对客户旅程进行端到端的分析,确保涵盖所有重要阶段。

图 4-3 是一家蛋糕企业的客户旅程划分。对于一个蛋糕产品的消费者来说,他的客户旅程可划分为以下几个阶段:

- 想买蛋糕：客户意识到自己想要买蛋糕，可能是为特殊场合（如生日、婚礼或庆典）准备，或者单纯想品尝甜点。
- 寻找店铺并对比：客户开始寻找并对比不同的蛋糕品牌或店铺，寻找能满足其特定需求（如款式、口味、预算、定制服务）的选项。
- 决定到哪里买：客户决定在哪家蛋糕店购买，并确定所需的蛋糕种类、口味、装饰及交付方式。
- 正式购买：客户正式下单并支付费用，确认交付时间和方式（如店内自提或配送服务）。
- 收货：客户接收蛋糕，体验商家的交付服务。

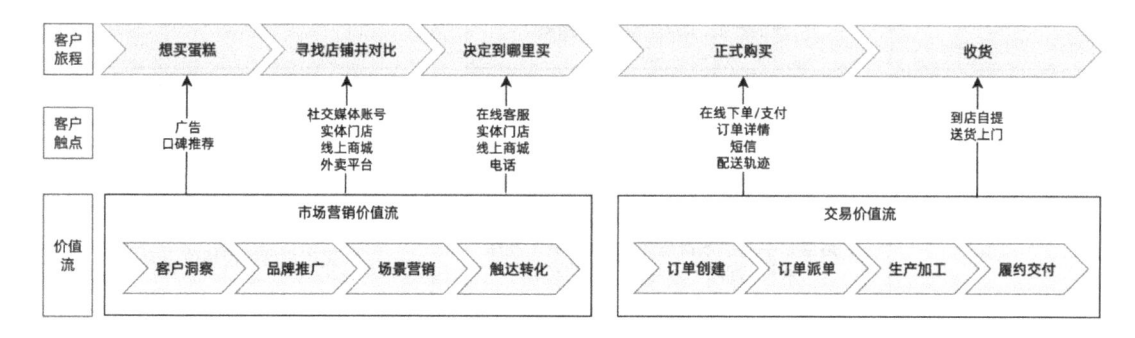

图 4-3 蛋糕企业的客户旅程划分

基于客户旅程的关键活动，我们识别出各个价值流阶段，每个阶段都有相应的价值。理论上，如果某个阶段无法增加或满足客户所需价值，则可以考虑舍弃。

我们以市场营销价值流为例，其可以划分为四个价值流阶段：

- 客户洞察：通过市场调研和客户数据分析，了解客户需求、痛点和行为模式。这有助于企业深入理解客户，让品牌更容易触达目标客户，并设计出有针对性的营销方案。
- 品牌推广：向客户展示产品或服务的独特卖点，帮助客户在考虑阶段更加关注你的品牌。
- 场景营销：此时客户已筛选出几个备选的品牌，正在做出最终购买的决定。通过针对特定客户场景（如生日、婚礼、周年纪念等）的个性化营销，增加产品吸引力并促使客户做出购买决策。
- 触达转化：在客户购买前，通过流量平台、企业微信、短信等渠道发放福利、多次提醒，激励客户最终完成交易。

4.3 业务流程

价值流为我们提供了一个宏观视角,帮助我们理解企业如何创造和传递价值。而业务流程则是这些价值流的具体实现方式,它将抽象的价值创造过程转化为可操作的步骤和活动。

4.3.1 业务流程的概念

业务流程是企业为实现目标而制定的一套系统化的工作方法。它由一系列有序的业务活动组成,按照既定规则将资源(输入)转化为有价值的结果(输出)。

在业务架构分析阶段,业务流程发挥着关键作用:

- 明确业务运作的方式:业务流程详细描述了企业的各项业务活动及其顺序和关联,帮助我们深入理解企业如何将资源转化为产品或服务。
- 识别改进机会:通过分析现有的业务流程,可以发现流程中的瓶颈、重复和低效环节,为流程优化和业务改进提供依据。
- 支持战略对齐:业务流程分析确保业务运营与企业的战略目标一致,促进战略的有效实施和落地。
- 支持系统架构设计:业务流程为信息系统的设计和开发提供了清晰的业务需求,确保技术解决方案与业务需求紧密匹配。

业务流程通常有两大核心视角:

- 端到端流程:强调跨部门的协作与整体效率,贯穿整个业务链条,从客户需求的起点到最终需求被满足的终点。
- 职能流程:聚焦于各个部门内部的专业化分工,确保每个职能领域的高效运作。

这两种流程相辅相成,共同构建了企业的完整业务体系,如图 4-4 所示。

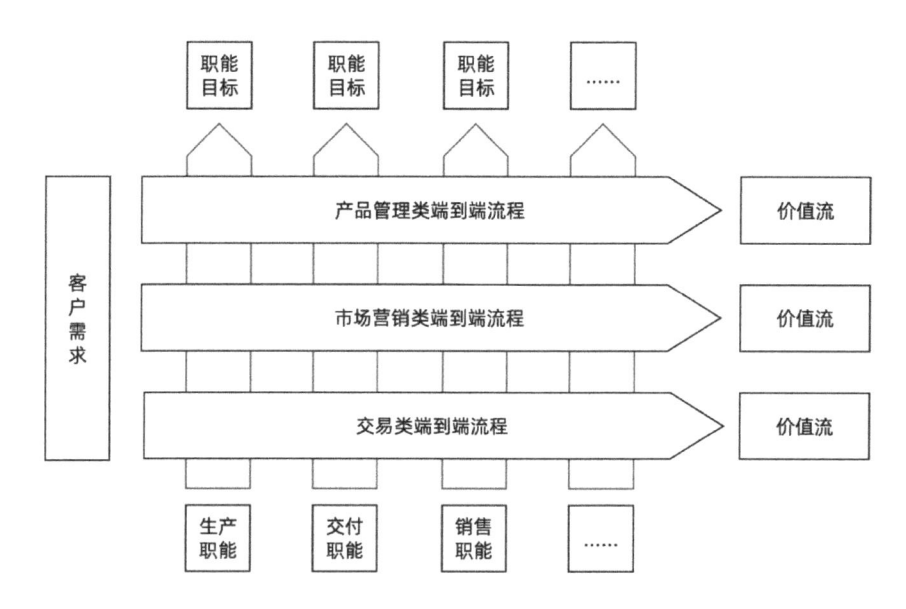

图 4-4　端到端流程与职能流程

4.3.2　端到端流程

1. 端到端流程的定义

简单来说，端到端流程就是从客户需求发起，到最终客户需求被满足的整个过程。

"价值流"与"端到端流程"常被拿来比较。那么，两者之间有何区别呢？

"价值流"是企业业务的战略蓝图，提供宏观视角，概括了整体价值创造过程。

而"端到端流程"则是这个蓝图的具体实施方案，详细描绘了每个环节的操作细节。

前面讲过，通过梳理价值流，我们可以聚焦客户需求，发现哪些环节为客户创造价值，哪些环节存在浪费。然后，基于这些环节，形成高效的端到端流程。

它们之间的关系如图 4-5 所示。

从价值流到端到端流程，就是把企业价值创造的过程进行细化。端到端流程的作用包括：

- 全面了解业务：通过梳理从需求发起到需求被满足的完整过程，展示各个环节如何衔接及潜在问题。这就像一张清晰的路线图，为企业指明工作方向。

- 聚焦核心目标：端到端流程始于客户的真实需求，通过确保流程中的各个团队和部门都围绕这些需求展开工作，我们能够为客户交付真正的价值，同时避免资源浪费。
- 增强企业响应能力：面对瞬息万变的市场和客户需求，清晰的流程让企业能够迅速调整策略。当新需求出现时，企业可以快速组合现有的流程模块，及时响应市场机会。

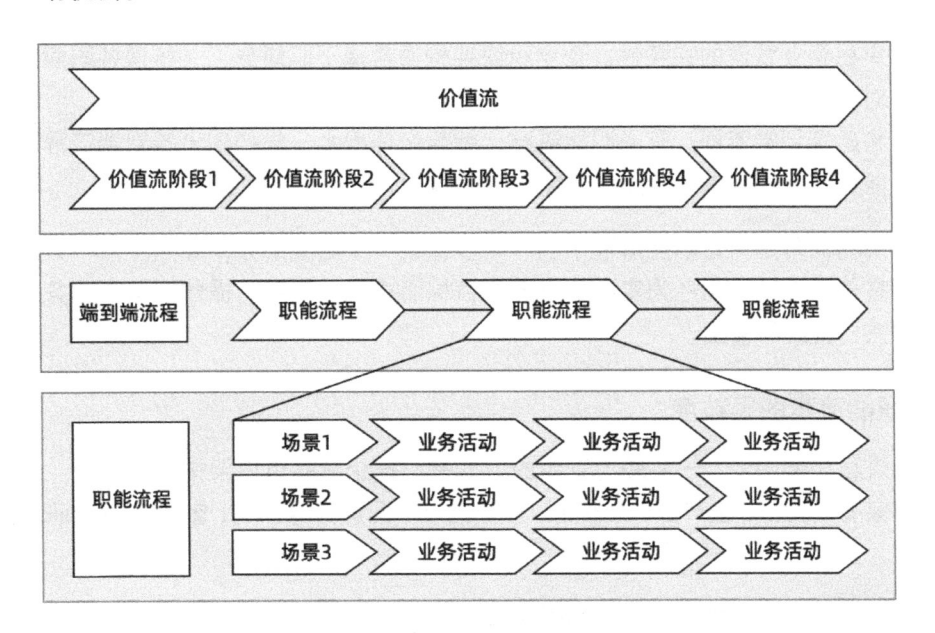

图 4-5 业务流程的层次关系

2. 端到端流程的颗粒度

端到端流程的颗粒度与终端客户的典型需求密切相关。因此，划分端到端流程的核心在于准确定位终端客户及其典型需求。

以一个蛋糕商家为例，其端到端流程可能包括：

- 线上预订，配送到家：客户在线上预订蛋糕，选好配送时间，商家按约定时间配送到家。
- 客户到店，门店服务：针对亲临实体店的客户，门店销售和服务的全过程。

4.3.3 职能流程

1. 职能流程的定义

职能流程是企业各部门为完成特定任务而制定的工作规范。

通过梳理和完善职能流程，各部门的工作流程变得清晰明确。这为构建端到端流程提供了可靠的基础模块。职能流程的核心作用包括：

- 审视企业管理的完整性：企业组织架构通常基于职能分工，梳理各职能流程就像对企业进行全面体检，找出需要改进的方面。
- 构建端到端流程：有了职能流程，就能像搭积木一样构建出端到端流程。缺乏职能流程架构，端到端流程就需要反复梳理，浪费大量资源。

业务活动通常是特定职能流程中的一个步骤或一个组成部分，聚焦于某一方面的业务成果。它是部门内某个角色为实现特定业务目标而执行的一系列操作。每个业务活动都有明确的输入、处理和输出。

2. 职能流程的颗粒度

职能流程如何切分？一种较为直观的方式是根据企业的组织架构进行切分。例如，一个蛋糕商家有研发部、生产部、品牌部、直营店部、配送部等部门，就相应设计研发流程、生产流程、品牌推广流程等职能流程。

然而，这种方式直接将组织架构与职能流程绑定。如果组织架构设计不合理，那么职能流程也将随之不合理。更重要的是，这种方法无法通过职能流程发现组织的问题，从而难以打破组织壁垒。

切分职能流程的关键在于以"业务对象"为核心进行切分。

业务对象是指在业务运营中核心关注的人、事、物。例如，客户、产品、订单、合同、供应商等。

以业务对象管理闭环为核心来切分职能流程，可确保：

- 切分标准清晰：企业能统一职能流程的颗粒度，避免过度拆分或界定模糊。
- 避免重复建设：职能流程涵盖业务对象相关的完整事项和信息。如果两个职能流程围绕同一个或同一类业务对象进行操作，那么很可能可以合并。

以蛋糕加工作业流程为例，从提交加工单开始，经过领料、配料、制作、裱花，直到加工完成。整个流程围绕"加工单"这一核心业务对象展开。不应将领料、配料等环节拆分成独立流程，这可能导致流程不闭环，徒增管理复杂性。

4.3.4 示例：蛋糕企业的业务流程

图 4-6 展示了一个典型的线上预订蛋糕并配送到家的端到端流程，其中包含多个部门的职能流程。例如，客服部门负责接收、确认蛋糕细节、派单。中央厨房负责蛋糕的制作，物流部门则负责配送。

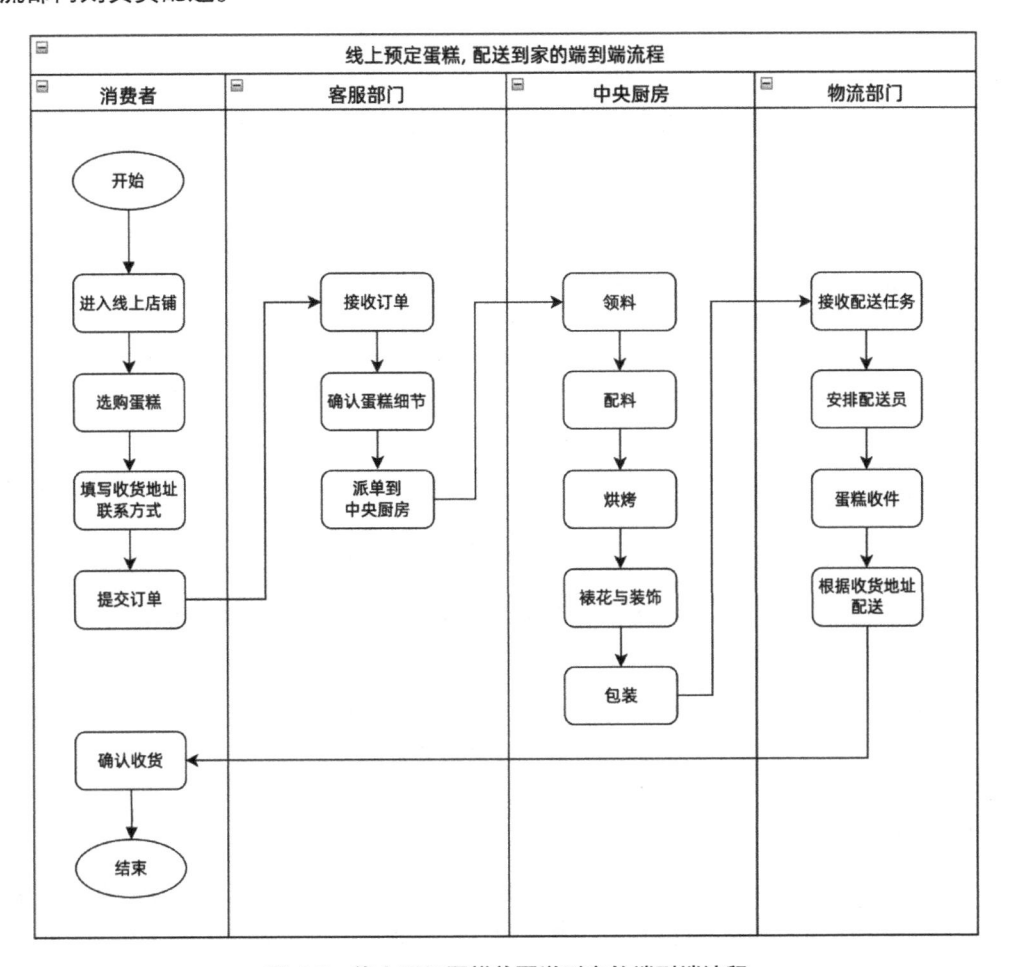

图 4-6 线上预订蛋糕并配送到家的端到端流程

这些部门各自的工作流程体现了职能流程的具体实施细节。每个部门的泳道内的活动序列准确地反映了该部门在整个业务流程中的职责和具体操作步骤。

从整体来看，我们可以清晰地观察到各个职能部门如何协同工作，共同完成从接收订单到最终交付的全过程。

4.3.5 业务场景

业务场景和职能流程密切相关，职能流程是业务运作的具体步骤，而业务场景则是在不同的业务环境下对这些步骤的应用和调整。

简单来说，业务场景决定了职能流程在不同条件下如何变化。

职能流程之所以需要感知业务场景，就是为了应对不同环境和条件下的需求变化。

尽管职能流程本身的路径可能一致，但不同的业务场景会对流程中的具体操作、输入/输出甚至管理规则产生影响。

如果职能流程无法根据业务场景做出相应调整，则会导致流程的执行效率下降，甚至无法达成预期的业务目标。

因此，感知业务场景可以帮助职能流程动态适应变化，确保在不同条件下仍然能够高效运作。

1. 业务场景的定义

业务场景是指在特定的业务环境下，为实现某项业务能力所产生的具体场景。

它是对职能流程的分类和细化，通过业务场景，我们可以更好地了解在特定条件下，业务是如何运作的。

比如在不同的地区、时间或业务模式下，同样的业务能力可能会表现出不同的需求或运作方式，业务场景就是用来帮助识别和处理这些差异的。

2. 场景因子

场景因子是影响业务场景的关键要素，是决定在不同业务环境下职能流程如何调整的核心依据。这些因子可以是组织形态、业务模式、地区、时间周期、客户类型、产品类型等。

识别场景因子在业务流程建模中起着关键作用：

- 提高流程适应性：场景因子让职能流程能感知不同的业务环境和条件，从而进行相应的调整，更好地满足客户的个性化需求，提高服务质量和客户满意度。
- 细化流程设计：通过识别场景因子，企业可以将复杂的业务流程细分为更具体的场景。这有助于深入理解每个流程步骤在不同情况下的变化，确保流程设计的完整性和准确性。
- 降低流程复杂性：通过场景因子，可以避免将同一职能流程过度拆分成多个流程。使用场景因子来管理流程，可以保持流程模型的简洁性和可维护性。

通常可以通过以下几个步骤识别场景因子：

- 使用 5W1H 分析法：通过 Who（谁）、What（什么）、When（何时）、Where（何地）、Why（为什么）和 How（怎么做）来详细分析业务场景。这种方法有助于确定与业务活动相关的各个维度，从而识别出影响流程的关键因子。
- 分析流程关键环节：观察不同场景下业务流程各个环节的变化点。例如，客户类型、地区、产品类型等因素如何影响业务流程的执行方式。
- 基于业务经验判断：企业的业务人员可以利用过往经验，判断哪些因素对业务流程影响较大，并将这些因素确定为场景因子。
- 运用 MECE 原则：确保识别出的场景因子相互独立且完全穷尽，以保证全面覆盖每个场景，避免遗漏或重复。

4.3.6 示例：蛋糕加工流程的业务场景

以蛋糕加工的职能流程为例，我们可以细分出三个业务场景：标准生日蛋糕订单、个性化定制蛋糕订单和紧急蛋糕订单，如图 4-7 所示。

每个场景的业务活动都包含领料、配料、烘烤、裱花装饰和包装。然而，不同场景下这些活动的处理逻辑存在差异，主要受蛋糕类型和客户时效要求等因素的影响。因此，我们可以提炼出两个核心场景因子：

- 产品类型：标准款、定制款。
- 时效要求：正常、紧急。

蛋糕加工	领料	配料	烘烤	裱花与装饰	包装	场景因子
场景一：标准生日蛋糕订单	按照标准配方领取所需原料	根据固定比例进行原料混合	按照规定时间和温度进行烘烤	使用预设的生日主题装饰进行裱花	采用标准包装盒进行包装，附赠生日贺卡	产品类型： 1.标准款 2.定制款 时效要求： 1.正常 2.紧急
场景二：个性化定制蛋糕订单	根据客户需求领取特殊原料，如无糖甜味剂、进口巧克力等	根据固定比例进行原料混合	按照规定时间和温度进行烘烤	使用预设的生日主题装饰进行裱花	采用标准包装盒进行包装，附赠生日贺卡	
场景三：紧急蛋糕订单	快速领取所需原料，优先处理	简化配料步骤，可能使用预混合材料	使用快速烘烤模式，缩短时间	采用简单装饰，确保质量的前提下加快速度	快速包装，安排优先配送	

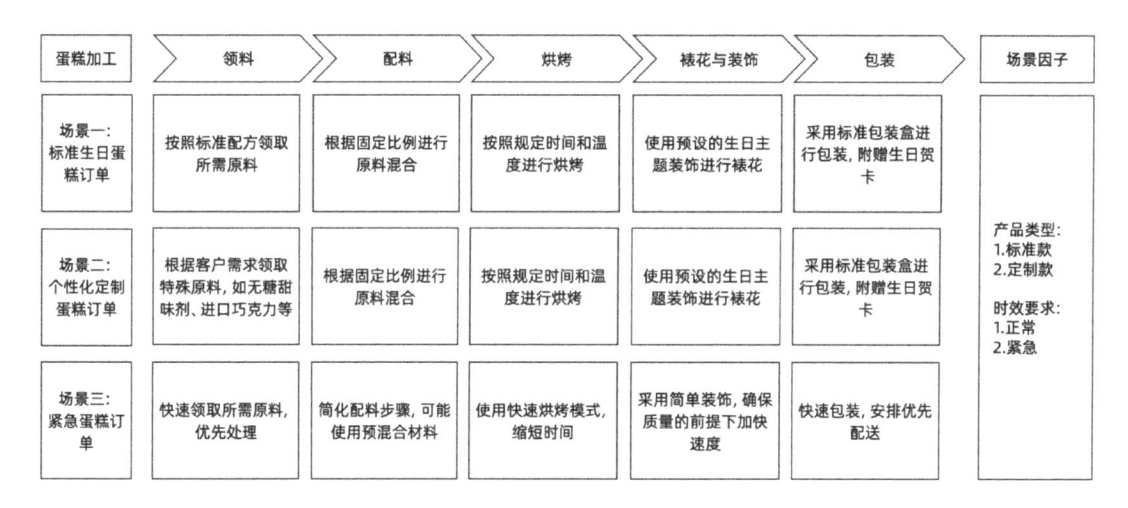

图 4-7 蛋糕加工流程的业务场景

4.4 业务能力

4.4.1 业务能力的概念

简单来说，业务能力是企业"做某件事的能力"。

业务能力描述了企业当前和未来应对挑战的能力，即企业能做什么或需要做什么。业务能力建模的关键在于定义了企业做什么，而不是如何做（由业务流程描述）。

以人才招聘为例，大多数公司都需要"招聘人才"这项业务能力。"招聘人才"明确了要做什么，但并未详述如何执行。既可能是 HR 通过招聘网站吸引候选人，也可能是将任务外包给猎头公司。

准确定义的业务能力通常具有高度稳定性。过去几十年中，尽管招聘流程、技术和模式经历了翻天覆地的变化，但"招聘人才"这项核心业务能力依然保持不变。

正是由于业务能力的这些特征，它对构建 IT 系统架构提供了至关重要的帮助。围绕业务能力构建的 IT 系统不仅具有更稳定的结构，还更容易扩展。

当企业需要推出新产品或服务时，合理复用现有能力是最高效的方案。

4.4.2 业务能力的构成

业务能力独立于组织的人员、流程、信息、资源。准确地说，这些业务要素是支撑业务能力而存在的。同样以"招聘人才"为例，"招聘人才"包括的业务要素可能有：

- 人员：人力资源团队。
- 业务流程：吸引、筛选、面试、雇佣。
- 信息：职位描述、招聘需求、应聘者简历、面试评估表、入职文件等。
- 资源：招聘系统、人事系统。

4.4.3 业务流程与业务能力的区别

业务能力和业务流程是企业运营中两个既密切相关但又有区别的概念。

- 业务能力：关注企业核心业务的能力和结果，不涉及具体的流程分解。
- 业务流程：专注于流程本身，面向特定场景，通过活动组合解决具体问题，是企业日常运营的关键动作。

为了更清晰地理解它们的差异，我们可以从以下几个方面进行对比，如表 4-1 所示。

表 4-1 业务能力与业务流程对比

对比维度	业务能力	业务流程
关注点	做什么（What）	怎么做（How）
业务目标	职能专业化	协作顺畅
表现形式	抽象的、模块化	具体的、端到端
相互关系	为流程提供支持	向能力提需求

业务流程的不同环节需要对应的业务能力来支持，业务能力可以被多个业务流程复用。业务能力被复用的次数越多，企业在业务能力建设上的收益就越大。

以订单派单的业务流程为例，接收订单、派单依赖订单履约能力，确认蛋糕订单细节依赖客户服务能力，如图 4-8 所示。

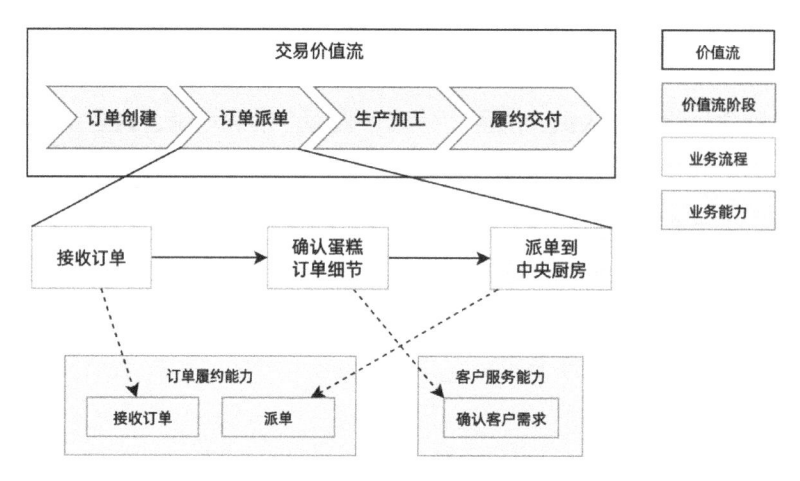

图 4-8　订单派单的业务流程与业务能力

4.4.4　如何识别业务能力

企业可以采用多种方法来有效识别业务能力。每种方法都有其特点，企业应根据自身实际情况和需求灵活选择。下面介绍几种常见且行之有效的识别方法。

1. 围绕业务对象进行识别

这种方法是业务能力识别中最基础且推荐的方式。业务对象作为企业运营的基本要素，不仅能有效帮助企业识别关键业务能力，还能确保这些能力的全面性和稳定性。

举例来说，通过深入分析"客户""商品""库存""渠道"等核心业务对象，企业可以相应地识别出"客户服务""商品销售管理""库存管理""渠道运营"等关键业务能力。

2. 基于职能流程来识别业务能力

对于已经建立良好流程基础的企业，通过分析各个职能部门的业务流程，企业可以迅速识别出对应的业务能力。这确保业务能力与企业实际运营的紧密联系，同时有助于企业发现可能被忽视的关键能力。

3. 参考业界成熟模型

成熟的行业模型可以帮助企业识别和定义自己的业务能力。这些模型提供了很好的起点。不过，企业需要根据自己的实际情况来调整和定制这些模型。

以下是一些常用的行业模型：

- APQC 流程分类框架：提供各个行业的标准化业务流程和能力分类。
- IBM Industry Model：针对特定行业提供详细的业务能力模型，涵盖零售、银行、保险、电信等多个领域。
- SAP Retail Business Capability Framework：专门针对零售行业的业务能力框架，涵盖从采购到销售的各个环节。

4. 参考成熟的 B 端软件

在识别业务能力时，成熟的 B 端软件可以作为一个重要的参考来源。这些软件通常是基于行业最佳实践和广泛的市场需求开发的，因此能够反映出特定领域中普遍需要的业务能力。

例如，ERP 系统通常包含了财务管理、供应链管理、人力资源管理等模块，这些模块可以直接对应相关的业务能力。

同样，CRM（客户关系管理）系统中的销售管理、客户服务、市场营销等功能，也能帮助企业识别出这些领域的关键业务能力。

通过分析这些软件的功能模块和特点，企业可以全面了解行业标准和最佳实践，从而更准确地定义和完善自身的业务能力体系。

4.4.5 示例：零售企业的业务能力

图 4-9 详细展示了一个典型零售企业的业务能力体系，涵盖了 L1 和 L2 两个层级。

核心运营能力直接面向终端客户，包括采购管理、供应链管理和商品销售管理等。这些能力直接影响企业的市场表现和客户满意度，是企业竞争力的核心体现。

其次是企业运营支持能力。这部分能力虽然不直接面向客户，但为企业的日常运营提供了重要支撑，包括财务管理、IT 部署和管理、员工管理等。这些能力确保了企业内部运作的效率和稳定性。

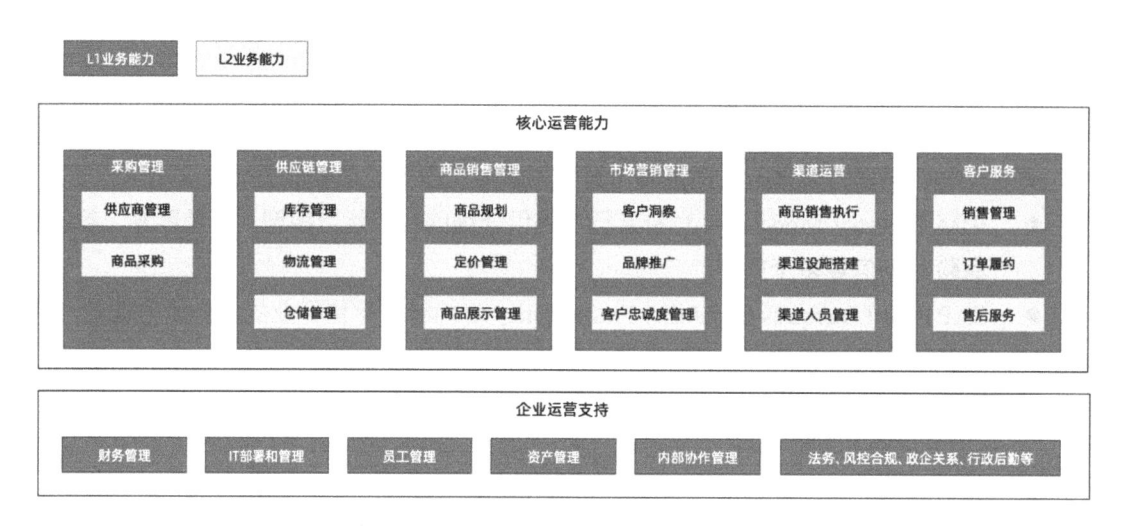

图 4-9　典型零售企业的业务能力体系

4.5　业务对象

业务对象是指企业在业务运营中核心关注的人、事、物，承载了业务运作和管理决策涉及的重要信息。例如，客户、产品、订单、合同、供应商等。

4.5.1　如何识别业务对象

业务对象的识别主要通过两个关键维度进行：一是物理可感知的实体，这些是在现实世界中可以直接观察和接触的对象；二是管理记录，它们是企业运营过程中产生的各类信息载体。

1. 物理可感知的实体

物理可感知的实体在企业运营中扮演着重要角色。它们包括但不限于客户（如零售店的顾客）、商品（如货架上的产品）、人员（如企业员工和合作伙伴）及设备（如仓储设施和运输工具）等。

这些实体在特定的时间和空间中真实存在，具有明确的物理形态，可以被直接观察、接触和互动。它们的存在和状态直接影响企业的日常运营和业务决策。

2. 管理记录

管理记录即企业业务活动的可追溯凭证。这些信息载体通常以文档、表格等形式存在，记录了业务流程中的关键数据和状态信息，也就是所谓的"表证单书"。

"表证单书"在企业信息管理和流程控制中扮演着不可或缺的角色。它们不仅帮助企业实现规范化和标准化的信息传递，还确保了业务流程的透明度和可追溯性。

我们以在线预订蛋糕并配送到家的流程为例：

一位消费者在线上预订了次日的蛋糕，满怀期待地等待着。然而，约定的时间悄然过去，蛋糕却迟迟未送达。一场满怀期待的生日就被毁了，消费者的期待转为愤怒的投诉。

管理者接到投诉后，首先查看订单状态，发现订单处于"待发货"状态。由此判断，订单已流转至中央厨房，订单流转环节无误。

接着检查相应的加工单状态，发现加工单已完成。这表明加工环节也未出问题。

最后查看配送单状态，发现配送单仍处于"待配送"状态。经进一步了解，原来是分配的配送员因个人紧急事务无法完成配送。

通过这一追溯过程，管理者确定问题出在配送环节。这一发现为后续改进流程、防止类似情况再次发生提供了依据。

如果缺乏这些清晰准确的管理记录，那么管理者可能一头雾水，无法确定责任归属。

4.5.2 业务对象的属性

业务对象包含多个细节信息，这些信息被称为属性。属性是描述业务对象特征和状态的具体数据项，它们共同构成了业务对象的完整定义。

每个属性都代表了业务对象的一个特定方面，如名称、日期、数量或状态等。

通过这些属性，我们能够全面地描述和理解业务对象，从而有效地管理和利用这些信息来支持业务运营和决策制定。

以零售商家的客户订单为例，订单的属性至少需要记录以下信息：

- 商店在某段时间内销售了哪些零售商品？
- 零售商品在什么时候售出？

- 零售商品在商店的什么位置售出？
- 谁卖出了这些零售商品？
- 零售商品的售价是多少？
- 交易中商家赚取了哪些费用？
- 对零售商品应用了哪些特殊折扣、价格调整、降价等方式？
- 为结算这笔交易，商家收取多少费用？
- 客户是使用哪种支付方式支付的？

4.6 组织架构

组织架构是企业运营的骨架，它定义了企业内部的权责关系。一个设计良好的组织架构能够促进资源的有效配置，提高企业的整体运营效率。

4.6.1 组织架构的概念

组织架构按照业务战略来设定和安排部门与岗位，形成稳定且科学的管理体系。

组织架构对业务架构至关重要。在梳理业务流程时，要根据流程的运作规律和处理逻辑，在各个节点安排合适的人员，这样才能确保组织责任明确。

同时，业务架构也需要考虑组织的业务发展和需求，对部门的岗位设置、人员配置、角色定义、权限职责、考核机制进行清晰规划，确保业务流程中每个环节都能顺利运作。

4.6.2 组织架构的核心特点

组织架构的核心特点包括以下几个方面：

- 层级结构：明确企业内部的上下级关系，即谁对谁负责，谁向谁汇报。通常分为高层管理人员、中层管理人员和基层员工。
- 部门划分：根据职能、产品、地区或客户等因素划分不同部门，各部门负责特定的业务活动。例如，常见的职能部门包括市场部、财务部和生产部等。
- 职责和权限：明确每个职位的具体职责和权限范围，确保各岗位员工了解自己的工作内容和权限。这有助于避免职责重叠或权责不清，从而提高工作效率。

- 沟通协作：制定不同层级和部门之间的沟通方式和渠道，确保信息流通顺畅。有效的沟通和协调机制能促进问题解决、决策制定和工作推进。
- 指挥链：建立从最高领导到基层员工的清晰指挥链，确保决策和指令能够有效传达和执行。指挥链通常呈纵向结构，有助于维持组织的统一性和协调性。

4.6.3 常见的组织架构类型

以下是几种常见的组织架构类型，每种类型都有其特点和适用场景：

- 职能型组织架构：根据主要职能划分部门，如生产、销售、财务等，每个部门负责特定的职能。
- 产品型组织架构：根据产品或服务划分部门，每个部门负责一个或多个产品线的全部活动。
- 区域型组织架构：根据地理区域划分部门，每个区域部门负责该地区的业务活动。
- 矩阵型组织架构：结合职能型和产品型架构，员工同时隶属于职能部门和产品团队，适用于复杂项目管理。
- 扁平型组织架构：减少管理层级，缩短管理链条，增强灵活性和创新能力。

4.6.4 示例：零售企业的组织架构

通常情况下，零售企业会从单店经营开始，业务不断扩展，开设更多的门店，达到中小连锁企业规模，员工数量达到了几十人或上百人。

中小连锁企业下设部门通常包括研发部、生产部、品牌部、直营店部、配送部、品控部、仓储部、采购部、大客户部、行政人事部、信息技术部。图4-10 为一个中小连锁企业的组织架构图。

- 研发部：负责新品研发、产品升级和口味改进，确保产品持续保持市场竞争力。
- 生产部：管理生产制造、品质控制和生产计划，确保产品质量和产量的平衡。
- 品牌部：执行品牌策划、市场推广和形象宣传，提升品牌知名度和美誉度。
- 直营店部：负责直营店的日常运营、销售业绩和客户服务，提升店铺运营效率和客户满意度。
- 配送部：处理产品配送、物流管理和仓储管理，保证配送的及时性和准确性。
- 品控部：进行产品品质检测和质量控制，维持产品质量的稳定性。

- 仓储部：管理原材料、半成品和成品的仓储，以及物资采购，确保生产和销售的流畅性。
- 采购部：从供应商处采购原材料、半成品和包装材料，确保原材料的及时供应和合理定价。
- 大客户部：开拓大客户并提供定制化服务，提升大客户的满意度和忠诚度。
- 行政人事部：负责企业的招聘、人事管理和行政管理，保证企业运营的法律合规性和人力资源的稳定性。
- 信息技术部：负责企业 IT 系统的改造、实施和维护，确保系统、服务器和网络的稳定运行。

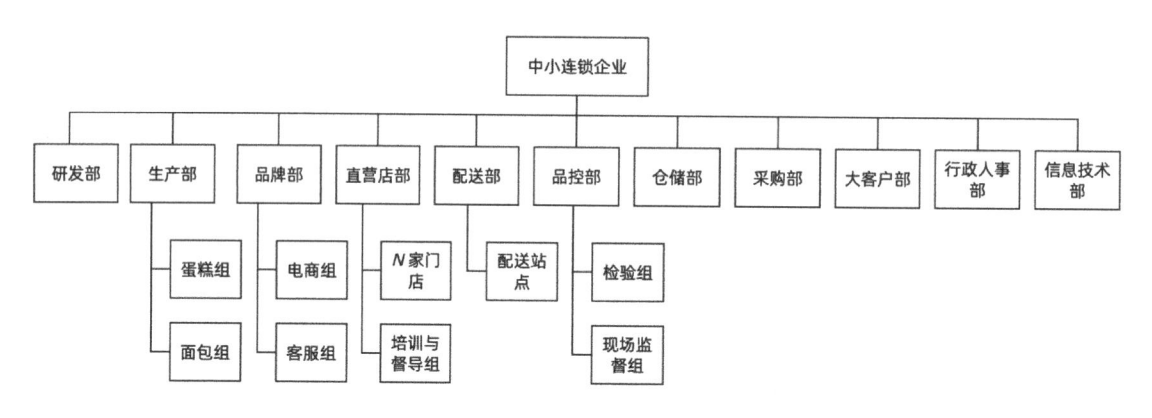

图 4-10　中小连锁企业的组织架构图

4.7　各业务要素的层次关系

如图 4-11 所示，各业务要素的层次关系如下：

从业务流程视角来看，价值流是企业业务的战略蓝图，提供宏观视角，概括了整体价值的创造过程。价值流可进一步细分为价值流阶段。

端到端流程则是这个蓝图的具体实施方案，详细描绘了每个环节的操作细节。通过分析企业的端到端流程，可以识别出企业所需的业务能力。

职能流程是各部门的工作流程，可以像搭积木一样构建出端到端流程。职能流程可细分出多种业务场景，这些场景决定了职能流程在不同场景因子下如何变化。

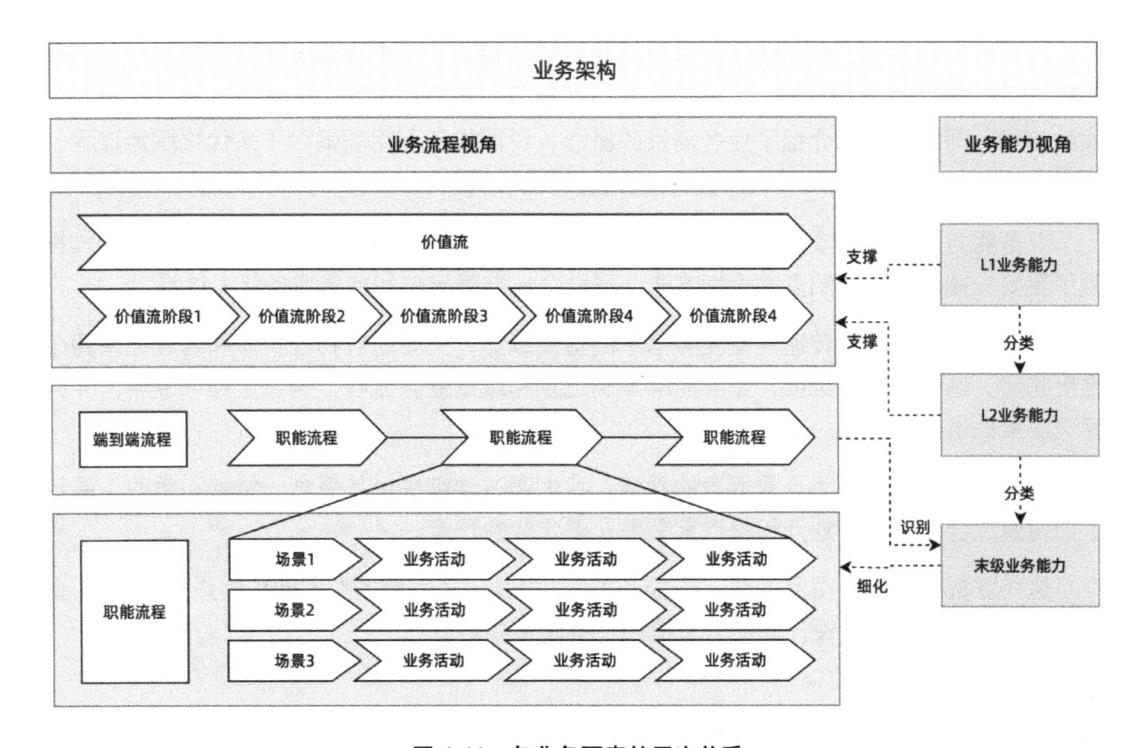

图 4-11　各业务要素的层次关系

业务能力描述组织需要做什么，而不描述如何做。职能流程则描述如何做。末级业务能力可进一步细化为具体的职能流程。

当末级业务能力数量过多时，可将其归类为一级业务能力（L1）、二级业务能力（L2）。通常对于不太复杂的业务，划分 3 级就足够了。

4.8　本章小结

本章从 SaaS 业务架构的两个关键视角切入：SaaS 企业自身的业务架构和 SaaS 服务客户的业务架构。通过聚焦后者，我们引入 BIZBOK 业务架构体系，为读者提供一套系统化、标准化的分析方法论。这套方法论概念清晰、逻辑简洁，易于理解和实际应用。

在价值流分析环节中，价值流是连接企业战略与日常运营的重要纽带。通过价值流分析，企业可以清晰识别出为客户创造价值的关键流程和环节，为业务能力评估、流程改进和组织结构优化打下基础。

在业务流程部分，我们从端到端流程和职能流程两个维度详细阐述了价值实现的具体路径。通过分析这两种流程的特点和关系，展示了如何将抽象的价值创造过程转化为可操作的步骤。同时，我们介绍了业务场景的概念，说明如何利用场景因子来优化职能流程，以适应不同的业务环境。

业务能力是企业"做某事的能力"的核心要素，其稳定性和可复用性为 IT 系统架构提供了重要支撑。通过介绍多种识别方法，帮助企业准确定位和构建业务能力体系。

业务对象是承载和传递关键业务信息的重要载体，主要通过物理实体和管理记录两个维度构建。通过这两个维度，企业能够准确记录和跟踪业务流程，确保全程可追溯，并为管理决策提供数据支持。

最后，组织架构作为企业运营的骨架，我们通过详细探讨其概念、特点和类型，展示了如何通过合理的部门划分和职责定义来支撑业务的开展。

这些业务架构要素相互关联、层层递进，共同构成了完整的业务架构体系，为 SaaS 企业深入理解客户业务、设计产品方案提供了系统性指导。

第 5 章　SaaS 系统架构规划

在上一章中，我们深入探讨了 SaaS 业务架构的设计方法，涵盖了价值流、业务能力、业务流程、业务对象和组织架构。基于这些业务架构的输入，我们现在进行 SaaS 系统的架构设计。

本章将从应用架构、数据架构和技术架构三个维度，系统地介绍 SaaS 系统架构的设计方法。这种多维度的方法可以帮助我们将业务需求有效转化为具体的架构设计，构建出优秀的系统架构。

一个优秀的系统架构不仅需要高效支撑当前的业务需求和运营场景，还要具备充分的灵活性和可扩展性，从容应对业务的快速发展和变化，同时为未来的业务创新和规模扩张预留发展空间。

5.1　目标与步骤

系统架构设计是一个复杂的过程，需要在多个维度间达到平衡。

首先要满足功能性需求，确保系统能高效支持业务需求。其次要考虑非功能性需求，如系统的可用性、可维护性和安全性。最后还需要权衡技术选型、成本控制和团队能力等关键因素。

SaaS 系统架构设计主要包含三个方面：应用架构设计、数据架构设计和技术架构设计。图 5-1 为系统架构设计的核心内容，具体设计步骤如下：

（1）应用架构设计：定义系统的应用服务、应用模块及其交互关系，构建系统的整体架构和交互方式。

（2）数据架构设计：规划数据模型、数据服务，制定数据管理方案，保证数据的一致性、完整性和安全性。

（3）技术架构设计：选择和规划系统的基础设施、中间件、开发框架和技术服务，确保系统的性能、可靠性和稳定性。

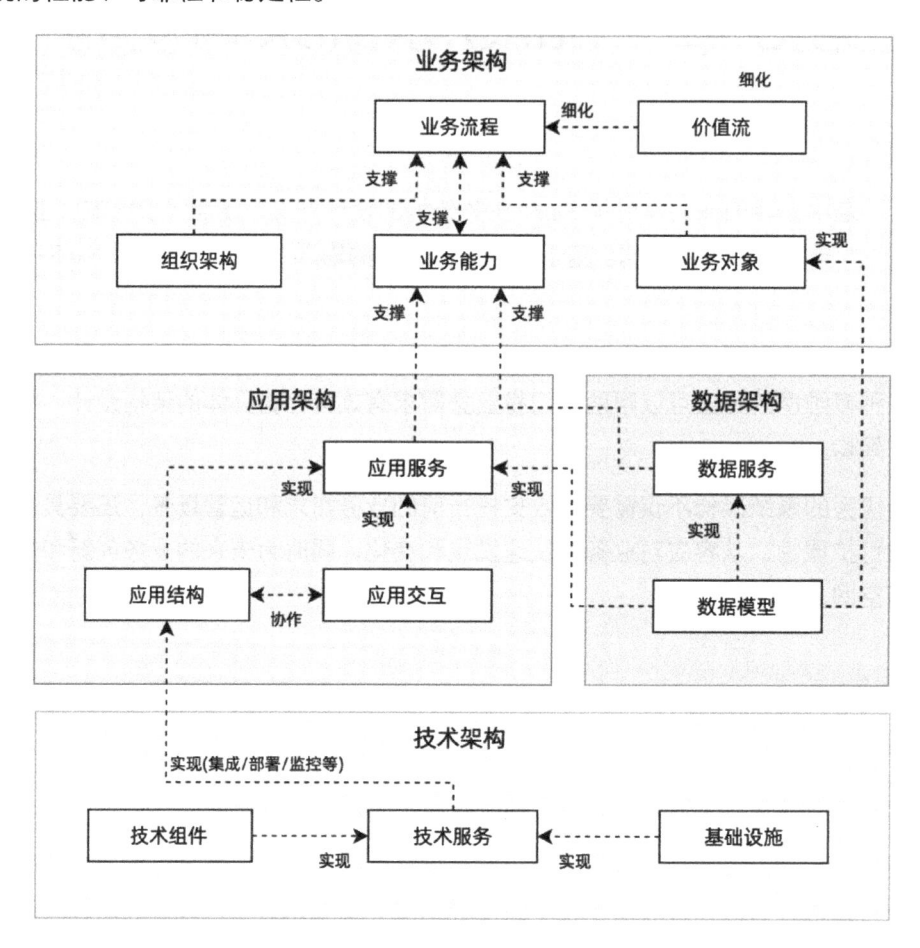

图 5-1 系统架构设计的核心内容

5.2 应用架构设计

应用架构就像整个 SaaS 系统的骨架，决定了系统的整体结构和各个应用之间的关系。接下来，我们将深入探讨应用架构的三个核心要素：应用服务、应用结构和应用交互。这些要素共同构成了一个体系化的 SaaS 应用架构。通常，应用架构设计包括以下几个步骤：

（1）识别应用服务：根据业务架构找出关键的应用服务。

（2）划分应用结构：设计应用结构，明确各部分的职责。

（3）设计应用交互：规划各个应用结构之间如何交互和集成。

5.2.1 应用服务的定义

应用服务将相关的业务对象及其操作进行封装。每个应用服务需要具有明确的边界，将相关功能组合在一起，同时隐藏内部实现细节。一般来说，应将可能同时变化的功能和数据组织在一起，而将相对独立变化的部分分开。

这种设计方法源自 SOA（面向服务的架构）和微服务架构的兴起。把系统分成多个独立的服务后，整个系统就更容易维护、扩展和复用。

5.2.2 如何划分应用服务

应用服务在应用架构中非常重要，它把系统的核心功能"打包"起来提供给外部的业务流程使用，可以看作 SaaS 系统对外的"门面"。用户或者其他系统通过调用应用服务提供的服务接口来实现特定的业务功能。那么如何设计应用服务呢？

1. 对齐业务能力，划分粒度适中的应用服务，职责单一

在划分应用服务粒度时，可以参考领域驱动设计（DDD）中的"限界上下文"概念。业务对象类似于限界上下文中的聚合根，是应用服务的核心。

通常情况下，我们会基于业务能力来划分应用服务，每个业务能力都对应一到多个独立的应用服务，每个应用服务用于支撑特定的业务能力，如图 5-2 所示。

将应用服务与业务能力对齐，确保系统功能紧密贴合业务需求，避免技术实现与业务逻辑脱节。

从应用服务的视角来看，可以按抽象层级划分为业务域、业务子域和应用服务，它们分别对应 L1 业务能力、L2 业务能力和末级业务能力的粒度。

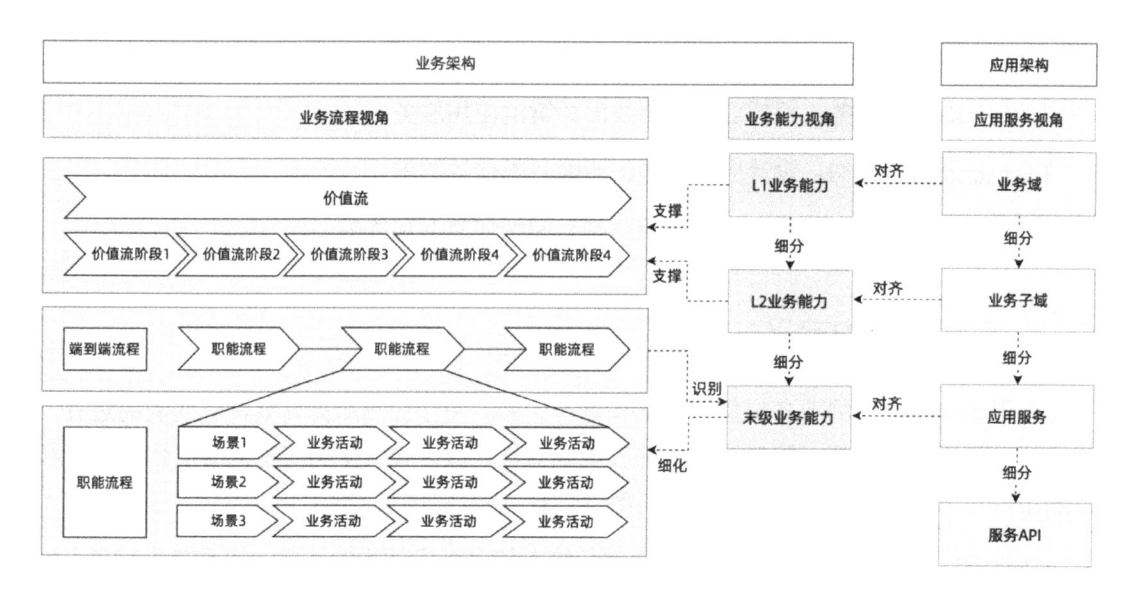

图 5-2　业务能力与应用服务的关系

如果一个应用服务支撑了过多的业务能力，那么需要评估其内部是否关联了过多的业务对象。在这种情况下，可以考虑将多个业务对象进行分组，从而将该应用服务拆分为多个更小、更专注的服务。

2. 围绕业务对象，提供具体的业务功能，避免包含不相关的功能

从外部来看，应用服务通常有明确的业务含义，主要围绕一个或一组密切相关的业务对象进行操作。

围绕业务对象设计服务，可确保服务内部功能高度相关，提升内聚性，让服务的边界更清晰，有利于业务团队和技术团队的协作与沟通。

例如，线上商城系统的"交易服务"专注于订单确认、下单和支付等功能，不应处理用户认证、商品推荐等其他业务。

5.2.3　示例：订单履约应用服务划分

以订单履约能力为例，它是零售企业业务能力地图中的 L2 级别的业务能力，如图 5-3 所示。

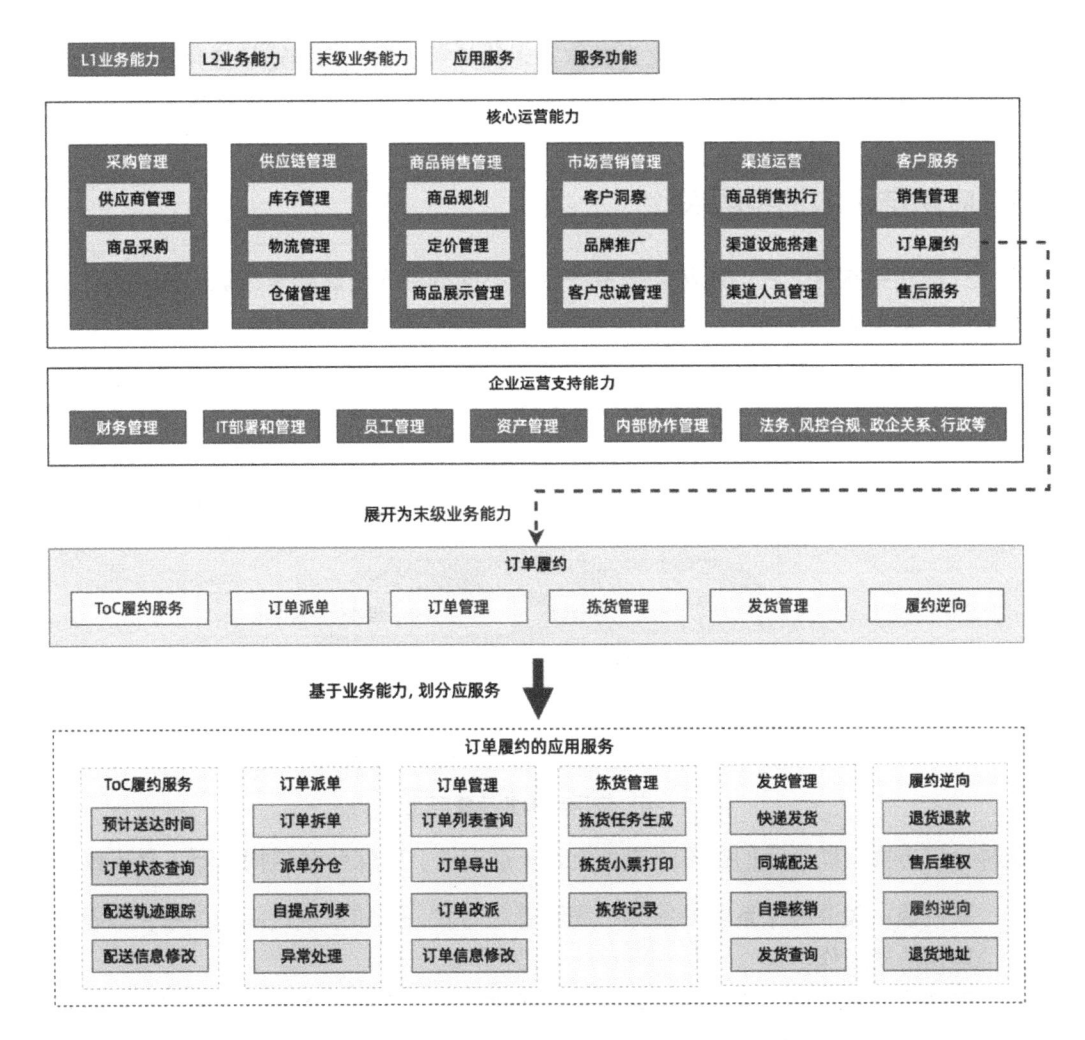

图 5-3 订单履约应用服务划分

订单履约能力可以细分为多个末级业务能力：ToC 履约服务、订单派单、订单管理、拣货管理、发货管理和履约逆向。

基于这些末级业务能力，就可以设计出对应的应用服务、服务模块和功能。

5.2.4 应用结构的定义

在完成应用服务的设计后，我们需要规划应用服务的内部结构。

应用结构设计是把应用服务转化为具体实现的关键步骤。它描述了应用服务内部的层次结构和组织关系，决定了系统的模块化程度，以及后续开发和维护的难度。

5.2.5 应用结构的抽象层次

在设计应用结构时，我们通常会把系统分成不同的层次，比如系统级、应用级、模块级和代码级，如图 5-4 所示。

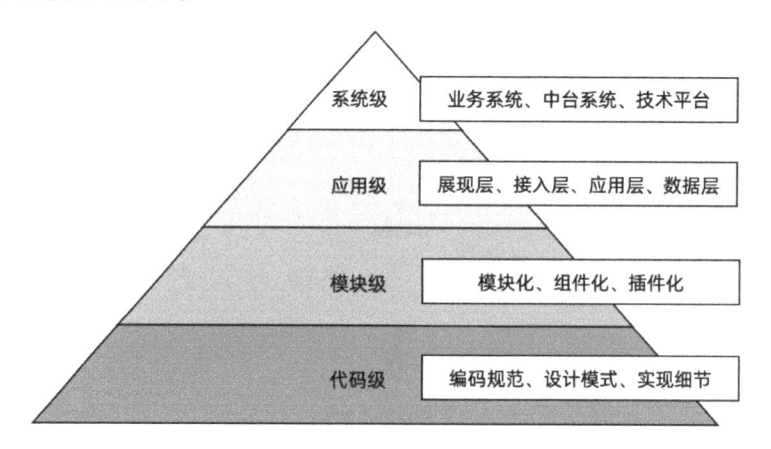

```
        系统级 —— 业务系统、中台系统、技术平台
       应用级 —— 展现层、接入层、应用层、数据层
      模块级 —— 模块化、组件化、插件化
     代码级 —— 编码规范、设计模式、实现细节
```

图 5-4　应用结构的抽象层次

这种分层方式有助于我们在不同层面处理复杂问题，确保系统结构清晰、易于维护。

- **系统级**：关注各个系统的整体布局和管理方式，比如系统之间的关系，以及它们如何协同工作。
- **应用级**：聚焦每个应用的整体架构，包括应用与其他应用的交互方式，以及它们在整个系统中的角色。
- **模块级**：对应用内部进行更细致的划分，涉及代码的模块化设计、数据和状态的管理等。通过合理的模块划分，可以提高代码的可维护性和可重用性，减少重复工作。
- **代码级**：关注代码本身的结构和实现方式，这一层的设计直接影响代码的质量和实现细节。

抽象层次的存在，是为了帮助我们更有效地管理系统的复杂性。

这种分层方法让开发团队能在不同层次上专注于特定的问题，更好地应对大型软件系统的挑战。具体来说有以下作用：

1. 分解复杂度

如果把所有的业务细节、技术细节都混在一起，那么整个系统就会变得难以理解、维护和扩展。通过设置不同的抽象层次，我们可以把系统的复杂性分解到各个层次，每个层次只需关注特定的领域和职责。

例如，全局架构师主要负责把握整体系统架构和演进方向，需要重点关注系统级的设计。领域架构师则专注于特定业务领域的应用架构设计，主要关注应用级的规划。而一线开发工程师则需要深入具体实现细节，主要关注模块级和代码级的开发工作。

这种分层处理方式让开发人员在专注于系统某一部分时，不用过多关注其他部分的细节，大大简化了系统的设计和开发过程。

2. 团队协作边界清晰

在大型项目中，通常会有多个团队同时开发。如果系统没有明确的边界，则各团队之间很容易产生冲突和重复劳动。通过清晰的抽象层次划分，不同团队可以专注于系统的不同层次或模块，互不干扰。

3. 扩展性强

随着业务需求的变化，系统往往需要不断地进行扩展和升级。如果系统的架构设计没有合理的抽象层次，那么扩展和升级就会变得非常困难，甚至可能需要对系统进行全面重构。

而在有清晰的抽象层次的系统中，变更通常只需聚焦在特定的层次上进行，而不会影响整个系统。比如，一次业务改动只影响模块级别，我们就可以在不改变系统整体架构的情况下，替换或新增某个模块，满足新的业务需求即可。

5.2.6 如何划分应用结构

前面讨论了应用结构的抽象层次，那么如何将应用服务逐步转化为实际可落地的应用结构呢？

如图 5-5 所示，基于应用服务的划分，我们可以进一步细化应用结构，更好地组织和管理系统功能。这个过程涉及多个层次的设计方法：

（1）系统和子系统的划分要和业务域、业务子域的粒度保持一致。这样就能更好地把业务需求映射到技术实现上。

（2）一个或多个相关的应用服务可以组合成一个可独立部署的应用。

（3）应用内部可以进一步分层。比如，参考领域驱动设计的分层方法，可以分为用户接口层、应用层、领域层和基础设施层。

（4）应用的各个层级内部还可以细分为多个模块，每个模块又包含多个代码单元。

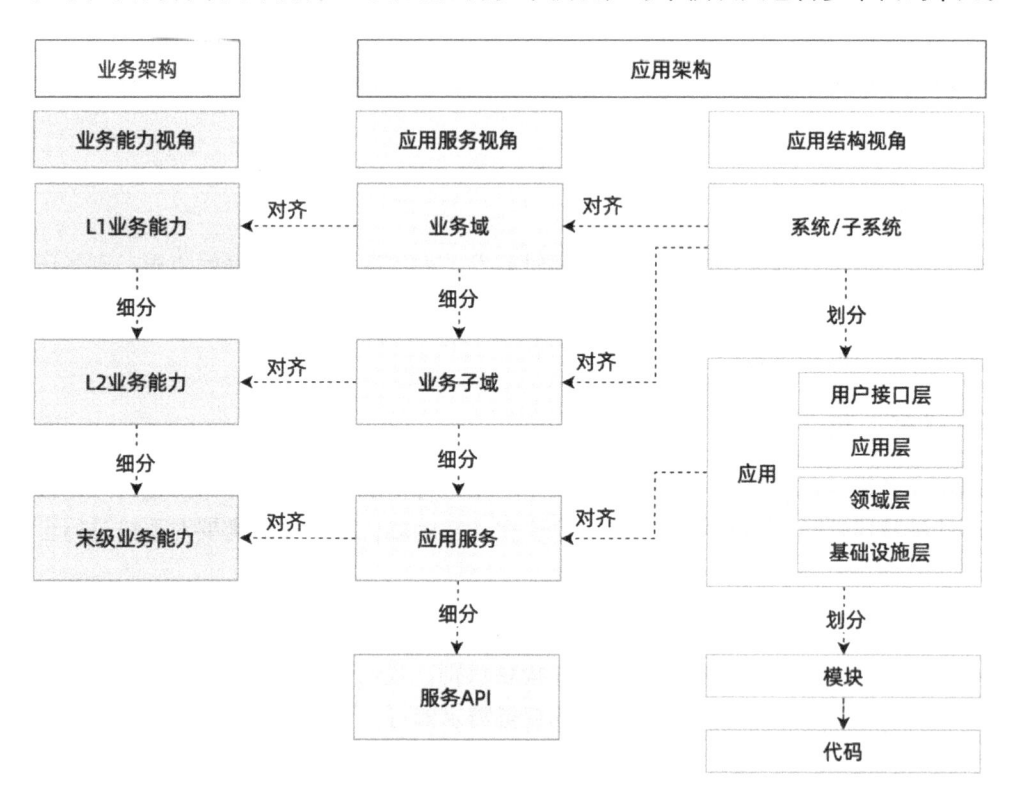

图 5-5　应用服务与应用结构的层次关系

5.2.7　应用的划分原则

应用是一个可独立部署和运行的软件单元。它是将应用服务转化为实际可执行程序的载体，具有以下特点：

- 独立部署：应用可以独立安装、启动和运行，不依赖于其他应用的部署状态。
- 资源隔离：每个应用都有自己独立的运行环境、内存空间和计算资源。
- 服务承载：一个应用可以承载一个或多个相关的应用服务，为这些服务提供运行环境。
- 版本管理：应用可以独立进行版本升级和回滚，便于持续集成和部署。

具体来说，我们该如何划分应用的边界呢？可以参考以下几点原则。

1. 服务划分原则

应用划分的关键是看应用服务的边界。

应用服务的核心目标是帮助企业实现业务能力，所以它们需要和业务能力保持一致。而应用是实际的物理部署单元，应用服务最终要部署在特定的应用上。

应用服务既可以单独部署，也可以多个服务合并部署。那么，如何判断何时选择独立部署，何时选择合并部署呢？这需要考虑技术层面的成本和稳定性风险等因素。

2. 技术划分原则

在业务初期，尽量从单体应用开始，避免过早地把应用拆得太细，这样可以减少分布式事务和数据不一致等问题，并可以降低技术部署的成本。然而，即使在单体应用内部，也需要将应用服务划分为界限分明的模块，这样才能确保开发人员在正确的模块中编写和组织代码。

另外，要避免应用之间出现循环依赖或双向依赖。在应用单元内部，可以进一步分层，始终保持不同层级之间的单向依赖关系，高层级可以依赖低层级，同层级之间不应互相依赖。

只有当真正遇到技术上的痛点，比如规模、性能、安全等问题时，才考虑拆分应用。如果不拆分应用会严重影响业务的稳定性，那么就应该拆分。但不要为了拆分而拆分，因为每次拆分应用都会增加系统的复杂度。

由于业务场景或技术条件的限制，系统中可能同时使用 Go、Java 或大数据架构等不同技术。对于这些技术异构的功能，可以考虑按照技术边界进行拆分。

3. 组织规模原则

单个应用的项目团队规模通常建议保持在 10~12 人。

因为团队成员越多，协作关系就会成倍增加，可能导致信息传递变慢或者失真。一个 10~12 人的团队，可以确保团队成员的沟通更直接、更高效，减少信息沟通障碍。

同时，小团队通常更容易管理，项目经理或者团队领导能更好地了解每个成员的工作状态和需求，进行更有效的协调和支持。小团队有助于建立更紧密的合作关系，成员之间更容易培养出默契，提升整体工作效率和项目质量。

5.2.8 示例：新零售 SaaS 整体应用结构设计

下面以新零售 SaaS 为例，探讨其整体应用结构设计。在深入分析之前，我们先了解传统零售企业的 IT 架构现状。

1. 零售企业常见的 IT 架构

为了有效管理团队、明确部门职责和优化协作流程，零售企业通常会引入办公自动化（OA）、人力资源管理（HRM）和企业资源规划（ERP）等系统。

企业会设立信息技术部门来负责系统改造、新系统实施，并确保系统、服务器和网络的稳定运行。中小型连锁企业一般会使用以下 IT 系统，如图 5-6 所示。

- O2O 云店系统：集成线上和线下销售渠道，实现全渠道销售和场景化消费。
- 线上商城系统：构建和运营企业电商平台，提升电商竞争力。
- POS 系统：处理门店收银、结算和财务，实现销售数据整合。
- 促销系统：策划和执行营销活动，提高销售转化率。
- 客户运营系统：管理客户资料和权益，开展精准营销，增强客户忠诚度。
- 商品管理系统：统一管理商品信息和定价，优化商品运营流程。
- 仓储管理系统：管理货物出入库和盘点，提高仓储效率。
- 采购系统：管理供应商关系和采购流程，优化采购计划。
- 配送系统：管理商品配送和物流，保证商品准时送达。
- 客服系统：提供工单处理和智能客服等全方位服务。
- 中央库存系统：统一管理企业库存，提供预警分析和优化建议。
- 订单履约系统：规范订单处理流程，确保订单顺利完成。

- 基础数据系统：整合企业核心数据，优化数据质量和运营效率。
- 财务管理系统：处理财务核算和成本管理，提供财务分析报表。
- 人力资源管理系统：管理招聘、考勤、绩效和培训等人事工作。
- 数据分析系统：整合数据分析和可视化功能，支持数据驱动决策。

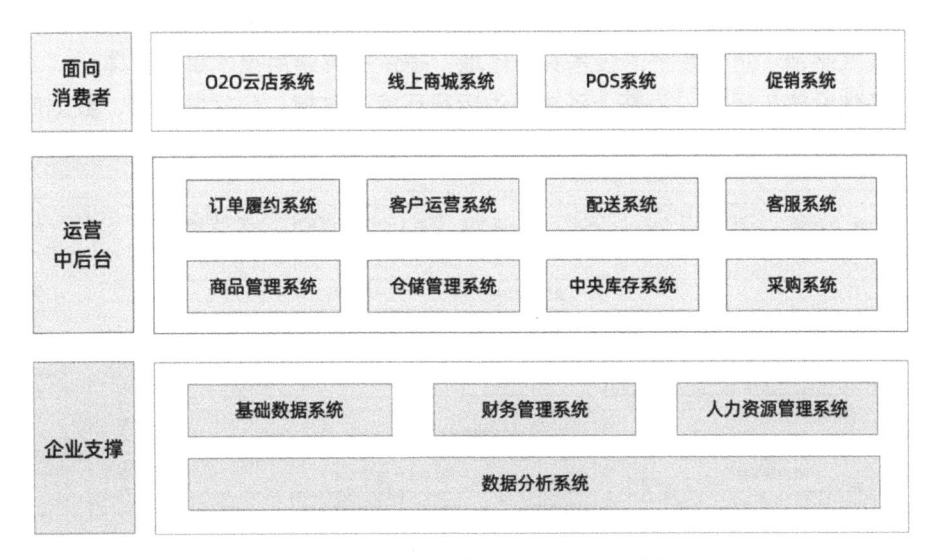

图 5-6　中小型连锁企业使用的 IT 系统

2. 新零售 SaaS 整体应用结构划分

基于 3.6.5 节中确定的核心价值定位和策略，我们可以将新零售 SaaS 系统的核心部分归纳为：

- 面向消费者的销售系统：包括 O2O 云店系统、线上商城系统、POS 系统、促销系统。
- 客户精准营销相关系统：包括客户运营系统、客服系统。
- 核心依赖系统：包括基础数据系统、商品管理系统、中央库存系统、订单履约系统等。

对于仓储管理、配送、采购、财务管理和人力资源管理等成熟的 IT 系统，选择直接集成市场现有的解决方案。如图 5-7 所示，新零售 SaaS 的整体应用结构设计包含以下几个层次：

- 用户端：负责向用户提供系统的使用界面和交互体验，包括小程序、H5、App（移动端）、PC 端等。

- 解决方案：通过组合一系列的 SaaS 产品和服务，满足客户不同的业务场景需求。
- 业务系统：提供各个业务领域的核心系统，包括 O2O 云店系统、线上商城系统、POS 系统、促销系统、订单履约系统、客户运营系统等。
- 共享服务：为业务系统提供通用的领域服务，包括账号中心、商品中心、订单中心、促销中心等。
- 技术平台：负责系统的技术实现落地，提供各类通用技术组件支撑。
- 基础设施与运维：为整个系统提供运行环境和支撑，包括服务器、数据库、存储设备、网络设备、云原生组件等。

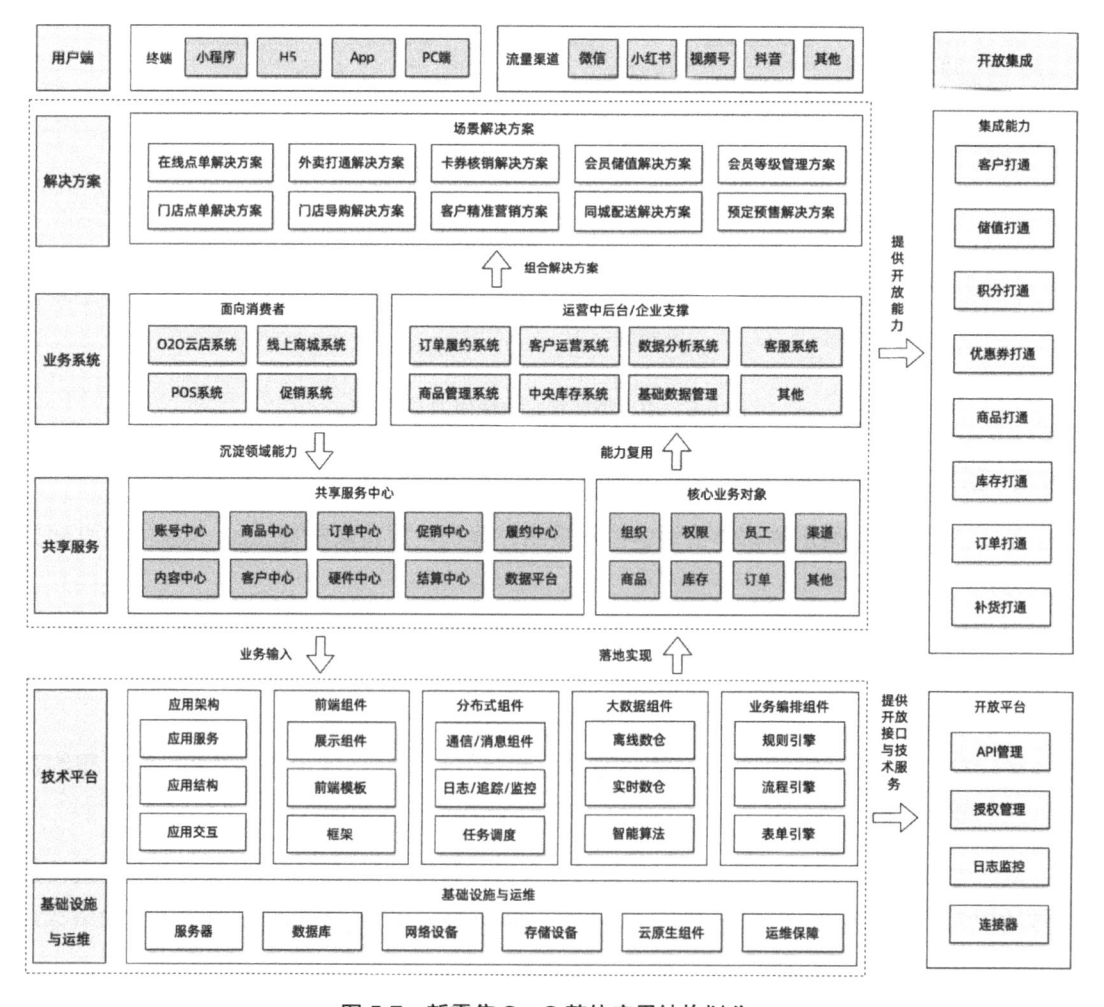

图 5-7 新零售 SaaS 整体应用结构划分

5.2.9 示例：订单履约系统的应用结构划分

下面以订单履约系统为例，展示单个领域系统的应用结构划分。如图 5-8 所示，订单履约系统的应用结构分为以下几个层次：

- 用户接口层：直接与用户交互的层级，负责展示信息和响应用户操作。
- 应用层：定义软件的功能，负责处理用户请求，协调领域层的能力完成任务，并返回结果。
- 领域层：承载核心业务逻辑，负责处理业务概念、状态流转和规则，提供可复用的服务能力。
- 基础设施层：提供技术支撑，包括数据库、缓存、消息中间件、搜索引擎、分布式通信、日志和网关等基础组件。

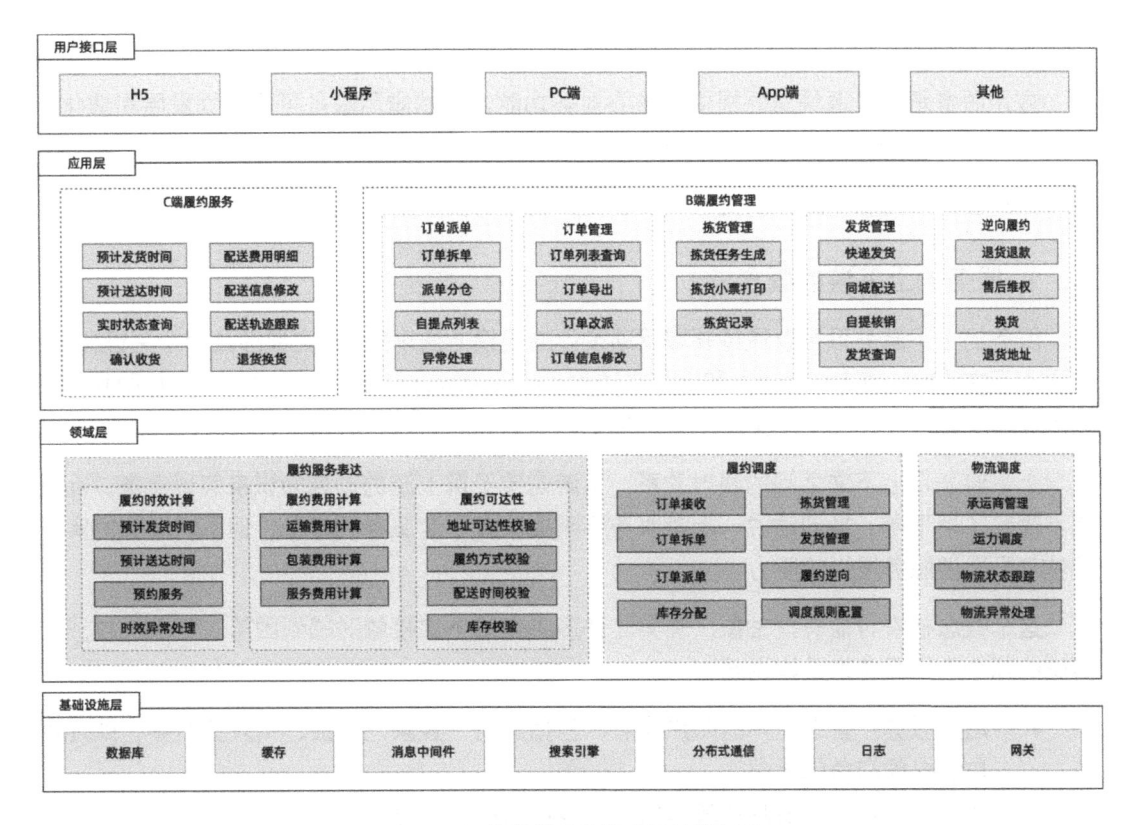

图 5-8　订单履约系统的应用结构划分

5.2.10 应用交互的定义

应用交互是指不同应用之间如何"沟通"和"交流"。在一个复杂的系统中,各个应用不是孤立存在的,它们需要互相配合,才能完成更复杂的业务功能。应用交互的设计就是为了确保这些系统和组件能够顺畅地"对话",一起实现系统的整体目标。

应用交互的方式有很多种,包括同步调用、异步消息通信等,每种方式都有特定的应用场景和优缺点。通过合理的交互设计,系统中的各个部分能够高效协作,降低耦合度,增强系统的灵活性。

同时,好的交互设计还能显著提升系统的性能和容错能力,即使在高并发、大流量的情况下,系统也能保持稳定运行。

5.2.11 应用服务的上下游

应用服务承载了系统对外提供的核心业务功能。虽然应用服务可以独立发展和演化,但它们必须相互交互,才能实现系统整体目标。

如何设计应用服务之间的交互呢?首先,我们需要了解服务的上下游的概念。

1. 服务的上下游的概念

服务的上下游关系可以通过领域驱动设计的建模方法来定义,主要涉及两个关键概念:限界上下文(bounded context)和上下文映射(context mapping)。限界上下文帮助我们划分不同的业务边界,而上下文映射则定义了这些边界之间如何协作。

上下游表示上下文之间的映射关系,下游需要了解上游的领域知识来实现业务,而上游不需要了解下游。换句话说,上游服务不需要关心下游服务的存在,但下游服务的实现却依赖于上游服务提供的能力。

这个概念初看可能有些抽象,确实让许多人在第一次接触时感到困惑。下面通过线上商城的几个应用服务来具体说明:

- 用户服务:管理用户的账户信息,包括注册、登录、认证、个人资料等,处理用户的权限和角色管理。
- 商品服务:管理商品的基本信息,包括名称、描述、价格、图片、分类等,提供商品的查询、筛选和浏览功能。

- 库存服务：管理商品的库存数量，处理库存的预占、扣减和回补。
- 交易服务：处理订单的创建、修改、取消和查询，管理订单的状态和生命周期。
- 支付服务：处理支付事务，支持多种支付方式，管理支付状态。
- 履约服务：处理订单的履约，包括拣货、包装、发货等，管理物流信息和配送状态。

各个服务的上下游关系如图 5-9 所示，这种关系是基于业务流程和数据流向设计的。

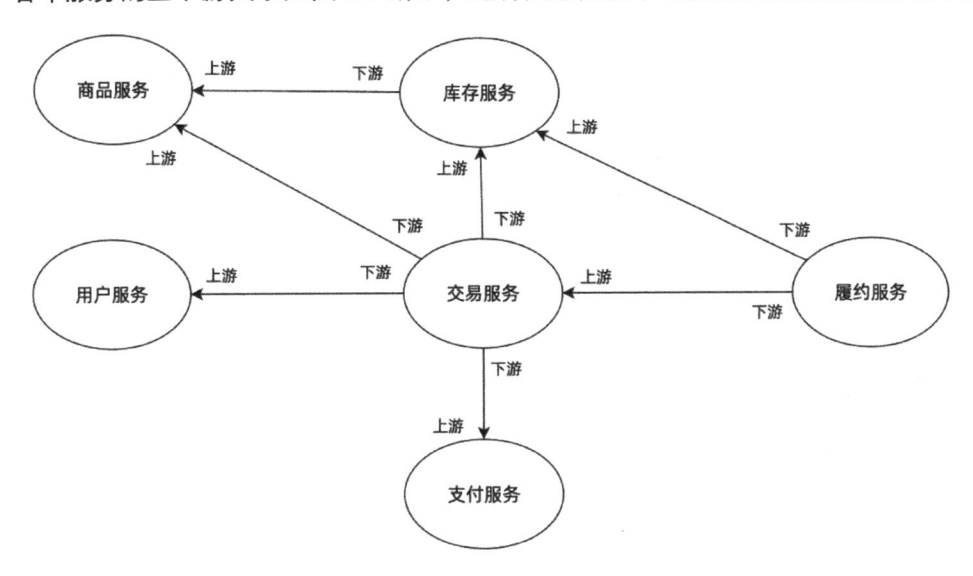

图 5-9　线上商城各个应用服务的上下游关系

在整个上下游关系中，商品服务和用户服务位于最上游。作为基础服务，它们为整个系统提供核心的业务数据支撑，其他服务都依赖这些基础数据来实现各自的业务功能。

同时，交易服务与库存服务之间也存在明确的依赖关系。在这个关系中，交易服务是下游，因为在整个交易流程中，特别是下单、支付环节，交易服务需要依赖库存服务进行库存预占和扣减操作。

最后，在与履约服务的交互中，交易服务扮演上游角色。它将已支付的订单信息传递给履约服务，这些订单数据驱动着后续的履约流程，包括订单分派、物流配送等环节。

2. 为什么要区分上下游

区分上下游的核心目标是为了解耦。

耦合是指两个或多个结构之间的相互作用。在软件开发中，可以理解为不同模块、系统或团队之间的相互依赖和影响。

随着业务需求越来越复杂，单个团队很难独立实现所有功能。因此，解耦的目的并不是完全消除耦合，而是减少不必要的依赖关系。

前面提到，上游服务不需要关心下游服务的存在，但下游服务的实现却依赖上游服务提供的能力。

因此，当下游服务团队在迭代新功能时，无须评估是否影响上游服务，因为基于明确的上下游关系，可以快速判断其不会影响上游服务，只需评估是否影响自己的下游服务即可。

比如，当交易服务的功能发生变更时，只需通知履约服务团队，评估是否会影响他们，上游服务团队则无须知晓。这种方式能大大减少影响面的评估工作，提高团队协作效率。

相反，如果上下游关系混乱，存在各种循环依赖，那么任何一个服务的改动都难以准确评估影响面。此时，就需要召集所有服务的团队，逐一评估是否有影响。

在实际项目中，如果每次会议都需要召集大量人员才能评估影响面，这样的协作效率显然太低。

3. 上下游关系的核心使用场景

在软件研发过程中，上下游关系在很多关键场景中都发挥着重要作用：

- 明确服务之间的依赖关系：上下游关系帮助开发者清晰理解服务间的依赖，防止循环依赖，降低服务故障引发连锁反应的风险。
- 评估影响范围：当上游服务发生变更时，可以清晰地识别会受影响的下游服务，并制定应对方案。
- 指导团队协作：上下游关系有助于明确各团队的职责和协作范围。上游团队需要考虑下游团队的需求，提供稳定的接口和服务，下游团队则需要适应上游的变化。

5.2.12 应用服务的交互方式

应用服务之间的交互方式有很多，最主要的就是同步调用和异步消息通信。

1. 同步调用

同步调用是一种通信方式，客户端向服务端发送请求，然后等待服务端处理完成并返回结果。

在此期间，客户端会被"阻塞"，直到收到服务端的响应。这种方式要求双方都在线，而且调用方在等待响应时，无法做别的事。在微服务架构中，常用的同步调用协议包括 HTTP、REST API、Dubbo、Thrift、gRPC 和 SOAP 等。

同步调用适用于下游服务需要立刻从上游服务获取数据的场景。这种方式简单直接，但需要处理服务之间的可用性问题。举个例子，用户下单时，订单服务需要同步调用商品服务，获取商品的最新价格和商品信息，确保下单逻辑能正常执行。

通常来说，上游服务不应同步调用下游服务。如果上游服务同步调用下游服务，则会导致上游需要了解下游的领域知识，这违背了 DDD 上下游的设计原则，加深了系统耦合，并增加了团队协作的复杂性。

此外，这种做法还可能引发级联故障，降低系统可靠性。如果上下游直接互相调用，那么当下游服务发生故障时，将直接影响上游服务的可用性，导致整个系统都瘫痪。

2. 异步消息通信

异步消息通信是另一种通信方式，消息的生产者和消费者通过消息队列或消息中间件进行通信。

发送者发完消息就可以继续执行其他操作，不用等接收者处理完。消息被发送到消息队列后，接收者从队列中异步获取并处理消息。这样一来，发送者和接收者的处理时间就不耦合了，双方可以各自独立运行，提高了系统的灵活性和可扩展性。

在微服务架构中，异步消息通信通常通过消息中间件实现，比如 RabbitMQ、Kafka、RocketMQ 等。

异步消息通信适用于上游服务向下游服务发布事件或通知的场景，能有效解耦服务，提高系统的弹性和可靠性。下游服务也可以通过异步消息通信向上游服务反馈信息，实现双向通信。

比如，用户提交订单后，订单服务调用支付服务发起支付。用户完成支付后，支付服务发布一个"支付成功"的消息，订单服务收到消息后，更新订单状态。

3. 其他交互方式

除了同步调用和异步消息通信，在实际系统中还存在一些其他交互方式。这些方式各有特点，在特定场景下可能会派上用场，但也都有其局限性。

1）共享数据库方式

多个服务访问同一个数据库，直接读取或写入数据。在微服务架构中，通常不建议采用共享数据库的方式，因为这违反了服务自治的原则，增加了服务之间的耦合度，修改数据库表结构可能会影响多个业务团队，这大大增加了评估影响面的难度。

2）文件传输

服务之间通过共享文件系统、FTP 或其他文件传输协议来交换数据。这种方式主要用于处理大量历史数据或批量数据的场景，例如日终对账、数据备份和统计分析等。由于涉及文件读写和传输操作，实时性较差，因此不适合对响应时间要求高的业务场景。

3）服务总线（ESB）

使用统一的服务总线来连接不同的服务和系统，服务之间不直接通信，而是通过服务总线来"中转"，适用于需要集成多种异构系统和服务的大型企业级系统。但是，这种方式引入了额外的架构层，增加了系统的复杂性，所有服务都耦合到服务总线上，存在单点故障的风险。

5.3 数据架构设计

数据架构是企业在数字化时代的基础，为企业提供标准化、统一化、可扩展的数据体系。简单来说，数据架构定义了数据的模型设计、存储、流动和管理方式。

通过建立统一的数据模型和标准，企业可以打破信息孤岛，实现各部门间顺畅的数据交换。例如，销售部门的数据能直接提供给市场分析团队使用，财务数据可以无缝集成到报表系统中。

数据架构设计主要包含以下步骤：

（1）数据建模：在明确业务需求的基础上开展数据建模工作，包括主题域规划，以及概念模型、逻辑模型和物理模型等设计阶段。

（2）数据库技术选型：根据业务需求和数据模型的特性，选择合适的数据库技术，确保数据处理的性能、可用性和可扩展性。

（3）数据治理：制定数据的创建、访问、共享、备份和恢复规则，确保数据的质量、安全性和可靠性。

5.3.1 规划主题域

数据主题域是业务中一个具体的、可独立管理的数据区域。在企业的业务架构中，业务能力是企业为实现目标而拥有的核心能力。通过对业务架构的深入分析，我们可以识别出支撑业务的关键能力。这些能力形成不同的数据需求，从而驱动数据主题域的划分。

以零售企业为例，其核心业务能力包括商品管理、库存管理和销售管理，对应的数据主题域则是"商品数据域""库存数据域"和"订单数据域"。

图 5-10 为零售企业的核心数据主题域，每个主题域都支撑着相应的业务能力，确保业务流程能顺畅运行。这种业务能力与数据的有效关联，可以帮助数据架构师明确如何划分和设计数据主题域。

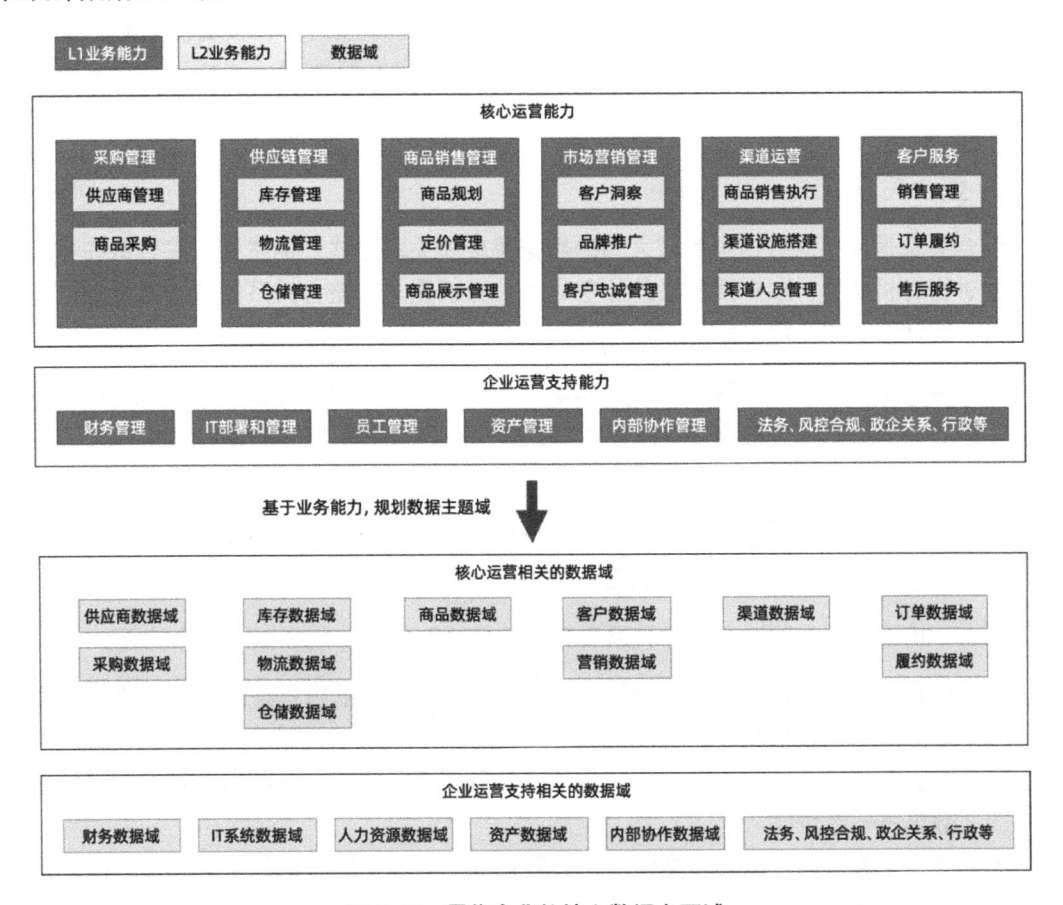

图 5-10 零售企业的核心数据主题域

5.3.2 梳理主题域的关系

在规划数据主题域时，我们不仅要确定每个主题域的边界，还需要梳理数据主题域之间的关系。数据主题域主要存在以下两种关系：

1. 业务流关系

业务流关系是指在数据流转过程中，一个数据域需要依赖其他数据域提供的关键信息来完成业务处理。这种依赖可以是单向的，也可能形成多个数据域之间的依赖链条。

以电商订单履约流程为例：商品域→订单域→履约域（履约单生成）→物流域（配送单生成）→财务域（结算处理与账单生成）。整个流程从商品域获取商品信息开始，数据流转到订单域进行订单创建，然后传递至履约域生成履约单，接着流转到物流域生成配送单并安排配送，最后到达财务域完成订单结算和账务处理，这样形成了完整的数据依赖链条。

2. 整合关系

整合关系是指不同数据主题域之间的数据集成和关联方式，描述如何将分散在各域中的数据进行有机组合，以支持复杂的业务场景和分析需求。整合关系的核心目标是打破数据孤岛，实现数据的全域价值。

以企业数据仓库为例，其分层存储体现了集成关系：原始层（各业务系统数据）→整合层（跨域关联数据）→应用层（主题数据集市），形成金字塔式的集成结构。

在实际应用中，多个数据域之间需要深度整合，以形成全面的跨域数据视图。这种整合对复杂的业务分析至关重要。例如，在进行全面经营分析时，系统需要将订单域的交易数据与资产域的数据整合，从而提供更完整的业务洞察。

那么，梳理数据主题域之间的关系有哪些价值呢？主要体现在以下几个方面：

- **优化数据流转**：清晰的数据域关系有助于设计高效的数据流转路径，确保数据在业务环节间顺畅流动。
- **减少数据冗余**：明确数据域间的依赖关系可避免重复存储数据，降低存储成本和数据不一致风险。
- **支持业务协同**：识别数据域间的关联可以更好地支持跨部门业务协作，提供完整的业务视图。

- **便于治理管理**：清晰的数据域关系有助于制定数据治理策略，明确数据所有权和使用权限。

5.3.3 数据模型设计

完成数据主题域的规划和关系梳理后，下一步是为每个数据域设计具体的数据模型。

数据模型是数据架构中的核心概念，它本质上是一种对现实世界的业务对象进行抽象和结构化的方法。通过数据模型，企业可以将复杂的业务需求转化为易于管理和处理的数据结构。

从业务的角度来看，数据模型可以帮助企业明确业务流程中的关键业务实体及其相互关系。

比如，在一个客户运营系统中，客户、订单、商品等就是不同的业务实体，这些实体和实体之间的关系通过数据模型来定义。

数据模型通常分为三个层次：概念模型、逻辑模型和物理模型。这三个层次从不同的角度描述数据，逐步从抽象到具体、从业务到技术，为数据模型设计提供了清晰的路径。

- **概念模型**：主要关注业务需求中的核心实体和关系，用于捕捉业务领域中的关键概念。概念模型是对业务需求的高度抽象，通常用来与业务人员沟通和确认需求。
- **逻辑模型**：在概念模型的基础上，逻辑模型进一步定义了数据模型的结构细节，包括实体的属性、数据类型和约束条件。需要注意的是，逻辑模型独立于具体的数据库技术。
- **物理模型**：物理模型是对逻辑模型的具体实现，它描述了数据在数据库中的存储方式，比如表结构、索引、分区等。物理模型与具体的数据库管理系统密切相关，直接影响系统的性能和可扩展性。

图 5-11 展示了商品数据的三个层次模型。在概念层面，它描述了商品的核心业务概念和关联关系。在逻辑层面，进一步细化了数据结构和属性。在物理层面，则具体说明了数据在数据库中的实际存储方式和技术实现。

图 5-12 展示了一个完整的商品数据域的概念模型，呈现了商品相关的核心业务实体及其之间的关联关系。

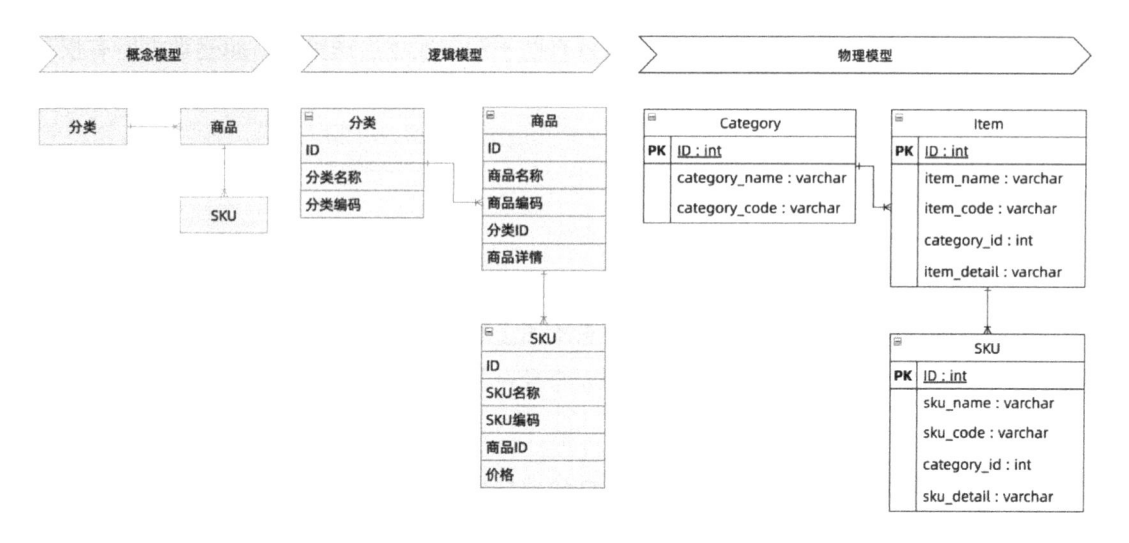

图 5-11　商品的概念模型、逻辑模型、物理模型

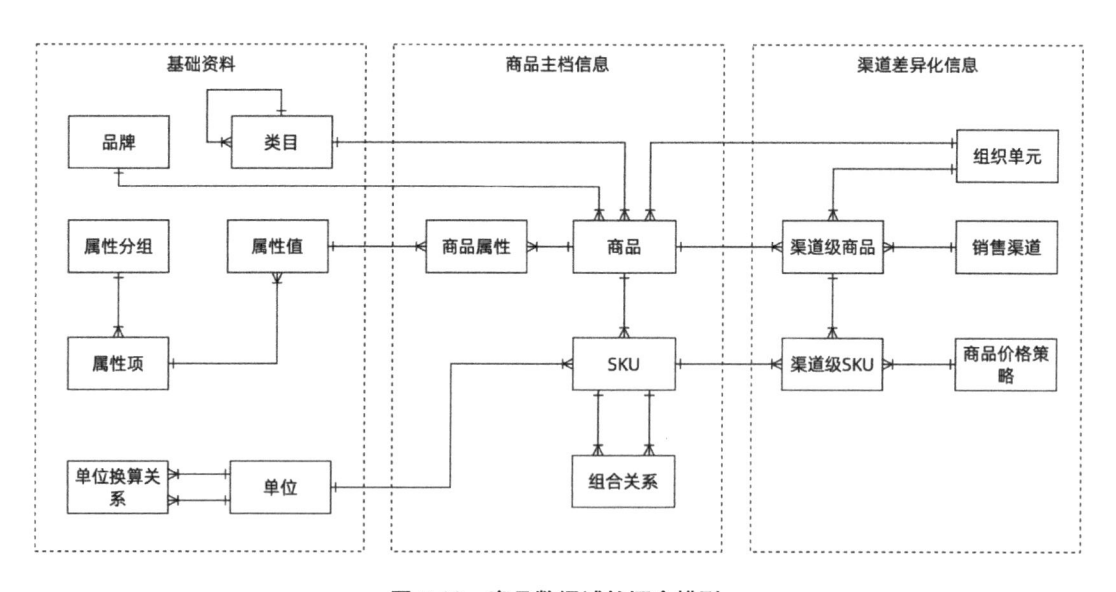

图 5-12　商品数据域的概念模型

数据模型的重要性在于它不仅为数据的存储和处理提供了结构化的框架，还在业务人员和技术人员之间架起了沟通的桥梁。通过清晰的数据模型，企业能够更有效地管理数据，提升数据的质量和一致性，从而为业务运转提供可靠的支持。

5.3.4 数据库技术

数据库技术的选择对数据读写性能、稳定性和扩展性有直接影响。随着技术的发展，数据库技术不断演进，衍生出多种类型，每种类型都适用于特定场景和需求。下面讲解数据库技术的主要分类及特点。

1. 关系型数据库（OLTP 数据库）

关系型数据库是使用最广泛的数据库类型，代表产品包括 MySQL、Oracle 和 PostgreSQL。这类数据库通过表格形式组织数据，使用 SQL（结构化查询语言）进行数据的管理和查询。

关系型数据库的核心优势是 ACID 特性（原子性、一致性、隔离性、持久性），它能确保数据在高并发环境下保持准确和一致。这类数据库特别适合对数据一致性要求高的应用场景。

2. NoSQL 数据库

NoSQL 数据库是伴随大数据和互联网应用发展而兴起的数据库类型，专门用于处理非结构化或半结构化数据。它包括多种类型，如文档数据库（如 MongoDB）、键值数据库（如 Redis）、列式数据库（如 HBase）和图形数据库（如 Neo4j）。

NoSQL 数据库的优势在于其灵活的数据模型和高扩展性，特别适用于社交网络、内容管理、实时数据分析等场景。

3. 分析型数据库（OLAP 数据库）

分析型数据库专注于大规模数据的快速分析和查询，代表产品包括 Amazon Redshift、Google BigQuery 和阿里云的 AnalyticDB。

这类数据库采用列式存储结构，在处理海量数据时能提供高效的查询性能。它们主要应用于企业的 BI（商业智能）系统、数据仓库和数据湖等需要深入分析历史数据的场景。

4. NewSQL 数据库

NewSQL 数据库是介于关系型数据库和 NoSQL 数据库之间的新兴类别，旨在结合关系型数据库的事务处理能力与 NoSQL 数据库的扩展性，代表产品包括 Google Spanner 和 CockroachDB。

NewSQL 数据库不仅保留了 SQL 查询功能，还通过分布式架构实现了高可用性和高扩展性，特别适合需要同时兼顾事务一致性和海量数据处理的应用场景。

5. 搜索引擎数据库

搜索引擎数据库（如 Elasticsearch 和 Solr）专门用于处理和查询文本数据。

它们利用全文索引技术，可以高效地检索和排序海量文本数据。这类数据库主要应用于日志分析、全文检索和内容推荐等需要快速搜索能力的场景。

在选择数据库技术时，需要综合考虑数据的结构、应用场景、性能需求和扩展性。关系型数据库适合结构化数据和事务处理，NoSQL 数据库则更适合非结构化数据和高并发访问。

对于需要实时分析和大数据处理的场景，分析型数据库提供了优异的查询性能。NewSQL 数据库则在保留事务一致性的同时，提供了水平扩展的能力。搜索引擎数据库在处理文本数据时具有显著优势。

不同的数据库技术各有优劣，企业在进行数据架构设计时，往往需要结合多种数据库技术，才能在性能、成本和维护上取得最佳平衡。合理的技术选型不仅能满足当前的业务需求，还能为未来的发展留有足够的空间。

5.3.5 数据治理

数据治理是对企业数据进行有效管理的过程，目的是确保数据的质量、可用性、安全性和合规性。数据治理的关键活动如下：

- 数据标准管理：包括统一的数据定义、命名规范、编码规则和数据格式标准，确保企业内部数据的一致性和可操作性。
- 数据质量管理：通过数据校验、清洗和监控等手段，持续保障数据的准确性、完整性、一致性和时效性。
- 数据安全管理：实施全方位的数据保护措施，包括访问控制、加密传输、数据备份和安全审计，防止数据泄露和滥用。

1. 数据标准管理

数据标准管理是数据治理的重要部分，涉及定义和维护数据的标准化格式、命名规则、数据定义等。统一的数据标准有助于提高数据的质量、可读性和可操作性，确保不同部门和系统能够有效地共享和使用数据。

例如，在企业内部，不同部门可能会使用不同的术语来描述同一类数据，如"客户"在销售部可能指代某一订单的买家，而在客服部可能指代某个发起咨询的客户。通过统一数据标准，可以确保不同部门对数据的理解和使用是一致的，避免数据冲突和误解。

数据标准管理还包括元数据管理（如编制数据字典），确保数据的类型、来源和格式等信息得到清晰记录，方便后续管理和使用。

2. 数据质量管理

数据质量管理是确保数据准确性、一致性、完整性和及时性的过程。高质量的数据能够有效支持业务决策和运营，而低质量的数据可能导致错误的决策和资源浪费。常见的数据质量问题包括：

- **数据不准确**：如客户信息错误或产品价格错误。
- **数据不完整**：缺失某些字段或缺少某条记录。
- **数据不一致**：不同系统中的同一数据存在差异。
- **数据过时**：数据未及时更新，导致信息失效。

为了确保数据质量，企业需要实施数据清洗、数据校验、数据对账等措施，并建立数据质量监控机制。

3. 数据安全管理

数据安全管理是保护企业数据免受非法访问、泄露、篡改、丢失等风险的过程。随着数据泄露事件频发，数据安全管理显得尤为重要。企业需要从多个层面加强数据安全管理。常见的措施包括：

- **访问控制**：通过身份验证和权限管理，确保只有被授权用户可以访问敏感数据。
- **数据加密**：对存储和传输的数据进行加密，以防止数据在传输过程中被窃取。
- **数据备份**：定期备份重要数据，确保在发生数据丢失或系统故障时可以及时恢复。
- **审计与监控**：通过实时监控和审计日志，及时发现并响应安全事件。

数据安全管理不仅可以防止数据泄露，还是企业合规性、客户信任度和品牌形象的重要保障。

5.4 技术架构设计

前面讲过,技术架构描述了支撑企业业务、应用服务和数据所需的基础设施和技术组件,包括硬件设施、软件包、网络系统、中间件、通信设备和计算资源等。在系统层面,技术架构需要更多考虑非功能性需求,如高可用性、性能、可扩展性、安全性和弹性伸缩等特性。

5.4.1 技术服务

技术服务负责整合和协调各类技术组件与基础设施,将底层技术资源转化为可直接调用的服务能力,并以接口、SDK 等形式提供核心功能。

典型的技术服务包括身份认证、存储和消息推送服务。这些服务为特定技术领域提供通用能力,可供多个系统共享使用,既避免了重复开发,又提高了系统的一致性和可靠性。

5.4.2 技术组件

技术组件是系统技术层面的基础构建模块,主要包括:

- 基础库(工具库、算法库、通用功能库)。
- 工具类(日志记录、数据转换、性能监控工具)。
- 技术框架(Web 框架、ORM 框架、缓存框架)。
- 中间件(消息队列、缓存系统、负载均衡器)。
- 其他技术组件。

5.4.3 基础设施

基础设施是支撑业务和技术运行的底层环境,包括服务器、网络、存储等硬件设施。

随着云计算平台的发展,基础设施变得更加灵活,企业可以通过公有云或私有云快速申请和释放硬件资源,并按使用量付费,有效减少资源浪费。

在业务高峰期,只需通过云平台的伸缩策略增加实例数量即可满足业务需求。在业务低谷期,系统会自动缩减规模以节约成本,这种弹性特性为初创公司和快速增长的项目提供了极大的便利。

5.4.4　关于技术架构的说明

鉴于技术领域的多样性，且已有众多优秀图书对技术架构方案进行了深入探讨。

因此，本书将重点关注业务架构、应用架构和数据架构的设计与融合。这三个层面构成了现代企业架构的核心，而市面上关于这些内容的专业图书较为匮乏。通过深入探讨这些领域，我们将为读者提供一个业务与技术融合的视角，帮助读者更好地理解和运用这些核心架构理念。

5.5　本章小结

本章深入探讨了 SaaS 系统架构的三个核心维度：应用架构、数据架构和技术架构。

在应用架构方面，我们详细讨论了应用服务的定义和划分原则，强调要基于业务能力进行合理的服务划分，确保职责单一。同时介绍了应用结构的设计方法，包括系统级、应用级、模块级和代码级的不同抽象层次。在应用交互设计中，重点探讨了同步调用和异步消息通信两种主要的交互方式，以及它们的适用场景。

在数据架构方面，首先介绍了数据主题域的规划方法，强调要基于业务能力来识别和划分数据主题域。接着讨论了数据模型设计的三个层次：概念模型、逻辑模型和物理模型。

在数据库技术选型上，简要介绍了关系型数据库、NoSQL 数据库、分析型数据库等不同类型的特点和适用场景。同时强调了数据治理的重要性，包括数据标准管理、数据质量管理和数据安全管理。

在技术架构方面，简要介绍了技术服务、技术组件和基础设施三个核心要素。由于技术架构的内容已有大量专业图书详细探讨，后续章节将重点放在了业务架构、应用架构和数据架构的设计上。

至此，我们已详细讲解了整体架构蓝图的设计方法，涵盖业务架构、应用架构、数据架构和技术架构。在后续章节中，我们将围绕多个业务领域，讲解领域系统架构设计方法。具体包括多租户系统、基础数据设计、用户权限系统、商品管理系统、中央库存系统、线上/线下交易系统、订单履约系统和促销系统。

第三部分
SaaS 核心领域系统架构设计

第 6 章　多租户系统

第 7 章　基础数据设计

第 8 章　用户权限系统

第 9 章　商品管理系统

第 10 章　中央库存系统

第 11 章　线上/线下交易系统

第 12 章　订单履约系统

第 13 章　促销系统

第 6 章 多租户系统

多租户技术是 SaaS 模式的核心，这项技术可以让多个客户共享同一个软件系统，但每个客户的数据都是独立的，互不干扰。

本章将深入探讨多租户系统的概念、架构和实现方法。

6.1 多租户概述

6.1.1 什么是多租户

多租户是 SaaS 领域里特有的一个概念。在 SaaS 服务中，"租户"指的就是使用这个 SaaS 系统的客户。

那么租户和用户有什么区别呢？举个例子，假设有一款面向企业（ToB）的 SaaS 产品，"用户"通常指的是公司里实际操作这个 SaaS 系统的员工。而"租户"则代表整个公司或组织。也就是说，一个租户可能包含多个用户。

多租户技术是一种软件架构，它允许多个租户共享同一个系统实例，同时确保每个租户的数据和行为互相独立、互不干扰。换句话说，尽管所有租户使用的是同一套系统，但各自的数据完全隔离，并且能够保障安全性。

6.1.2 传统软件模式 vs SaaS 模式

传统的软件项目一般是指软件公司根据客户的需求，专门开发一套特定的软件系统。然后，这个软件被部署在一个独立的环境中，通常是企业内部的服务器上。

SaaS 模式则不同，它将软件服务部署在云端环境中，不同的客户都能通过浏览器或网络访问，使用相同的软件服务，如图 6-1 所示。就好比一家自助餐厅准备了各种各样的菜品，任何人都可以进来品尝，不需要自己下厨做饭。

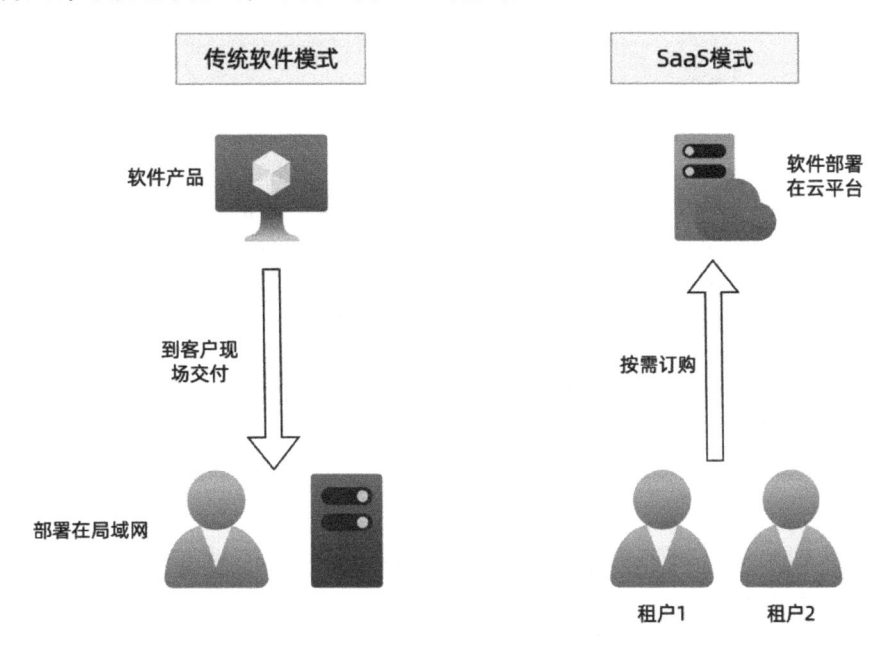

图 6-1　传统软件模式 vs SaaS 模式

6.2　多租户使用场景

对于面向企业（ToB）的 SaaS 产品，多租户的使用场景一般涉及三个角色：企业主、员工、SaaS 平台运营团队，如图 6-2 所示。

1. 企业主

企业主，也就是公司的管理者，他们是 SaaS 平台的直接客户。企业主想要订购和使用 SaaS 产品，首先要在 SaaS 平台上创建一个"企业账号"（也就是租户）。

在这个过程中，企业主需要注册一个公司账户并填写相关信息。然后，SaaS 平台系统会为企业主创建一个专属的"租户空间"。

```
            ┌─────────── 企业主 ───────────┐    ┌─────────── 员工 ───────────┐
            │ 注册公司账户 → 订购SaaS产品 → 添加员工账号 │    │ 登录SaaS平台 → 选择企业(租户) → 使用产品功能 │
            └──────────────────────────────┘    └──────────────────────────────┘
                            ⇧                                 ⇧
            ┌─────────────────────── SaaS平台运营团队 ───────────────────────┐
            │  租户管理    产品管理    资源管理    计费管理    运营管理        │
            └──────────────────────────────────────────────────────────────┘
```

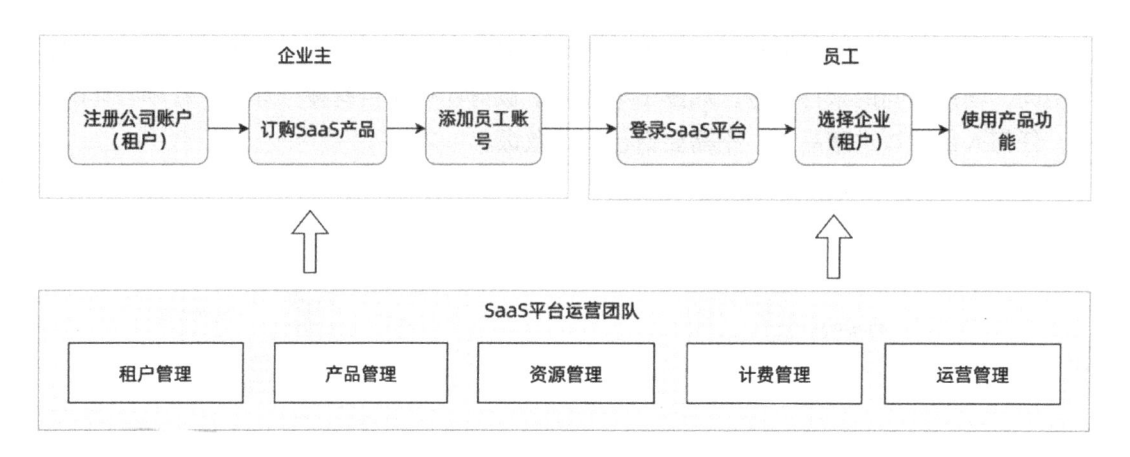

图 6-2 多租户使用场景

企业主随后可以在这个空间内订购所需的产品，并添加员工账号。一旦员工被加入租户，他们就能通过登录 SaaS 平台来使用这些产品。

2. 员工

一个员工可能会被多个企业添加，即该用户属于多个租户。这意味着员工在使用 SaaS 平台时，需要根据具体情况，切换到对应的租户。

例如，今天处理 A 公司的任务就切换到 A 公司，明天处理 B 公司的任务就切换到 B 公司。这种租户切换设计让员工能够在多个企业账号间自由切换，避免身份混淆影响使用体验。

3. SaaS 平台运营团队

SaaS 平台运营团队的主要职责是管理租户。他们需要确保每个租户的权限、资源分配、产品都得到妥善管理。

例如，当企业主新增员工时，平台必须确保该员工只能访问所属企业的数据。如果企业主想调整订购的产品，那么 SaaS 平台运营团队也能够迅速响应。

租户管理涉及权限控制、资源调度、能力配置、计费管理等一系列复杂操作。SaaS 平台运营团队的职责就是确保这一切运转顺畅。

6.3　SaaS 多租户隔离模式

6.3.1　资源隔离的层次

在 SaaS 模式下，多租户之间的资源隔离是基础且关键的一环。SaaS 服务商需要在确保运营效率和控制成本的前提下，搭建一个让多个租户能够同时访问的共享环境。

虽然大家都在使用同一套 SaaS 产品服务，但资源访问必须严格隔离，确保租户之间互不干扰。SaaS 资源隔离通常包含以下几个层次：

1. 基础设施的隔离

第一层主要指 SaaS 系统运行所依赖的基础设施资源，比如计算资源（CPU、内存）、存储资源（数据库、文件系统）、网络资源（IP 地址、带宽）等。

这些资源的隔离主要是为了确保不同租户在使用系统时不会因为资源竞争而互相影响。

2. 组织权限的隔离

第二层隔离涉及组织权限的隔离，包括组织信息、用户账号、角色、权限配置、产品授权关系等。这些数据决定了谁能用什么功能，谁有操作哪些内容的权限。

组织权限隔离的目的是让每个租户拥有自己独立的组织架构和权限设置，不会因为其他租户的操作而发生冲突。

3. 业务数据的隔离

最后一层隔离涉及系统运行过程中产生的业务数据，如订单、发票、操作记录和数据报表等。通过精细的数据权限配置，这些信息可以在不同组织单元间实现完全隔离，从而保障业务信息的隐私性和安全性。

多租户架构主要解决第一层的隔离问题，即计算、存储和网络等资源的隔离。为了实现多租户隔离架构，我们需要先了解几种常见的多租户隔离模式。

6.3.2　竖井隔离模式

有些 SaaS 服务商选择竖井隔离模式，也就是每个租户都运行在独立的资源环境中，如

图 6-3 所示。

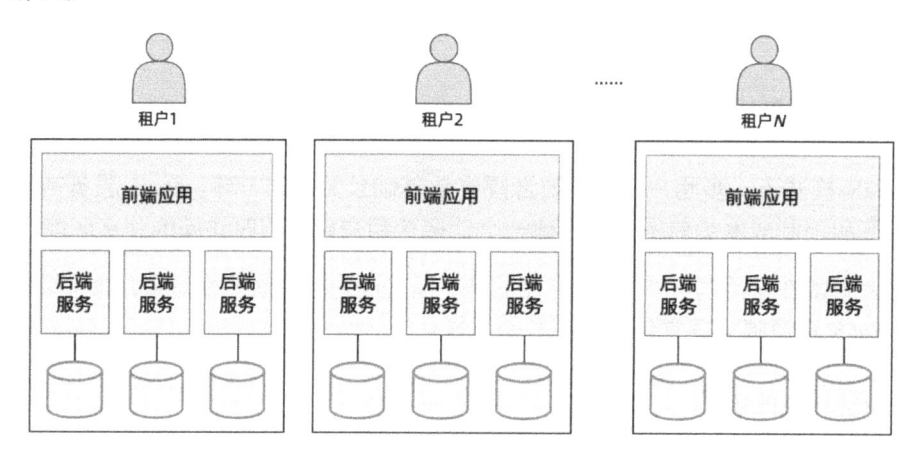

图 6-3　竖井隔离模式

有人会觉得，这不就是传统软件模式吗？为什么还是 SaaS 模式？其实，如果这些独立资源具备标准化的租户身份识别、入驻流程、计费体系、部署和运营流程，那么它仍然符合 SaaS 的定义，只不过是给每个客户都提供了一整套独立的基础设施。

1. 优点

- 满足强隔离需求：有些客户对系统和数据的安全性有极高的要求，期望应用能在完全独立的环境中运行，避免与其他租户的应用实例或数据混合。
- 计费逻辑简单：对 SaaS 服务商来说，资源使用计费方法可能很复杂，尤其是涉及计算、存储和网络资源的场景。但在竖井模式下，每个租户都是独立环境，计费模式相对来说会简单许多。
- 降低故障影响面：每个客户的系统都是独立的，某个系统出问题不会影响其他客户的使用体验。

2. 缺点

- 规模化困难：每新增一个租户就要建立一套独立的环境，少量租户还能应付，但面对成千上万的租户，管理和运营这些环境的难度会成倍增加。
- 成本高：每个租户单独的环境让机器成本上升，导致 SaaS 服务的盈利能力大打折扣。

- 敏捷迭代受限：SaaS 的优势之一是快速迭代响应市场需求，但竖井隔离模式让这一点变得不易操作，因为更新和管理每个租户的独立环境非常耗时、复杂。
- 系统管理和监控复杂：在同一个环境中管理和监控基础设施相对简单，但每个租户都独立后，这种分散模式下的管理和监控会变得极具挑战性。

6.3.3 共享模式

相信很多 SaaS 服务商会优先选择共享模式，也就是多租户共享一套基础设施资源，这样能让 SaaS 软件服务更加高效、敏捷、低成本，如图 6-4 所示。

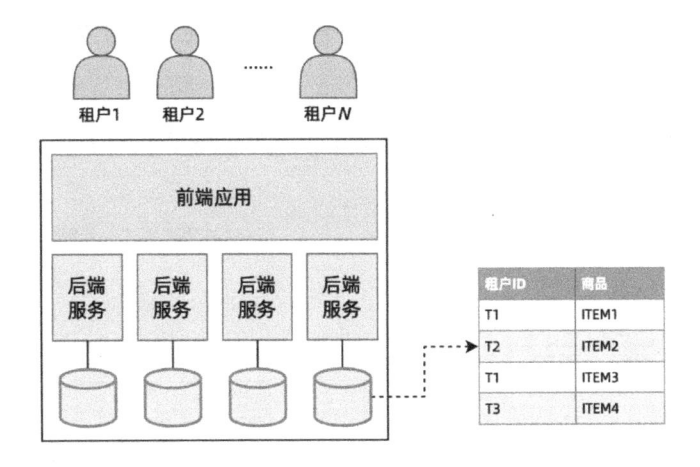

图 6-4 共享模式

1. 优点

- 管理高效：在共享模式下，可以集中管理和运营所有租户，极大提升管理效率。同时，基础设施的配置管理和监控也更加简单。相比竖井模式，共享模式下的产品迭代更新速度更快。
- 成本低：SaaS 服务商的成本中，基础设施占很大比例。在共享模式下，服务商可以根据租户的实际资源使用情况动态调整系统，极大提高基础设施的利用率，从而降低整体成本。

2. 缺点

- 租户相互影响：因为所有租户共享同一套资源，如果有租户大量占用资源，则可能会影响其他租户的使用体验。为了解决这一问题，通常需要在技术架构上设计一些限制措施（如限流、降级、服务器隔离等），以控制影响范围。
- 租户计费困难：在竖井模式下，很容易统计单个租户的资源消耗。而在共享模式下，由于所有租户共用资源，准确计算每个租户的使用成本会更加复杂，需要更多的精力和技术来实现合理的计费。

6.3.4 分域隔离模式

传统大企业往往更青睐私有化部署和个性化交付的传统模式，因为它们需要更强的管控能力和更高的安全性。而中小企业因为预算有限，需求通常也更标准化，因此更倾向于选择价格低、订购方便的 SaaS 产品。

为了满足不同客户的需求，还有一种融合了竖井隔离模式和共享模式的分域隔离模式，如图 6-5 所示。

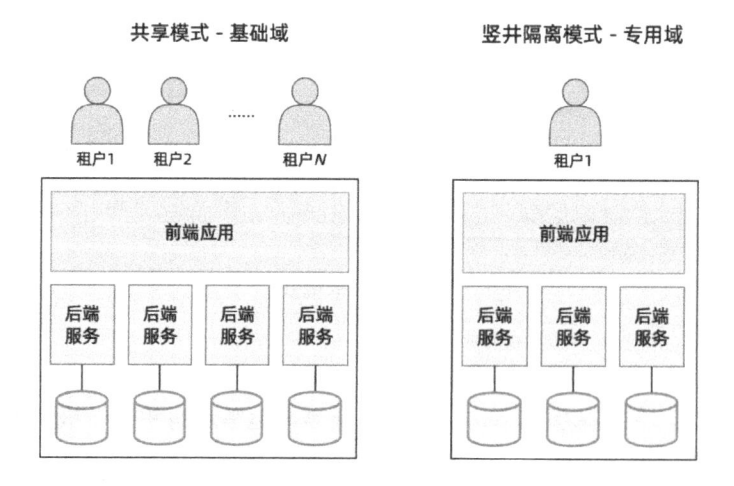

图 6-5 分域隔离模式

在这种模式下，将资源细分为基础域和专用域：基础域使用共享模式，所有租户共享一套资源；专用域则采用竖井隔离模式，每个租户拥有独立的资源环境。

大多数中小客户通常在基础域中使用 SaaS 产品，而只有少数具备强付费能力并有强隔离需求的大客户会选择在专用域中使用 SaaS 产品。

需要注意的是，为了避免产生多个产品版本，SaaS 服务商需确保基础域和专用域的产品版本保持一致。

个性化需求尽可能通过 PaaS 平台来实现，让 ISV（独立软件开发商）参与建设。否则，一旦 SaaS 产品的标准化程度降低，多版本的维护将变得极其困难。

6.4 多租户系统的定位

在了解了多租户的使用场景，以及各种多租户隔离模式后，我们可以总结一下多租户系统的定位：

多租户系统的核心目的是让多个企业用户共享一套 SaaS 产品，但同时确保企业之间的数据和行为是完全隔离的。通过这种设计，系统能够在满足不同用户需求的同时，提供灵活的资源配置和高效的管理方式。

根据不同的用户需求，多租户系统可以在资源上做出调整，灵活支持资源的共享或隔离。例如，注重成本的客户可以采用共享的资源模式；而数据敏感度高的客户可以采用竖井隔离等独立的资源分配方式。

这种灵活性让 SaaS 服务商可以在资源效率和客户个性化需求之间找到平衡，不论是降低成本，还是满足高安全需求，都有相应的方案。多租户系统需要具备的能力包括：

- 支持多个租户共享同一套云资源，如计算、存储和网络资源等。同时，也支持单个租户独享一套云资源。
- 实现租户之间的数据和行为隔离，并能够对租户进行分权分域控制。
- 支持租户内部的组织架构管理，方便对产品进行授权和管理。
- 根据客户需求，不同的产品功能可选择运行在不同的云资源上。

6.5 多租户的概念模型

我们已经了解了多租户系统的定位和它需要具备的能力。现在，让我们深入探讨一下多租户系统的概念模型。概念模型是多租户系统的"骨架"，帮助我们理解系统各部分的组织和运作方式。

6.5.1 多租户的核心概念模型

- **租户**：通常指一个企业客户，不同租户之间的数据和行为是相互隔离的。
- **用户**：某个租户内的具体使用者，使用账号、密码等信息登录 SaaS 系统，使用软件服务。
- **组织**：如果租户是企业客户，那么通常会有自己的组织架构。
- **员工**：指组织内部的具体成员。
- **解决方案**：为了解决客户的特定业务问题，SaaS 服务商将产品与服务组合打包，提供整体解决方案。
- **产品**：SaaS 服务商售卖给客户的软件应用，能够帮助客户实现端到端流程的闭环解决方案。
- **资源域**：用于运行一个或多个软件应用的一套云资源环境。
- **云资源**：SaaS 产品一般部署在各类云平台（如阿里云、腾讯云、华为云等）上，这些平台提供的计算、存储、网络、容器等资源被抽象为云资源。

图 6-6 是多租户系统的概念模型。SaaS 平台可以创建和管理多个平台用户、租户和资源域，这样的模型结构可以让多个企业客户和用户能在同一平台上运行，而彼此之间的数据和资源独立。

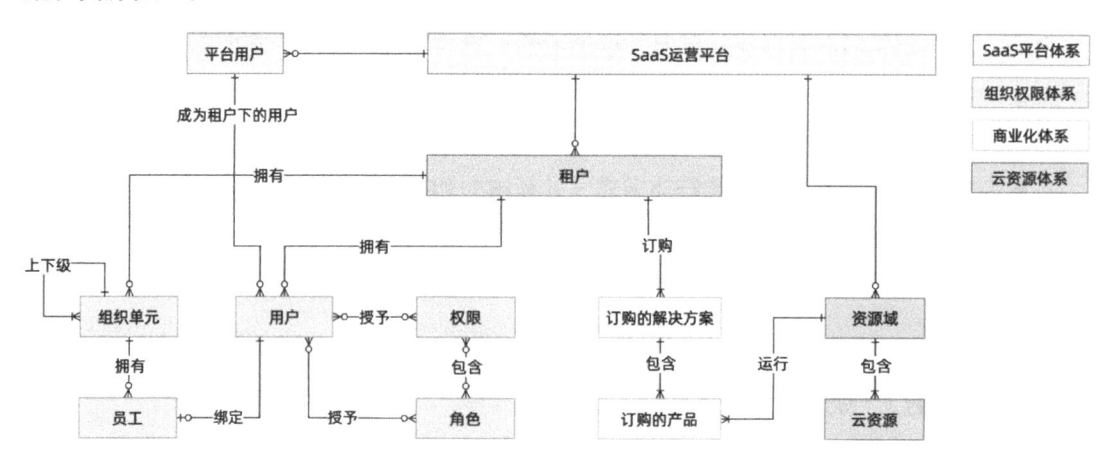

图 6-6 多租户系统的概念模型

一个平台用户可以关联到多个租户。例如，张三作为一个平台用户，可以同时属于租户 A 和租户 B。这种设计让平台用户能够灵活切换所属租户，方便在不同企业账号间工作。

单个租户也可以拥有多个用户，让企业内多名员工共享租户的资源和服务。

单个租户可以订购多个解决方案，一个解决方案往往包含多个产品，以满足企业客户的多样需求。这些产品可以运行在特定的资源域中，保证不同产品在同一租户中的高效管理和资源隔离。

租户内的组织架构支持上下级关系，在单个组织单元内，可以配置多个员工，并将员工与平台用户绑定，便于员工通过自己的账户访问相关服务。

6.5.2 概念模型的应用场景

1. 租户与内部模型关系

在 SaaS 产品中，租户是顶层的概念，可以将其理解为一个大房子的租赁人，而房子内部的组织、用户、产品、云资源等模型就像这个房子里的各种家具和设施。

换句话说，租户是 SaaS 产品为每个客户或企业专门划分出的独立空间，而组织、用户、产品、云资源等模型则是租户内部的细分结构，为不同的使用需求和权限分配提供支持。

- 租户：即租户拥有这套房子在 SaaS 平台中的使用权，是所有内部资源的顶层管理者。
- 组织：类似房间的布局，每个房间具有特定的功能（比如子公司、部门），组织架构帮助企业在平台内映射现实中的管理层级关系。
- 用户：就像在房子里活动的人员，用户被赋予不同的角色和权限，这些角色和权限决定了谁可以进入哪些房间，谁可以使用哪些家具。
- 产品：如同家里各种各样的家具、电器、设施，满足不同的需求。不同租户可以选择不同的产品组合，随需增加或减少，以满足自己的业务需求。
- 云资源：类似于水电煤等基础设施，支持房子里的各项功能正常运行，确保产品稳定、流畅地提供服务。

通过这种类比可以看出，SaaS 产品将租户作为顶层的概念，为企业提供了一套独立空间，租户内部的各项资源在这个框架下被灵活管理和使用，让企业客户可以获得定制化的服务和资源隔离的安全保障。图 6-7 展示了租户与内部模型的关系。

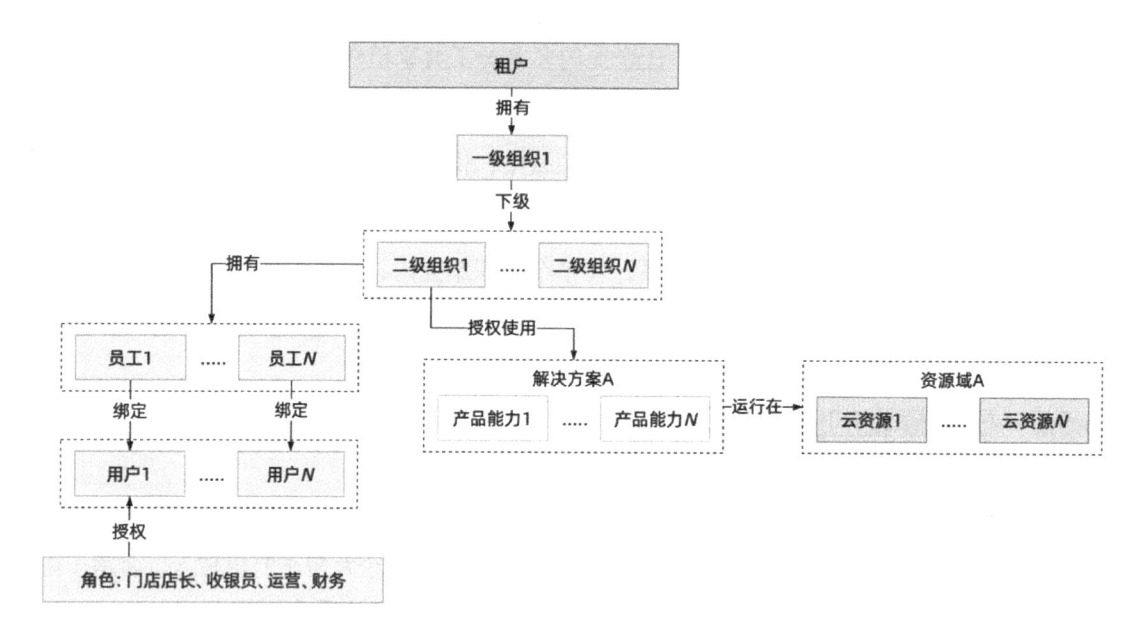

图 6-7 租户与内部模型的关系

2. 租户身份识别

在多租户 SaaS 系统中，无论采用哪种隔离模式，准确识别租户身份并获取相应资源配置都是非常关键的。

当用户登录 SaaS 系统后，系统会生成并返回租户上下文信息。这个上下文信息包括用户关联的租户和对应的隔离模式（如共享或独立资源）。

租户上下文信息会附加在每次系统交互中，贯穿整个系统调用链。从用户请求到系统内部处理的每一步，都保留了租户上下文信息。这样上游的请求处理模块就可以知道如何路由和访问下游资源。

如图 6-8 所示，租户上下文信息让系统能够在请求传递过程中精准识别租户身份和配置。系统会根据上下文信息动态选择数据库、应用实例或网络资源，实现数据和资源隔离，确保不同租户的访问互不干扰。

3. 租户计费计量管理

租户的计费计量管理是 SaaS 平台不可或缺的一部分。在不同的隔离模式下，计费方式有所不同。

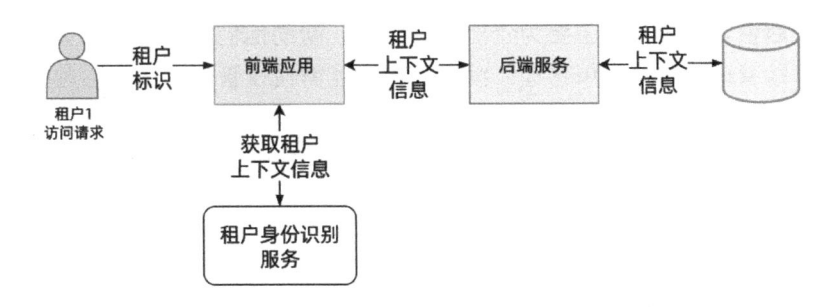

图 6-8　租户身份识别

竖井隔离模式下的计费相对简单。因为每个租户使用的资源（计算、存储、网络等）都是单独分配的，就像每个租户有自己的一块"独立地盘"。

因此，我们只需统计每个租户占用的资源量，就能计算出费用。这种模式逻辑清晰，一目了然。

共享模式下的计费则比较复杂。因为多个租户共享同一资源池，理想情况是，确保每个租户只为自己实际用到的部分买单。

通常我们会综合考量几个指标，比如请求的数量、存储容量、创建的数据对象数量等。通过这些数据的组合，我们可以相对准确地算出每个租户的费用。

6.6　多租户系统的应用架构

前面探讨了多租户系统的概念模型和关键设计。下面看一下多租户系统的应用架构是如何构建起来的，如图 6-9 所示。

1. 应用层设计

应用层的主要作用是为具体的用户场景提供应用服务，帮助用户在特定场景下完成操作。通过编排领域层的各项能力，实现 SaaS 产品的核心功能。应用层包含三个关键模块：

- **租户运营平台**：这个模块负责 SaaS 平台的整体运营管理，包含客户管理、租户管理、云资源管理、订单管理、平台用户管理和数据分析等功能。它就像平台的"指挥中心"，保证租户运营顺畅，帮助平台方掌控整体业务。

- **商家后台**：这个模块主要为企业客户服务，帮助他们自主管理相关功能，包括能力订购管理、费用账单管理、续费管理和能力授权管理。商家后台让客户可以在平台上方便地管理自己订购的服务，并能随时查看账单和费用情况。
- **开放平台**：该模块为第三方开发者或合作伙伴提供访问和集成接口的能力。

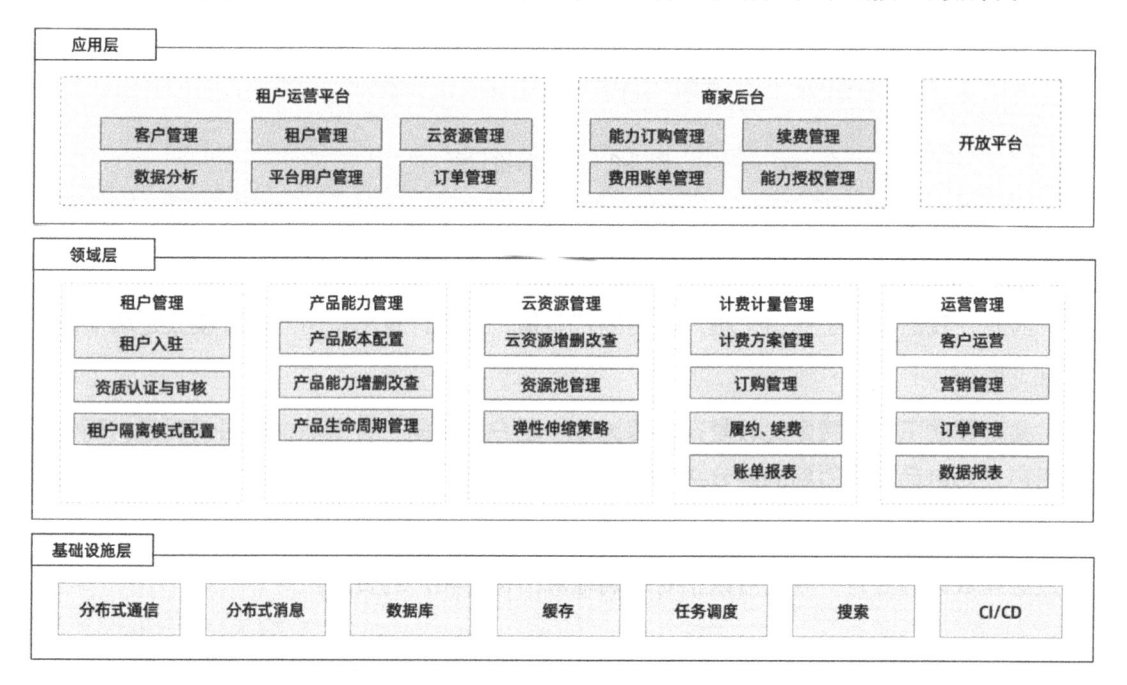

图 6-9　多租户系统应用架构

2. 领域层设计

领域层的核心是围绕核心业务对象提供可复用的业务能力，这是对系统整体复用和抽象的结果。它包含以下模块：

- **租户管理**：负责租户的入驻管理，包括租户的资质认证与审核，租户隔离模式配置等。这个模块确保新租户顺利入驻，并设置合适的资源隔离模式，为租户提供一个安全、独立的使用环境。
- **产品能力管理**：负责产品版本配置、产品能力增删改查、产品生命周期管理等。
- **云资源管理**：云资源增删改查、资源池管理、弹性伸缩策略等都在这个模块中实现。它为平台提供强大的资源管理能力，确保资源配置合理。
- **计费计量管理**：涉及计费方案管理、订购管理、履约、续费和账单报表。该模块是 SaaS 平台收益的关键模块，确保平台能够精准收取租户的费用，并且账单清晰，续费顺畅。
- **运营管理**：包括客户运营、营销管理、订单管理和数据报表。该模块为平台提供全面的运营支撑，帮助平台提升客户体验、优化营销策略，保持订单和数据分析的良好运作。

6.7 本章小结

多租户在 SaaS 系统中意味着多个企业可以共享同一套系统，但每个企业的数据独立、安全隔离。

传统软件模式通常为每个企业定制软件服务并部署在本地服务器端，而 SaaS 模式则把软件服务放在云端，企业可以随时通过网络访问，节省 IT 成本。

在多租户场景中，企业主会创建企业账户（即租户），添加员工账号，让员工使用 SaaS 产品。员工可以在不同租户间切换，适应多家企业。SaaS 平台运营团队则负责维护每个租户的权限和资源分配，保障系统稳定运行。

SaaS 系统可以通过不同隔离模式来确保数据和资源的独立性。比如"竖井隔离模式"让租户独享资源，隔离性强但成本高；"共享模式"让租户共用资源，成本低但需预防相互影响；"分域隔离模式"则结合了两者的特点，以适应不同企业的需求。

多租户系统的设计核心是高效管理资源，同时保证每个客户的数据被安全隔离，使 SaaS 产品更灵活、经济，适应性更强。

第 7 章　基础数据设计

基础数据是 SaaS 平台系统的"心脏",支撑着整个业务系统的运转。

本章首先探讨基础数据的定义及其重要性。接着深入研究各种基础数据的设计方法,为读者提供实用的构建指南。

通过学习这些内容,读者将掌握如何建立一个完善的基础数据体系。

7.1　基础数据概述

基础数据是支撑多个系统和核心业务流程的关键信息。这些数据通常在不同系统间共享,构成了整个业务生态的基石。

基础数据的重要性体现为其在不同的系统之间被共享和使用,维持了各个业务系统的连贯性和一致性。那些在多个系统中频繁被使用和交换的数据,才是真正的基础数据。

7.1.1　基础数据包含哪些

对于新零售 SaaS 来说,核心的基础数据主要包括以下几个方面:

- **组织数据**:企业的组织架构和层级关系,包括组织单元的名称、上下级关系等。
- **店铺/门店/仓库数据**:包含所有店铺、门店、仓库的位置信息、营业时间、联系方式和编码等基本信息。
- **渠道数据**:各销售渠道的信息,如电商平台、社交媒体、外卖平台等。
- **商品数据**:商品的 SKU、分类、规格、价格等基本信息。这些数据是商品管理、促销设置、库存管理的基础。

- **客户数据**：包含客户的姓名、手机号、性别、生日、标签等信息。这是会员管理、营销推广、客户服务的基础。
- **地址库数据**：标准化的地址信息，供客户下单选择，确保订单能被准确配送。订单配送地址和门店位置都依赖于标准地址库。
- **收款账户**：企业在不同平台或机构的收款账户信息，包括银行账户、支付渠道账户等。这对财务对账和资金管理至关重要。
- **公司数据**：公司的基本信息，如公司名称、公司编码、营业执照、税号、法人、公司地址等。

7.1.2 基础数据的设计原则

接下来探讨基础数据的几个关键设计原则，这些原则有助于系统更好地组织和维护基础数据，确保数据的质量和高可用性。遵循这些原则，将显著提升数据管理的效率和效果。

1. 数据一致性

基础数据在各系统之间必须保持一致，避免因数据不一致引发业务错误和运营风险。例如，商品的规格、价格信息在不同渠道中应保持同步。

2. 数据标准化

采用统一的格式、编码和命名规范对数据进行标准化处理。比如，统一的商品分类和 SKU 编码，有助于各系统之间的数据共享和互通。

3. 集中式管理

对基础数据进行集中管理，避免数据冗余和重复录入。这有助于提高数据质量，降低维护成本，确保数据的准确性。

4. 权限管理

设计细粒度的管理权限，确保只有得到授权的人员与系统才能访问和修改特定的基础数据。

7.2 组织数据设计

想要深入理解零售企业的组织架构并不容易，大多数人并没有实际经营过零售企业，更不曾参与设计其组织架构。

在调研商家的过程中，我们通常只能了解其组织架构现状，很难直接与企业高层沟通，深入理解组织架构设计背后的逻辑。很多时候，我们只能通过业务场景的表象去推测商家的组织架构设计意图。

然而，要为商家提供有竞争力的数字化产品，首先需要确保其组织数字化的合理性。

组织管理是一切业务的起点，否则会产生以下问题：商家觉得产品逻辑"奇葩"、难以理解，运营效率低；对于执行层来说，许多场景的产品功能使用别扭，业务操作效率低。

7.2.1 什么是零售企业

零售企业就像一台精密的"机器"，可以分为三大要素：组织、流程和资源，如图 7-1 所示。

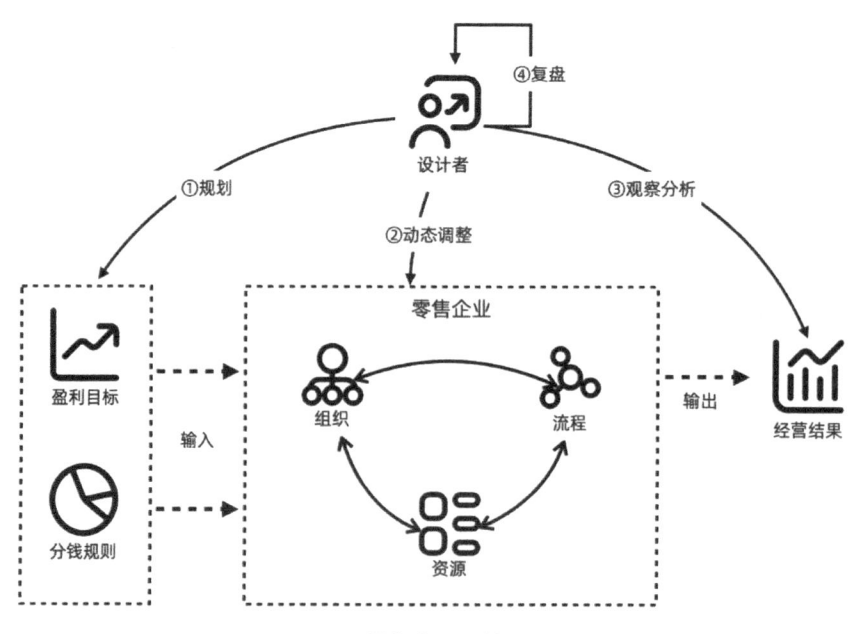

图 7-1 零售企业的核心要素

- **组织**：企业内部相互协作的团队和部门，为了共同实现企业目标而联系在一起。
- **流程**：为达成某个业务目标，由不同角色分工完成的一系列活动，通常具有严格的先后顺序，并明确规定了活动内容、方式及输入输出。例如，门店补货流程、订单履约流程等。
- **资源**：包括有形资源（如资金、设备、门店等）和无形资源（如品牌、信息、技术等）。

"机器"的外部环境也可抽象为几个核心要素：设计者、盈利目标、分钱规则、经营结果。

- **设计者**：通常是企业的决策层，即公司的创始人或合伙人。
- **盈利目标**：例如，年营收达到 1000 万元。
- **分钱规则**：所有零售企业的财务目标都是盈利。盈利之后，根据事先约定的规则，将利润分配给各团队，以保障"机器"的正常运转。
- **经营结果**：财务周期结束后，"机器"产出经营结果，包括各类经营数据、收入、成本、利润等。

在运营过程中，决策层不仅在初始阶段制定盈利目标和分配规则，还会在事前、事中、事后持续管理，动态调整组织结构、业务流程和资源分配等关键要素。

经营结果是一个尤为重要的要素。决策层通过分析这些结果，根据既定的分配规则为各团队分配资金或提供激励。然而，这一过程离不开数据支持，特别是各团队在收入、成本和费用方面的贡献数据。

此外，决策层还需复盘经营结果，进行根因分析，在新周期前将企业这台"机器"调整到最佳状态，以提升业绩表现。

所有这些分析工作都需要大量结构化数据作为支撑。其中，**管理分类**维度是最关键的分析视角。

7.2.2　零售管理分类法

零售企业是一个相当复杂的业务和社会系统，包含了许多要素：组织、地理位置、资源、流程、经营理念，以及把它们有机结合的机制。

一种重要的管理方法是将这些要素划分为多维度的分类视图，然后分别进行管理。

只要管理好每个分类，大概率就能把企业管理好。通过这些分类方法，零售企业可以更好地组织决策和执行计划，也能抽象或细化需要解决的问题。

1. 商品分类法

商品分类法也就是商品品类管理。长期以来，百货超市的基础经营视角就是品类管理。它通过给商品设定不同的角色定位，确定不同的品类策略。

大多数企业划分了五大品类：目标性品类、重点品类、补充性品类、季节性品类和便利性品类。不同的企业可能有不同的品类划分方式和策略。

商品品类管理的核心理念是通过商品来影响消费者，把门店的商品形象准确地传递给消费者。通过商品打动消费者，让他们多买或持续回购，最终提升门店的业绩。

2. 责权分类法

前面提到，零售企业是一个高度复杂的业务和社会系统。责任分配是经营企业非常重要的机制，能让零售业务灵活扩展。

从模型上看，责权分类法主张把企业划分为一个个责权明确的组织单元。它们通常具备一定范围的职责和权力，计划、执行、衡量各自的业务活动。

这个概念非常重要，尤其在生成经营报表时。在财务核算中，收入中心、成本中心、利润中心必须关联到某个组织单元，才能产出可衡量的经营成果。

3. 地理分类法

一些跨地域的零售企业会按照地理维度来划分经营活动，比如省、市、区（县）、乡镇，或者华东、华中、华南大区等。

相比责权分类法，地理分类法提供了不同的管理视角。它能帮助企业洞察经营活动背后的一些额外因素，如地域差异、人文差异、地理环境差异等，这些因素可能严重影响企业的业绩。

需要注意的是，有些企业表面上按地理分类划分组织，例如华东区、华中区、华南区，但本质上可能是责权分类法。关键要看是否使用财务衡量指标（收入、成本、费用等）来考核这些组织单元。

4. 部门岗位分类法

部门岗位分类法把组织划分为一系列的部门和岗位。根据部门和岗位的工作性质、责任轻重、难易程度和所需专业资质等，划分出不同的种类和等级。对从事不同工作的人采用不同的要求和管理方法，这是一种以"因事择人"为中心的管理方式。

需要特别注意的是，在有些企业中，部门岗位分类法划分的组织和责权分类法划分的组织可能看起来相似，但底层逻辑完全不同。

部门岗位分类法面向人和事，以"因事择人"为中心；而责权分类法面向组织单元，这个组织单元不是具体的人和事，更像一个可以承载团队、流程、资源等生产要素的容器，以收益和成本为中心。

从顺序上看，先有责权架构，再有部门岗位架构。就像先立王，再招兵买马，立王象征着建立责权，随后才涉及人和事的安排。从粒度上看，责权架构的粒度比部门岗位架构更粗。

7.2.3 组织管理的核心概念模型

在了解了零售管理的各种分类方法后，我们需要深入探讨组织管理的核心概念模型，所有的管理分类方法最终都会体现在组织架构上，因为组织架构是经营理念的载体。组织管理的核心概念模型如图 7-2 所示。

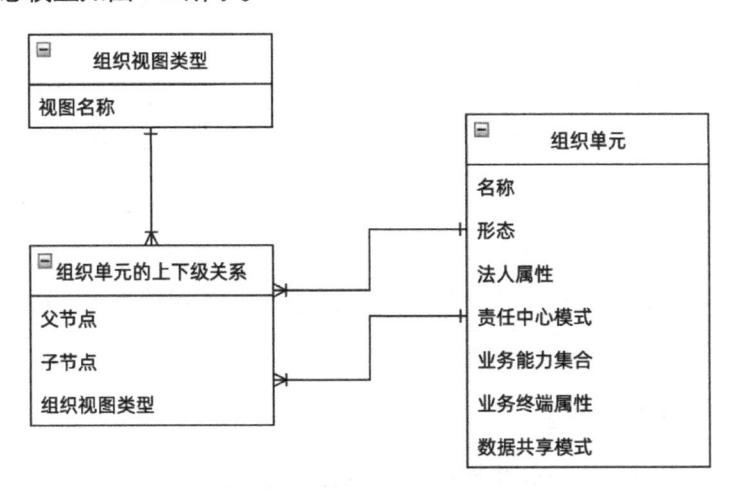

图 7-2 组织管理的核心概念模型

1. 基础概念

- **组织单元**：所有组织都是由组织单元构成的。组织单元是一个抽象的概念，类似一个可以装东西的容器，可以装入团队、业务流程、资源等生产要素。
- **组织单元的上下级关系**：组织单元之间有上下级关系，最基本的应用场景包括上下级汇报和数据统计汇总。
- **组织树**：当组织单元通过上下级关系连接起来后，就形成了一棵组织树。组织树需要明确关联一种组织视图类型。

2. 组织视图类型

中大型零售企业内部分工明确，通常划分为多个业务系统，例如采购系统、供应链系统、销售系统、仓配系统、CRM 系统、HR 系统、财务系统等。这些系统会以不同的视角使用组织数据。

因此，需要引入**组织视图类型**的概念，通过多组织视图的方式来管理和使用组织数据。以下是一些常见的组织视图类型：

- **业务组织类型**：企业按照特定业务模式划分组织类型。例如，零售企业的运营组织需要制定企业和分店的业绩目标，推动目标实现，管理并指导各个分店的工作。业务组织类型可以根据管理复杂度进一步细分，如运营组织、采购组织、物流组织等。
- **行政组织类型**：与前面提到的部门岗位分类法的管理逻辑一致。行政组织类型对应企业中真实存在的组织结构，包括各层级、各部门、各职位等，按照职能目标分工。每个职能岗位有明确的职责分配和工作流程，是当前企业内部的真实结构。
- **财务组织类型**：财务组织单元是独立的会计核算主体，主要用于财务会计系统。每个财务组织单元都有一套完整的账套，能够独立生成三大财务报表：资产负债表、损益表、现金流量表。一般情况下，每个法人主体都会对应一个财务组织。
- **责任中心类型**：与之前提到的责权分类法的管理逻辑一致。责任中心是管理会计中的概念，指承担一定经济责任并享有一定权利的组织单元。责任中心可以划分为成本中心、利润中心和投资中心。

3. 组织单元的核心属性

前面讲解了组织单元的基本概念和不同的组织视图类型。下面分析组织单元的核心属性，这些属性决定了组织单元的性质和作用。

- **组织单元的形态**：也就是组织单元的类型说明，比如集团、公司、分公司、事业部、部门、区域、门店、电商网店等。需要特别注意，这本质上是一种标签，对业务应用没有影响，只是方便团队理解。
- **组织单元的法人属性**：明确组织单元的法人性质。具体包括：
  - **法人企业**（集团、公司）。
  - **法人分支机构**（分公司、加盟商）。
  - **非法人机构**（事业部、部门、门店等）。
- **组织单元的责任中心模式**：责任中心模式可分为成本中心、利润中心和投资中心，用于管理会计分析。
- **组织单元的业务能力**：明确组织单元执行的业务范围，比如门店销售、加工、库存管理、要货、线上销售等能力。
- **组织单元的业务终端属性**：如果组织单元是业务终端，则意味着它是组织树的叶子节点，直接从事一线业务活动。典型的业务终端包括门店、电商网店、配送中心。
- **组织单元的数据共享模式**：分为全局共享模式、部分共享模式和完全隔离模式。

7.2.4 零售企业的组织模型示例

根据零售企业发展的几个阶段，可以分为小型连锁经营组织（1~10家门店）、中型连锁企业的组织结构（10~50家门店）、大型连锁经营组织（50~150家门店）、多元化大型连锁组织（150以上家门店）。

1. 小型连锁经营组织（1~10家门店）

小型连锁企业通常采用直线型组织结构，如图7-3所示。这种结构适合门店数量较少、经营集中的零售商家，主要见于初创期的零售企业。

由于初创期的零售企业规模较小，管理相对简单。总部业务通常由老板一人负责，各分店直接向老板汇报经营情况。

2. 中型连锁企业的组织结构（10~50家门店）

随着连锁商家规模的扩大，商品品类和经营区域不断增加，这时就需要相应地增设职能部门。

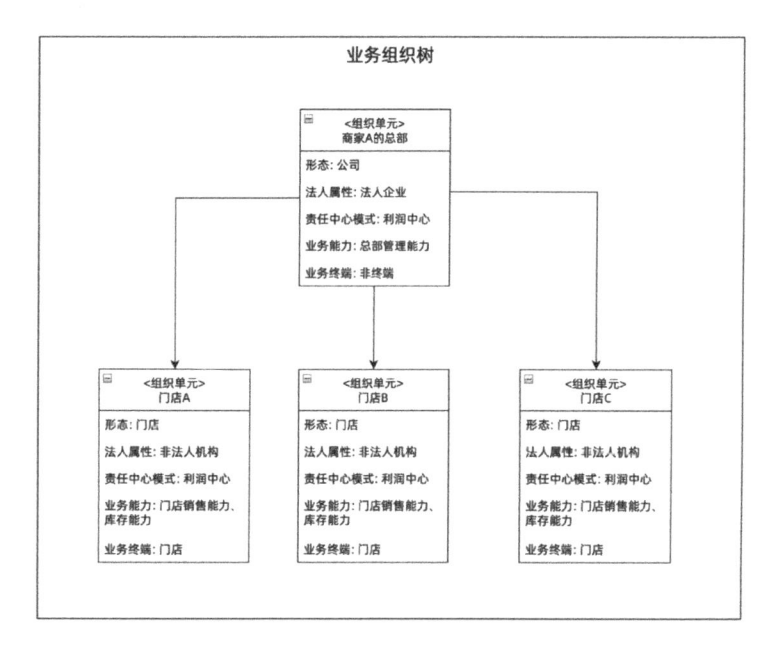

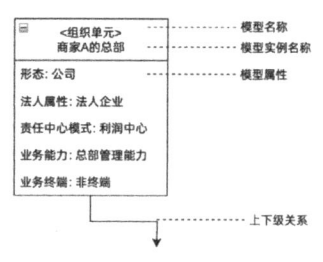

```
                            业务组织树
                    ┌─────────────────────────┐
                    │      <组织单元>          │
                    │      商家A的总部         │        ┌─────────────────────┐
                    │  形态: 公司              │        │     <组织单元>      │ ····· 模型名称
                    │  法人属性: 法人企业      │        │     商家A的总部     │ ····· 模型实例名称
                    │  责任中心模式: 利润中心  │        │  形态: 公司         │ ····· 模型属性
                    │  业务能力: 总部管理能力  │        │  法人属性: 法人企业 │
                    │  业务终端: 非终端        │        │  责任中心模式: 利润中心 │
                    └─────────────────────────┘        │  业务能力: 总部管理能力 │
                              │                        │  业务终端: 非终端   │
            ┌─────────────────┼─────────────────┐      └─────────────────────┘
            │                 │                 │                │
    ┌──────────────┐   ┌──────────────┐  ┌──────────────┐        │ ········· 上下级关系
    │  <组织单元>  │   │  <组织单元>  │  │  <组织单元>  │        ▼
    │    门店A     │   │    门店B     │  │    门店C     │
    │ 形态: 门店   │   │ 形态: 门店   │  │ 形态: 门店   │
    │ 法人属性: 非法人机构│ 法人属性: 非法人机构│ 法人属性: 非法人机构│
    │ 责任中心模式: 利润中心│ 责任中心模式: 利润中心│ 责任中心模式: 利润中心│
    │ 业务能力: 门店销售能力、│ 业务能力: 门店销售能力、│ 业务能力: 门店销售能力、│
    │ 库存能力     │   │ 库存能力     │  │ 库存能力     │
    │ 业务终端: 门店│   │ 业务终端: 门店│  │ 业务终端: 门店│
    └──────────────┘   └──────────────┘  └──────────────┘
```

图 7-3 小型连锁经营组织模型示例

中型连锁企业的组织结构通常分为两层：上层是负责整体管理的总部，下层是各个门店，如图 7-4 所示。

在中型连锁企业的组织结构图中，总部各部门按职能设置，而门店运营部则按区域划分管理分店。

对于复合型连锁企业，除了设置直营连锁门店，还需要设置特许连锁门店、自由连锁店等相应的职能部门。

中型企业组织结构的特点：

- 优点：各部门职责分工明确。
- 缺点：部门间需要频繁沟通协作，可能导致成本增加、效率降低。

3. 大型连锁经营组织（50~150 家门店）

大型连锁企业的特点是门店数量多、地域分布广，甚至跨国经营。这类企业通常采用多层次或事业部组织架构。

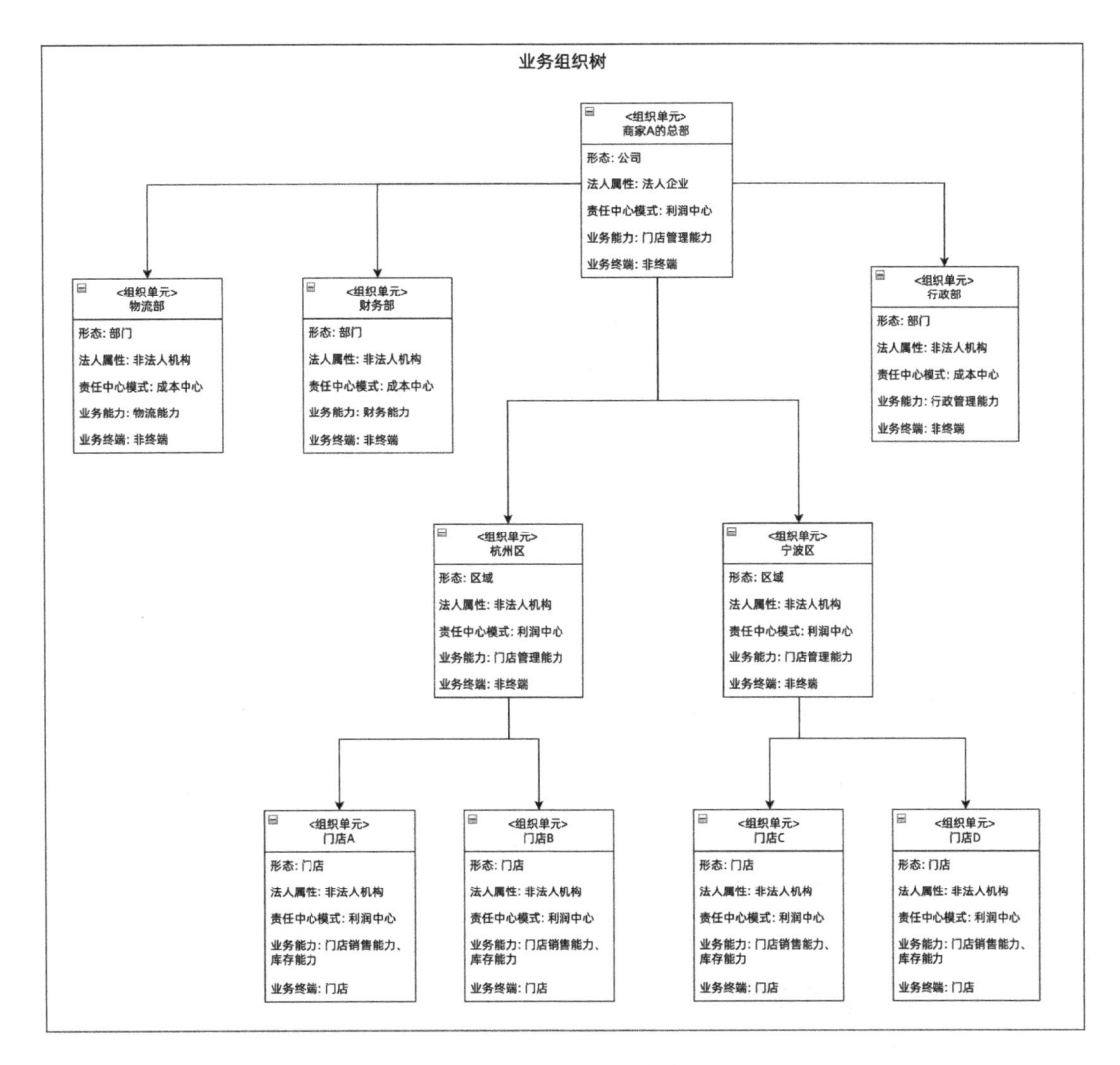

```
┌─────────────────────────────────────────────────────────────────┐
│                          业务组织树                              │
│                                                                 │
│                         ┌──<组织单元>──┐                         │
│                         │  商家A的总部  │                         │
│                         ├─────────────┤                         │
│                         │形态: 公司    │                         │
│                         │法人属性: 法人企业│                      │
│                         │责任中心模式: 利润中心│                   │
│                         │业务能力: 门店管理能力│                   │
│                         │业务终端: 非终端│                        │
│                         └─────────────┘                         │
└─────────────────────────────────────────────────────────────────┘
```

图 7-4　中型连锁经营组织模型示例

总部主要负责制定企业政策及发展规划，同时协调和统一各区域管理部的经营活动。

大型企业组织结构的特征：

- 优点：各区域在总部指导下负责本区域经营活动，处理门店日常经营管理事务，总部无须管理终端细节。
- 缺点：管理层级多导致各层次沟通困难，协调问题增多，决策路径延长，组织难以快速适应变化。

4. 多元化大型连锁组织（150 家以上门店）

多元化大型连锁组织指的是在多个行业或业务领域开展经营的大型企业集团。这样的企业通过连锁经营方式，在不同地域设立多个分支机构或门店。

企业的业务范围不仅限于单一行业，而是涉足多个相关或不相关的行业领域。例如，可能同时经营零售、餐饮、娱乐、酒店等业务。

多元化布局有助于企业分散风险，抓住不同市场的机会，增强抗风险能力。多元化企业内部通常会包含多个事业部和区域管理部。

事业部是总部为促进某项业务发展而设立的单位，具备一定的经营管理权，实行独立核算，具有法人地位。

当多元化连锁企业的各项业务发展到一定规模时，每个事业部还会设立区域管理部，负责门店的运营管理。

7.3 销售渠道数据设计

在了解组织结构设计后，我们将深入探讨另一个关键的基础数据：销售渠道。

销售渠道是企业与客户之间的桥梁，决定了企业如何与客户互动，这对企业的多渠道运营策略非常重要。

7.3.1 什么是多渠道零售

多渠道零售本质上是将线下实体店与线上业务融为一体，将客户和品牌商之间的各种触点连接起来。

多渠道零售的核心在于如何通过多个渠道与客户互动，为客户提供最大便利，确保他们在任何渠道都能获得一致的体验。

以一家蛋糕烘焙店为例。它线下有实体店，线上渠道有微信商城、饿了么、美团、抖音等多个平台。在理想情况下，客户可以在任何渠道完成从了解产品到购买产品的全过程，如图 7-5 所示。

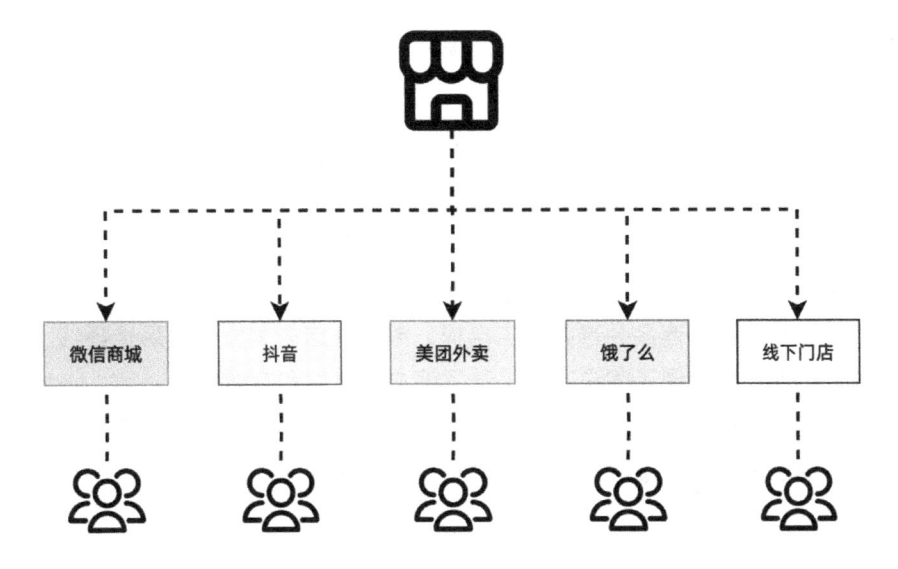

图 7-5 多渠道零售

例如，客户可以到店内品尝新品，或者通过饿了么订购外卖，或者在刷抖音时，看到蛋糕制作视频，被吸引而即兴下单。

商家还可以利用这些渠道开展丰富的营销活动，与客户保持紧密互动。比如在微信商城发放优惠券，在抖音通过直播发放福袋，或者在美团推出限时折扣。这些策略都能有效吸引客户，刺激购买欲望。

多渠道模式不仅提升了客户体验，让他们可以自由购买，还让商家能够触达更广泛的客户群体，从而带动销量增长。

7.3.2　为什么要经营多渠道

对于品牌来说，以往可能会因品牌定位的不同而偏好某些销售渠道。但在未来，所有品牌都将面临在各渠道上发展的需求，品牌商家正在逐步迈入全渠道发展的时代。

品牌要想长久，必须建立全局视角，了解自身的渠道，洞察趋势，这比埋头苦干更为重要。同时，品牌还需要学会分析和运用全渠道数据，及时发现问题，评估效果，优化运营策略。

通过多渠道运营，品牌可以进一步关注和理解客户，提升客户生命周期的价值。

在如今复杂的消费链路中，用户触点丰富多样，为了更有效地触达消费者，商家愈发重视多渠道经营，具体原因包括：

- **增加客户触达面**：通过多个渠道销售，商家能接触更多的客户。客户习惯在不同渠道购物，比如实体店、线上商城、移动应用、社交媒体等。多渠道策略让商家在多个客户活跃的场所提供服务，增加曝光率和销售机会。
- **改善客户体验**：多渠道经营使商家能够提供线上+线下连贯的购物体验。例如，客户可以在线选购商品并选择门店自提，或者在店内浏览商品后选择线上购买。这种灵活性不仅方便了客户，也提升了客户满意度和忠诚度。
- **全渠道客户数据**：商家可以从不同渠道收集大量客户数据，如购买偏好、行为模式、评价等。这些数据对优化产品和服务、制定策略至关重要，有助于为客户提供更贴心的服务。
- **增强品牌影响力**：在多个渠道保持一致的品牌形象和信息传递，有助于提升品牌的市场影响力。商家可以在不同平台与客户互动，强化品牌认知度和忠诚度。

7.3.3 销售渠道分类

销售渠道是指商品或服务从零售商到终端消费者的路径。简单来说，渠道是消费者了解并获得商品或服务的方式。我们可以把渠道分为两个层级：

1. 一级渠道

一级渠道指的是那些能把消费者和商家连接起来的平台渠道或门店渠道。例如：

- **门店渠道**：商场、超市、便利店，消费者直接走进门店购物。
- **流量平台渠道**：微信、支付宝、抖音、美团、小红书等。

2. 二级渠道

二级渠道是指销售场景下的闭环解决方案。例如：

- **美团外卖**：消费者在美团上浏览餐厅、点餐、下单、支付，然后外卖骑手将餐食送到家。
- **微信小程序**：打开某品牌的微信小程序，浏览商品，直接下单购买。商家收到订单后发货给消费者。

表 7-1 是一级渠道和二级渠道的一些示例。

表 7-1　示例

一级渠道	二级渠道
门店	线下收银
	扫码点单
微信	小程序
	微信小店
美团	外卖
	闪购
饿了么	外卖
	饿百
抖音	抖店
	本地生活
小红书	薯店

7.3.4　销售渠道的应用场景

在如今的商业环境中，企业常常会通过多个渠道来销售商品。

多渠道模型的应用场景涵盖了商品管理、库存管理、页面装修、营销活动、会员体系、订单履约和数据报表等各个方面，如图 7-6 所示。

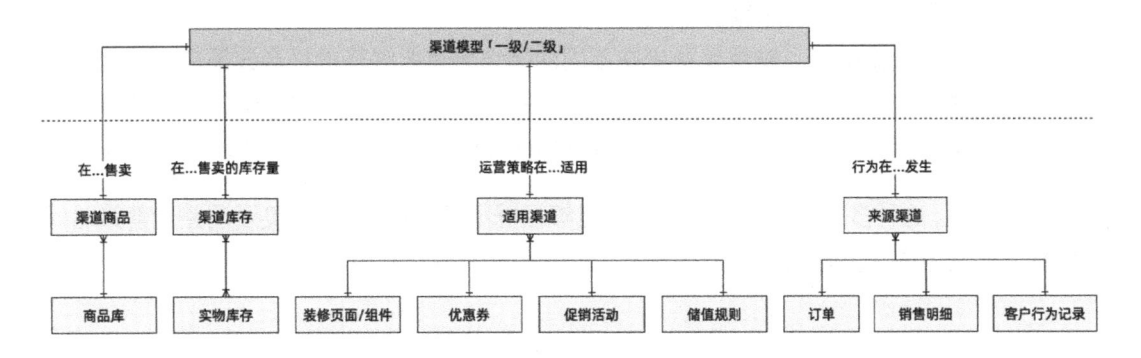

图 7-6　销售渠道的应用场景

在这些应用场景中，企业可能会根据不同销售渠道的特点采用不同的运营策略。这种多渠道管理模式能让企业更灵活地响应市场变化。针对每个渠道的独特性，进行更精细化的运营，从而提高效率和客户满意度。

具体来说，多渠道管理包括以下几个方面：

- **多渠道管理商品库存**：企业可以对每个销售渠道的商品和库存进行独立管理。比如，设置不同的价格、库存量，以及商品的上下架时间等。这样可以根据各渠道的需求和销售情况，灵活调整商品策略。
- **多渠道管理页面装修**：不同的渠道可以根据用户的喜好和平台的特性进行个性化的页面设计。比如，首页的布局、商品的展示方式、页面的风格等，都可以有针对性地进行调整，吸引更多的消费者。
- **多渠道管理营销活动**：企业可以在不同的渠道开展有针对性的营销活动，包括发放优惠券、设置促销活动等。根据各渠道用户的行为和偏好制定不同的营销策略，提升营销效果。
- **多渠道管理会员体系**：不同渠道的会员可以享有各具特色的会员权益。比如，储值规则、积分规则等，都可以根据所在平台的特性来设置。同时，会员的行为数据也包含渠道信息，方便后续的分析和运营。
- **多渠道管理订单履约**：企业可以根据不同的渠道筛选和处理订单。这样可以更高效地进行订单处理和履约服务，确保消费者及时收到商品。
- **多渠道查看数据报表**：支持生成按渠道分类的数据报表，包括客户分析、商品分析、经营报表、财务报表等。通过这些报表，企业可以了解各渠道的经营状况，做出更有针对性的决策。
- **消费者交易链路**：确保消费者在不同的销售渠道能够获得符合该渠道运营策略的购物体验。这涉及商品浏览、加入购物车、下单、支付，以及营销活动的策划等环节。通过优化这些环节，可以提升消费者的满意度，促进销售。

总的来说，这种多渠道管理模式让企业能够根据不同渠道的特点，灵活调整运营策略。既能提高运营效率，又能提升客户满意度。

7.4 其他基础数据

7.4.1 店铺/门店/仓库数据

店铺、门店和仓库的数据在新零售 SaaS 系统中扮演着至关重要的角色。

店铺和门店作为销售单元,是连接企业与消费者的重要桥梁,直接服务于消费者。门店和仓库则作为库存单元,为订单提供出库服务,是整个商品供应链的核心节点。

值得注意的是,门店和仓库支持的配送方式通常有所不同,仓库一般不支持客户自提,而门店可同时支持物流配送和自提两种形式。

这些基础数据的准确性和实时性直接影响企业的运营效率、客户满意度及整体业务表现。

作为销售单元的店铺和门店,其属性通常包括店铺名称、店铺编号、所在城市、详细地址、营业时间、店长姓名、联系地址、联系电话及启用停用状态等。

作为库存单元的门店和仓库,其属性通常包括仓库编号、仓库名称、仓库地址、类型(门店/仓库)、支持的配送方式、作业时间、仓库面积、联系地址、联系人、联系电话及启用停用状态等。

7.4.2 地址库数据

地址库数据是新零售 SaaS 系统中不可或缺的一部分。它包含全国各地的省、市、区(县)、街道等详细地址信息。

客户下单时需填写收货地址,系统使用地址库自动补全和校验地址,大大减少了客户输入的麻烦,降低出错概率。

在物流配送环节,准确的地址信息非常关键,系统根据客户地址可规划最优配送路线,节省时间和成本。同时,通过实时跟踪物流车辆或骑手位置,系统能够为客户提供精准的预计配送时间预估,提升客户体验。

7.4.3 收款账户

收款账户是企业接收客户付款的账户信息，涵盖各种支付渠道。随着电子支付的普及，收款账户管理变得日益重要。

当代消费者使用多样化的支付方式，包括：

- **银行转账**：传统付款方式，适用于大额交易。
- **第三方支付**：如支付宝、微信支付等，便捷快速，深受消费者青睐。
- **信用卡/借记卡**：通过 POS 机或线上支付，支持国内外交易。

收款账户对新零售 SaaS 系统至关重要，基于账户数据，系统可以提供统一管理多个支付渠道、实时监控资金流动、自动对账等功能。

7.4.4 公司数据

公司基本信息包括公司名称、编码、营业执照、法定代表人、成立日期、税务信息及联系方式。

在业务运营中，公司数据扮演着关键角色，需要统一管理。它不仅用于在合同签订时提供合法信息，确保合同有效性，还在申请行业资质、开具发票和处理银行业务时发挥重要作用。

完整、准确的公司信息是企业顺利开展各项业务活动的基础，有助于提高运营效率并维护企业信誉。

7.5 本章小结

基础数据就像系统的"心脏"，推动着整个业务的运转。

首先，我们了解了基础数据的重要性，以及它如何在不同系统间共享。在新零售 SaaS 中，核心的基础数据包括组织、店铺、渠道、商品、客户、地址库、收款账户和公司信息。

接着，我们深入探讨了组织数据的设计，包括零售企业的组织架构，以及不同的管理分类方法，还介绍了如何通过组织视图来管理组织单元，以及这些单元的核心属性。

我们还讨论了销售渠道的数据设计，包括什么是多渠道零售，为什么要经营多渠道，也学习了渠道的分类和它们的应用场景。

最后，我们简要介绍了其他基础数据，如店铺/门店/仓库、地址库、收款账户和公司信息。

通过本章的学习，我们掌握了建立完善基础数据体系的方法。这为我们构建高效的业务系统打下了坚实的基础。

第 8 章 用户权限系统

在本章中,我们将深入探讨用户权限系统。这是 SaaS 平台中至关重要的组成部分,它决定了用户的操作范围。一个优秀的权限系统不仅能保护数据安全,还能提高工作效率。

8.1 什么是权限

简单来说,权限是系统中控制用户行为的一套规则和机制,用来限制每个用户在系统中可访问的页面、功能和可查看的信息。

权限系统通过设定不同的用户角色,并将权限分配给这些角色,来控制用户在系统中可使用的功能和可查看的信息。这是企业进行权限管理的有效工具。

权限通常基于用户的角色和职责来设置。在新零售 SaaS 系统中,运营人员需要管理商品和订单,但他们既不需要也不应该访问财务数据。相反,财务人员需要查看交易和财务报表,无须操作商品或库存。

8.2 为什么需要权限系统

在 SaaS 系统中,如果公司内部每个人都能随意查看和修改系统数据,那么公司会面临怎样的风险?

这将导致业务流程混乱、敏感信息泄露,甚至商业机密被出售给竞争对手,给企业造成严重损失。正因如此,权限系统成为企业管理中不可或缺的一部分。

权限系统还能规范业务流程,提升工作效率。例如,财务人员只需处理财务数据,销售人员则专注于管理客户信息。明确的权限划分不仅减少了因职责不清导致的效率低下,还能有效避免员工因接触无关工作而分心。

此外，权限系统为审计和追责提供了强有力的支持。权限日志记录了每次操作，帮助企业快速定位责任人，确保解决问题更高效。

总之，权限系统是企业信息安全和运营效率的双重保障。无论是对于保护核心利益，还是对于优化工作流程，它都扮演着不可替代的角色。

8.3 权限模型方案

在设计权限系统时，我们可以借鉴多种技术模型，每种模型都有其特点和适用场景。常见的权限模型包括 ACL（访问控制列表）和 RBAC（基于角色的访问控制）等。这些模型各有优劣，适用于不同规模和复杂程度的系统。

在实际应用中，我们需要深入分析业务需求，权衡各种模型的利弊，并根据系统的具体情况灵活设计和调整。接下来，让我们一起探讨几种常见的权限模型。

8.3.1 ACL 模型

ACL 模型的全称为 **Access Control List**，即访问控制列表。这是一种直接而简洁的权限管理方式。如图 8-1 所示，ACL 模型主要包含两个关键元素：

- **用户（User）**：系统的实际使用者，可以是个人、组织或系统实体。
- **权限（Permission）**：明确定义用户可以执行的操作或访问的资源，如查看报表、编辑文档等。

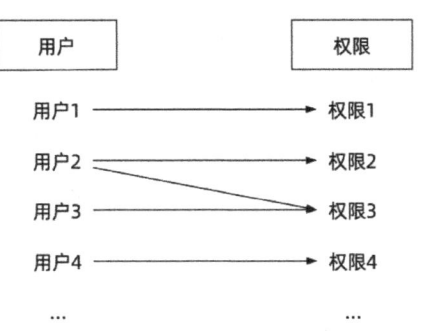

```
用户                权限

用户1  ──────────→  权限1
用户2  ──────────→  权限2
         ╲
用户3  ────╲─────→  权限3
用户4  ──────────→  权限4
 …                   …
```

图 8-1　ACL 模型

ACL 模型特别适合权限需求相对简单、直接的系统环境。当系统功能点较少，用户与权限之间可以建立清晰、直接的对应关系时，ACL 模型能够提供高效、易于管理的权限控制方案。

然而，当系统规模扩大，用户和权限数量增加时，维护成本会迅速上升。

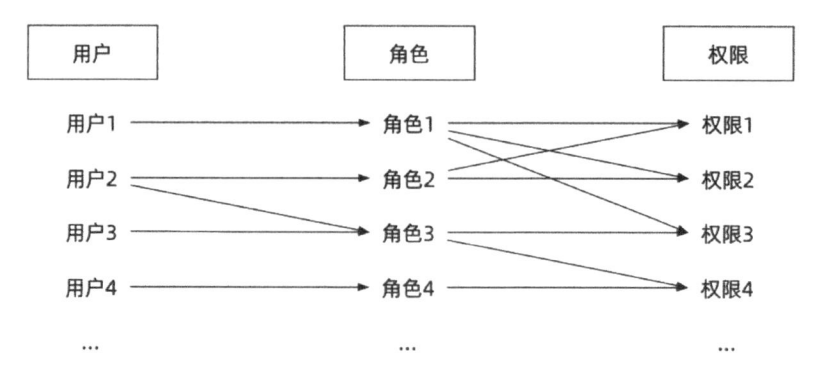

8.3.2　RBAC0 模型

RBAC0 模型中的 RBAC 代表 Role-Based Access Control，即基于角色的访问控制。

RBAC0 模型的核心思想是通过角色连接用户与权限，避免了直接分配权限的烦琐。如图 8-2 所示，RBAC0 模型包含以下关键要素：

- **用户（User）**：系统的实际使用者，可以是个人、组织或系统实体。
- **角色（Role）**：角色是一系列权限的集合，它像一座桥梁，连接了用户和权限。系统管理员可以根据业务需求创建不同的角色，如"运营经理""门店店长"等。一个角色可以拥有多种权限，而一个用户也可以被赋予多个角色，这种多对多的关系大大增强了系统的灵活性。
- **权限（Permission）**：定义了用户可以在系统中执行的具体操作。权限既可以是粗粒度的，如访问某个模块的权限；也可以是细粒度的，如对某条数据的增删改查权限。权限的设计需要充分考虑业务需求和安全性，既要保证用户能够高效工作，又要防止越权操作。常见的权限类型包括页面访问权限、功能操作权限、数据查看权限等。

图 8-2　RBAC0 模型

RBAC0 模型的优势在于显著简化了权限管理流程。例如，当新员工入职时，只需为其分配对应的角色，而无须逐一设置权限。同样，当某个角色的权限需要调整时，只需修改角色权限设置，所有拥有该角色的用户权限都会自动同步。

相比于传统的 ACL 模型，RBAC0 模型通过角色抽象化用户与权限的关系，降低了复杂性，特别适用于用户数量庞大、权限需求多变的企业环境。

8.3.3 RBAC1 模型

RBAC1 模型是 RBAC0 模型的进阶版本，引入了角色继承这一关键概念。这一扩展为权限系统带来了更高的灵活性和效率，如图 8-3 所示。

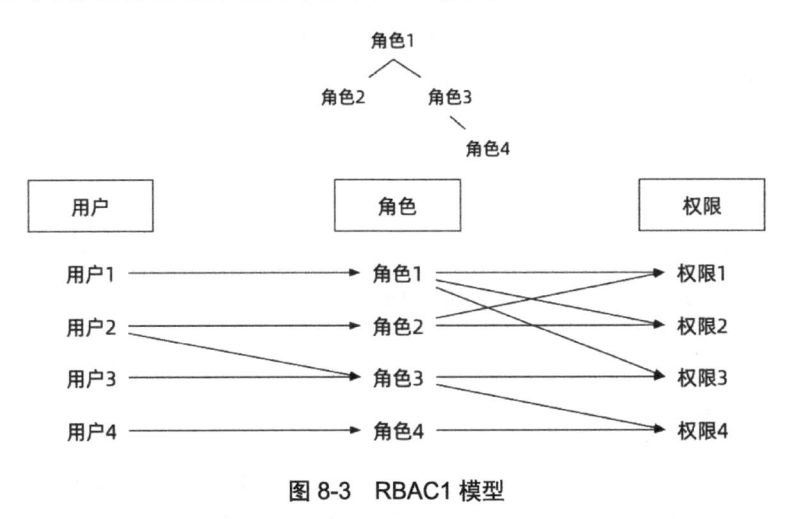

图 8-3　RBAC1 模型

RBAC1 模型允许角色之间建立层级关系。高级角色不仅拥有自身的特定权限，还能自动继承低级角色的所有权限。这种设计显著减少了权限配置的重复工作，同时更贴合企业组织的层级结构。

例如，在一家连锁企业中，"区域经理"角色需要管理下属门店的所有权限。这些门店的"店长"角色已包含权限如"商品管理""库存管理""订单管理""查看销售报表"等。通过 RBAC1 模型，"区域经理"角色只需继承"店长"角色，便自动获得所有相关权限，而无须逐一配置。

RBAC1 模型减少了权限分配的重复劳动，提高了管理效率。通过角色层级设计，灵活应对复杂的组织权限需求。然而，当角色层级关系过于复杂时，继承链可能难以追踪，增加了权限维护的难度。

8.3.4 RBAC2 模型

在权限管理中，如何确保权限分配的合理性，避免权力过度集中或不当使用？**RBAC2 模型**通过引入角色约束机制，在实现灵活性的同时，大幅提升了权限管理的安全性。

相比于 RBAC0 模型和 RBAC1 模型，RBAC2 模型在权限分配过程中引入了三种强制性约束，确保了系统权限分配的规范性。

1. 互斥关系角色

互斥约束规定，同一用户不能同时拥有互相制约的角色。例如，"出纳"和"财务审计"是互斥角色。同一用户不能同时是"出纳"和"财务审计"，以减少舞弊风险。这种设计体现了职责分离的原则，有助于防止权力过度集中和利益冲突。

2. 基数约束

基数约束限制了角色分配的数量和范围。例如，高级权限角色如"系统管理员"可以限制为最多分配给两个人，从而降低权限滥用的风险。同时，系统还可以限制单个用户拥有的角色数量，避免权限过多而导致的安全隐患。

3. 先决条件角色

先决条件约束规定，高级角色的获得需要先满足特定条件。例如，在项目管理系统中，用户必须先获得"普通项目成员"角色，才能申请"项目负责人"角色。这种设计确保了权限的分配符合用户的经验和资格。

通过这三种约束机制，RBAC2 模型有效弥补了 RBAC0 模型和 RBAC1 模型在权限安全性上的不足。但是，当规则设计过于复杂时，可能增加系统的维护成本。

8.4 权限分类

在权限系统中，权限通常分为两大类：功能权限和数据权限。这两种权限相辅相成，共同决定了用户在系统中可以执行哪些操作、访问哪些信息。

8.4.1 功能权限

1. 功能权限是什么

当登录某个系统时,为什么有些功能按钮是灰色的,而有些页面甚至完全不可见?这正是功能权限在背后发挥作用。

功能权限决定了用户在系统中能使用哪些功能模块、访问哪些页面,以及执行哪些具体操作。

举个例子,在线商城的运营人员通常需要管理商品、处理订单和策划活动。因此,他们需要拥有商品管理、订单管理和活动管理模块的权限。当运营人员登录系统时,可以看到这些模块,并进行添加、修改、删除等操作。

而财务人员则主要关注资金流转、财务报表等内容。他们只能访问财务管理模块,对商品、订单和活动模块则没有操作权限。

功能权限通常依据员工的岗位职责和工作需求进行分配。合理的功能权限设置不仅能降低因误操作或越权操作带来的风险,还能让员工专注于本职工作,提升效率。

2. 功能权限的分类

功能权限可以按操作的粒度从粗到细分为四个层级:模块、页面、按钮和字段。这种分层管理让权限分配更加灵活和精确。

1)模块权限

模块权限控制用户对业务功能板块的访问。例如,运营人员被赋予"商品管理"模块权限后,就能访问商品列表页面、查看商品详情,并执行新增或删除商品等操作。

2)页面权限

页面权限是对具体功能页面的访问权限。例如,拥有"商品列表"页面权限的用户可以查看商品列表并执行页面上的所有操作(如新增、删除商品)。

3)按钮权限

按钮权限更为精细,直接控制具体操作按钮。例如,某用户可能在"商品详情"页面上拥有"新增商品"按钮权限,但没有"删除商品"按钮权限。

4)字段权限

字段权限是最细粒度的权限管理。例如，在"商品详情"页面，普通用户可能只能查看"商品价格"字段，而管理员可以编辑该字段或导出相关数据。

功能权限的分层结构（模块、页面、按钮、字段）让企业能够灵活分配权限，既保障了系统的安全性，又提升了员工的工作效率。通过合理配置功能权限，企业不仅能避免越权风险，还能优化员工的使用体验，让每个人专注于自己的职责范围。

8.4.2 数据权限

1. 数据权限是什么

为什么同一系统中的两名用户，功能权限相同，但看到的数据范围不同？

这可能是他们的"数据权限"不同造成的。数据权限是在功能权限的基础上，进一步限制用户可以访问的数据范围，确保数据使用的精确性与安全性。

例如，一个连锁商家拥有多家门店。上海店的店长 A 和杭州店的店长 B 都拥有 POS 管理权限，但由于数据权限的限制，店长 A 只能访问上海店的数据，而店长 B 只能访问杭州店的数据。这种精细化的权限管理不仅提升了数据安全性，也符合组织管理的实际需求。

数据权限的设置通常与组织架构、岗位级别、业务规则等相关。例如，销售人员只能查看自己的业绩，避免因业绩比较引发内部纷争，而部门领导可以查看整个部门的数据，便于管理和决策。

通过灵活分配数据权限，企业能够有效减少数据泄露风险，同时为管理者提供全局视角，优化业务决策。

2. 数据权限的粒度

数据权限的粒度决定了用户可以访问数据的范围。这种粒度通常基于地域、部门、门店、项目或客户等级等维度进行划分。合理的粒度设定可以在满足业务需求的同时，确保数据安全。

以连锁商家为例，如图 8-4 所示，企业通常按照管理层级划分数据权限范围：

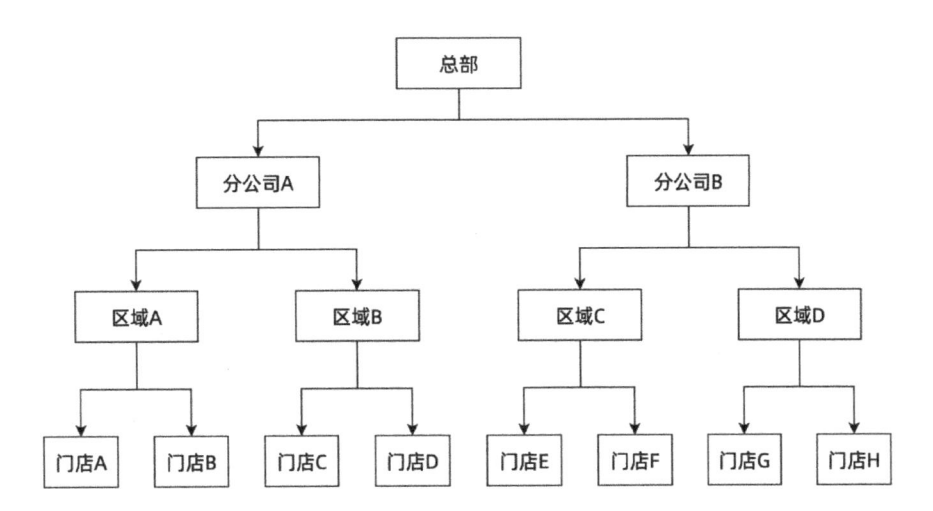

```
                    ┌──────┐
                    │ 总部  │
                    └──┬───┘
              ┌────────┴────────┐
          ┌───▼───┐         ┌───▼───┐
          │分公司A │         │分公司B │
          └───┬───┘         └───┬───┘
          ┌───┴───┐         ┌───┴───┐
       ┌──▼─┐  ┌──▼─┐    ┌──▼─┐  ┌──▼─┐
       │区域A│  │区域B│    │区域C│  │区域D│
       └─┬──┘  └─┬──┘    └─┬──┘  └─┬──┘
        ┌┴┐    ┌┴┐        ┌┴┐    ┌┴┐
    ┌───┐┌───┐┌───┐┌───┐┌───┐┌───┐┌───┐┌───┐
    │门店A││门店B││门店C││门店D││门店E││门店F││门店G││门店H│
    └───┘└───┘└───┘└───┘└───┘└───┘└───┘└───┘
```

图 8-4 连锁商家的管理层级

- **门店级**：店长 A 被授权管理门店 A，他只能查看门店 A 的业务数据（如订单、采购单、出入库单等）。
- **区域级**：运营经理 B 被授权管理区域 A，他能够查看区域 A 下所有门店的数据，包括后续新增的门店。
- **分公司级**：总经理 C 被授权管理分公司 A，他可以访问分公司 A 下所有门店的数据。
- **总部级**：总部管理员拥有全局权限，可查看所有门店的业务数据。

在这种分层架构中，门店是基础数据授权单元，而区域、分公司和总部则形成逐级扩展的权限集合。这种精细的粒度划分既确保了敏感信息的安全，又满足了复杂业务场景的管理需求。

数据权限通过精细化的范围控制，不仅能减少信息泄露风险，还能提升管理者的全局视角，优化企业的运营效率。

8.5 用户权限的概念模型

在探讨了权限分类后，我们需要更深入地理解用户权限的概念模型。接下来，我们将详细分析用户权限整体模型的各个核心组成部分。用户权限整体概念模型如图 8-5 所示。

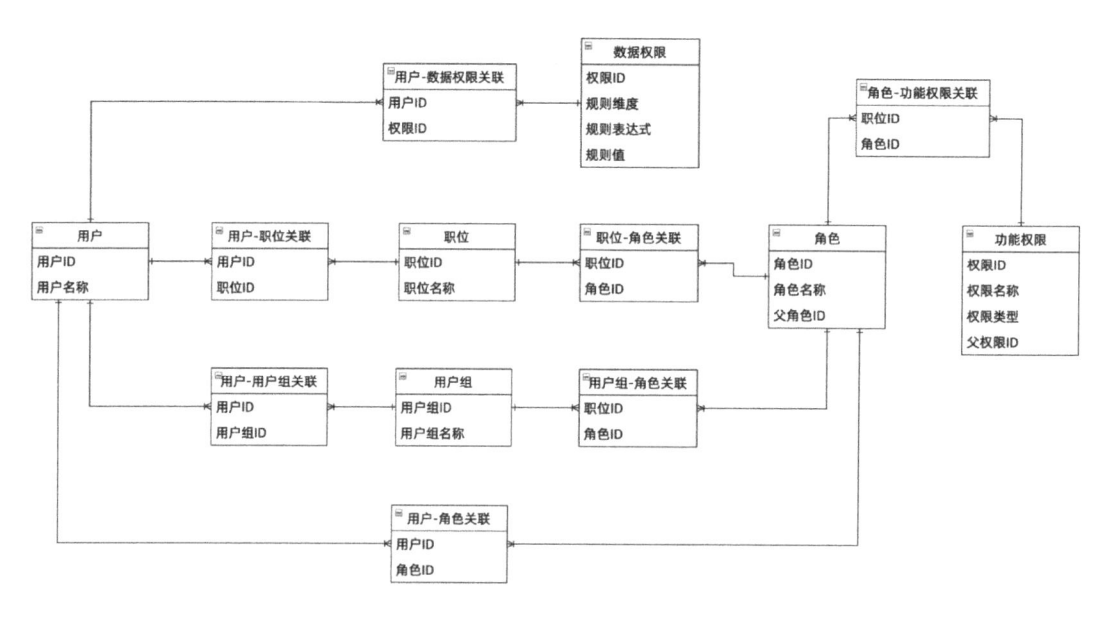

图 8-5 用户权限整体概念模型

8.5.1 用户

在权限模型中，用户是系统权限控制的核心对象，也是所有操作行为的直接主体。用户的权限决定了他们在系统中能够访问哪些资源，以及能执行哪些操作。

用户代表系统中的实际操作人员，根据系统场景不同，可划分为：

- **C 端用户**：如普通消费者。
- **B 端用户**：系统内部的员工，可能来自不同部门，承担着不同的职责。

每个用户都有唯一的身份标识，用于在系统中进行身份验证和权限校验。用户的基本信息通常包括用户名、密码、状态等。

8.5.2 角色

角色是权限模型中连接用户和权限的桥梁。它代表一组权限的集合，通常对应组织中的职位或职责，如管理员、运营经理、店长等。通过将权限赋予角色，再将角色分配给用户，系统可实现灵活高效的权限管理。角色设计需考虑以下几点：

- 职责对应：角色应清晰反映用户的工作职责，避免职责重叠或模糊。
- 权限适当：为角色分配合适的权限，确保工作顺利进行，同时避免权限过大造成安全隐患。
- 灵活可扩展：调整权限时，只需修改角色的权限集合，所有关联该角色的用户权限都会随之更新。

通过设计合理的角色，企业能有效管理用户权限，大幅降低权限分配和维护的复杂度。

8.5.3 用户组

用户组是权限模型中的重要工具，用于将权限需求相似的用户集合在一起，实现统一管理和高效授权。

通过将用户添加到用户组中，并为用户组分配角色或权限，系统可以简化权限管理流程，提升管理效率。用户组可以适配多种业务需求，例如：

- 部门级别的权限管理：将同一部门的用户加入一个用户组，统一管理权限。
- 项目级别的权限管理：将参与同一项目的用户加入一个用户组，赋予项目所需的权限。

8.5.4 职位

职位是用户在组织中的职务和职责的具体体现，也是权限模型中划分权限的重要依据。通过职位，可以为用户分配符合其职责范围的权限，确保权限控制精细化与业务需求一致。

不同职位对应不同的权限需求，随着职务范围的扩大，权限逐级递增。常见的权限划分包括：

- **普通员工**：仅能访问和执行与日常工作相关的功能，如商品上下架、订单处理和发货管理。
- **部门经理**：除拥有普通员工的权限外，还可管理部门业务，如审核下属的申请单和查看部门绩效数据。
- **高级管理层**：拥有全局视角，可访问所有功能，包括查看经营报表、财务报表，以及制定业务策略。

一个职位通常对应一个角色，比如"财务经理"职位对应"财务管理角色"。然而，某些复杂职位可能需要多个角色来完成其职责。比如，"运营总监"可能同时需要"运营角色"和"人力资源角色"。

通过职位分配权限，我们可以确保用户只能访问与其职责相关的资源，从而避免不必要的权限滥用。

8.5.5 功能权限

功能权限控制着用户在系统中可使用的功能模块、可访问的页面及可执行的操作。简单来说，它决定了用户能看到哪些菜单、访问哪些页面、点击哪些按钮。

功能权限的控制粒度通常包括模块权限、页面权限、按钮权限和字段权限。

8.5.6 数据权限

数据权限通过对列表数据的行级控制，实现不同用户在系统中拥有不同的数据查看范围。

实现数据权限的关键是明确数据规则的控制维度，常见的维度包括：

- **创建人**：按数据的创建者限制访问范围。
- **组织单元**：基于数据所属的组织单元划定访问范围。
- **业务线**：按数据所属的业务线划分访问范围。

表 8-1 是数据权限在实际业务中的常见应用场景。

表 8-1　数据权限在实际业务中的常见应用场景

场　　景	数据权限
销售人员只能查看自己的数据	规则维度：创建人 规则表达式：= 规则值：当前登录人
大区运营负责人 A 只能查看华东大区的门店数据	规则维度：门店 规则表达式：属于 规则值：华东大区下属的门店

续表

场　景	数据权限
业务线的项目经理 A 只能看到零售业务线的项目	规则维度：业务线 规则表达式：= 规则值：零售

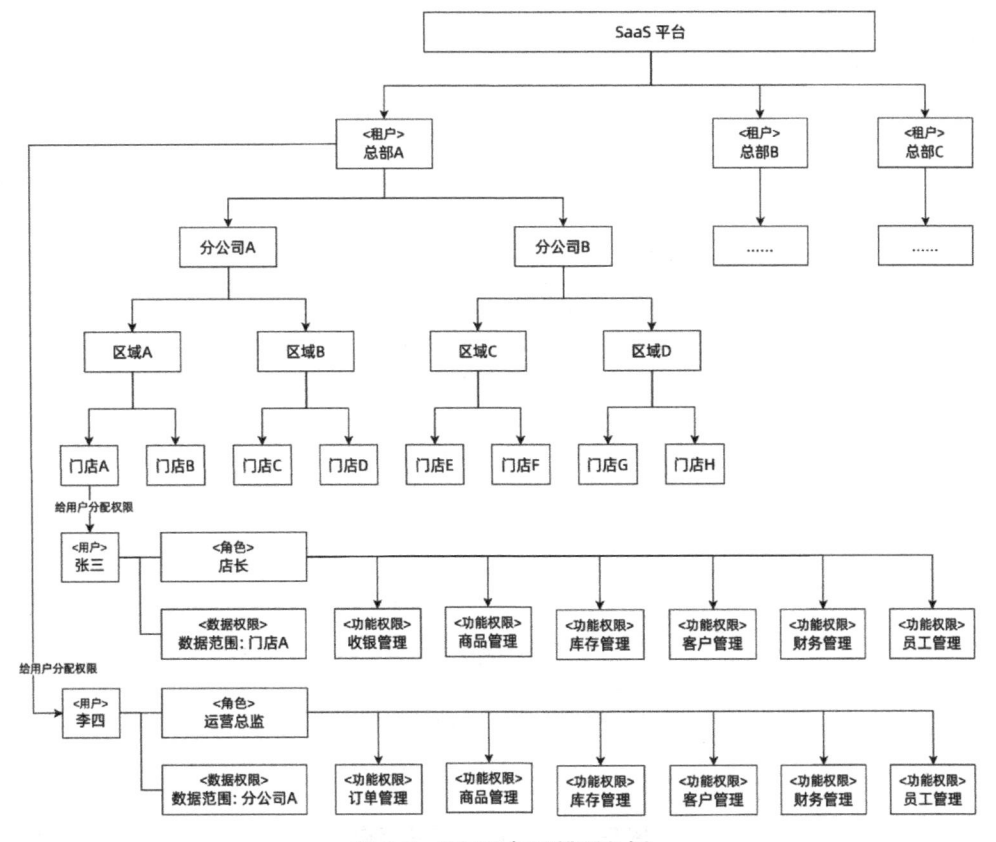

8.6　RBAC 权限模型示例

RBAC 权限模型示例如图 8-6 所示。SaaS 平台下可以管理多个租户，每个租户（如总部 A、B、C）有独立组织结构，保证数据隔离和系统灵活性。

图 8-6　RBAC 权限模型示例

每个租户都有独立的组织架构，租户内可添加多个用户，实现细致的人员管理。

一个角色可以关联多个功能模块。例如，"店长"角色可能包括收银、商品、库存、客户、财务和员工管理等功能，覆盖门店运营所需的各项功能。

数据权限也很关键。用户"张三"的数据访问权限为门店 A，确保信息安全。

总部层面的权限分配类似。例如，"李四"作为"运营总监"，拥有更广泛的权限，可查看跨店数据（分公司 A 下的所有门店数据），全面掌控业务运营。

这种权限设计满足了复杂业务需求，并为未来的发展留有余地。通过合理配置，SaaS 平台能为各类企业提供精准的权限控制。

8.7 应用架构设计

权限系统的应用架构如图 8-7 所示。

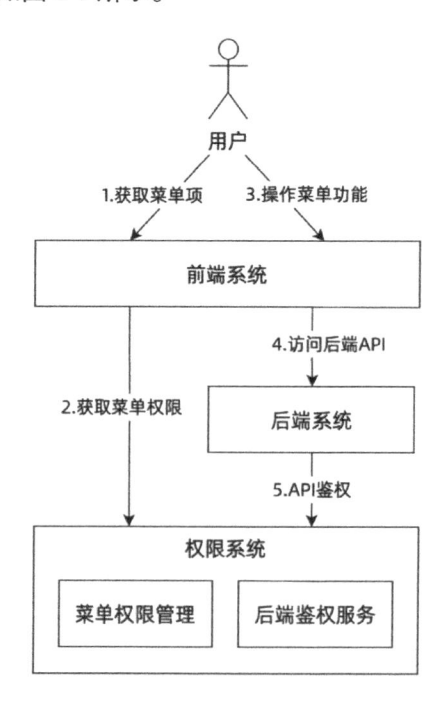

图 8-7 权限系统的应用架构

从业务需求的角度来看，权限系统需要解决两个核心问题：

1. 菜单渲染与动态展示

当用户成功登录并接入系统后，系统需要动态获取并展示该用户有权限访问的菜单项。

这一过程涉及前端系统与权限系统的交互。前端系统会向权限系统发送请求，获取用户的权限信息，并根据这些信息动态渲染出用户可见的菜单项。

这种方式保证每个用户只能看到他们有权限访问的功能模块。

2. 后端接口鉴权

当用户通过前端界面或其他方式请求系统后端接口时，系统需要严格验证用户的权限。

这一步骤能阻止用户访问超出其权限范围的接口。即使某些用户试图绕过前端限制，直接通过接口地址访问，系统仍能有效阻止未经授权的访问，确保安全性。

为了有效解决上述两个核心问题，权限系统需要提供两类核心应用服务。

1. 菜单权限管理

菜单权限管理服务包含一系列细粒度的权限管理功能，例如角色管理、菜单管理、功能权限管理、API 权限管理、数据权限管理等。同时，还支持用户与角色的绑定，以及用户与特定数据权限的关联。

这些功能让管理员可以精确地为每个用户分配适当的权限，实现对系统资源的精细化控制。

2. 后端鉴权服务

当用户尝试访问系统的 API 时，后端鉴权服务会实时检查用户的身份和权限信息，并将其与所请求的 API 所需的权限进行匹配。

通过这种实时鉴权机制，系统确保用户只能访问他们有权限使用的 API，有效防止了未经授权的访问并降低了安全风险。

8.8　本章小结

本章系统性地探讨了用户权限系统的核心内容和实践应用。

权限系统是保护数据安全与规范操作行为的重要工具，尤其在 SaaS 平台中，其作用不可替代。

我们首先分析了 RBAC（基于角色的访问控制）模型，理解了其核心思想及 RBAC0 模型、RBAC1 模型、RBAC2 模型的不同适用场景，并通过实例展示了模型的实际应用。

接下来探讨了用户、角色、用户组、职位、功能权限与数据权限等基本组成部分，以及它们如何在用户权限系统中协同工作。

最后探讨了用户权限系统的应用架构设计，分析了菜单渲染与动态展示的实现方式，以及后端接口鉴权的重要性。

总的来说，一个完善的权限系统能够保护数据安全，提高工作效率，是 SaaS 平台不可或缺的组成部分。

第 9 章　商品管理系统

在零售业务中，商品管理系统是支撑所有业务环节的核心。从商品采购、仓库收货、上架、前台展示，到下单、配送、用户收货，再到售后服务，每个环节都离不开商品系统的支持。

商品系统的建设至关重要，它直接影响业务的稳定性和可扩展性。忽视商品系统的建设可能导致业务和系统迅速丧失灵活性和扩展性。随着时间推移，商品系统架构将严重腐化，无法支撑业务发展，最终不得不推倒重来，企业付出惨痛的代价。

9.1　什么是商品管理系统

在新零售体系中，商品管理系统是大部分系统的基础。从商品采购到库存管理，从促销活动到下单支付，每个流程都与商品数据紧密相关。

商品管理系统必须具备中心化的服务能力，确保商品数据在不同系统之间的一致性。例如，交易系统中的商品 A 和履约系统中的商品 A 必须是同一条商品数据。

如果未实现中心化管理，那么不同系统之间的数据很容易出现不一致的情况，导致订单履约失败或库存管理混乱，进而增加维护成本。

商品管理系统的核心职能包括：

- **商品基础数据管理**：统一管理商品类目、品牌、规格属性等基础信息，支持商品的创建、修改、上下架等全生命周期管理。
- **面向 C 端支持**：为前台商品查询、展示等功能提供数据支持，确保消费者的浏览和购物体验。
- **为下游提供服务**：为价格系统、促销系统、库存系统、交易系统、履约系统等下游系统提供统一的商品数据和服务接口，保证各系统之间的数据一致性和业务协同。

商品管理系统是新零售体系的核心系统。它不仅统一管理商品数据，还通过中心化服务推动整个业务流程高效运转。

9.2 商品管理流程

商品管理流程如图 9-1 所示。

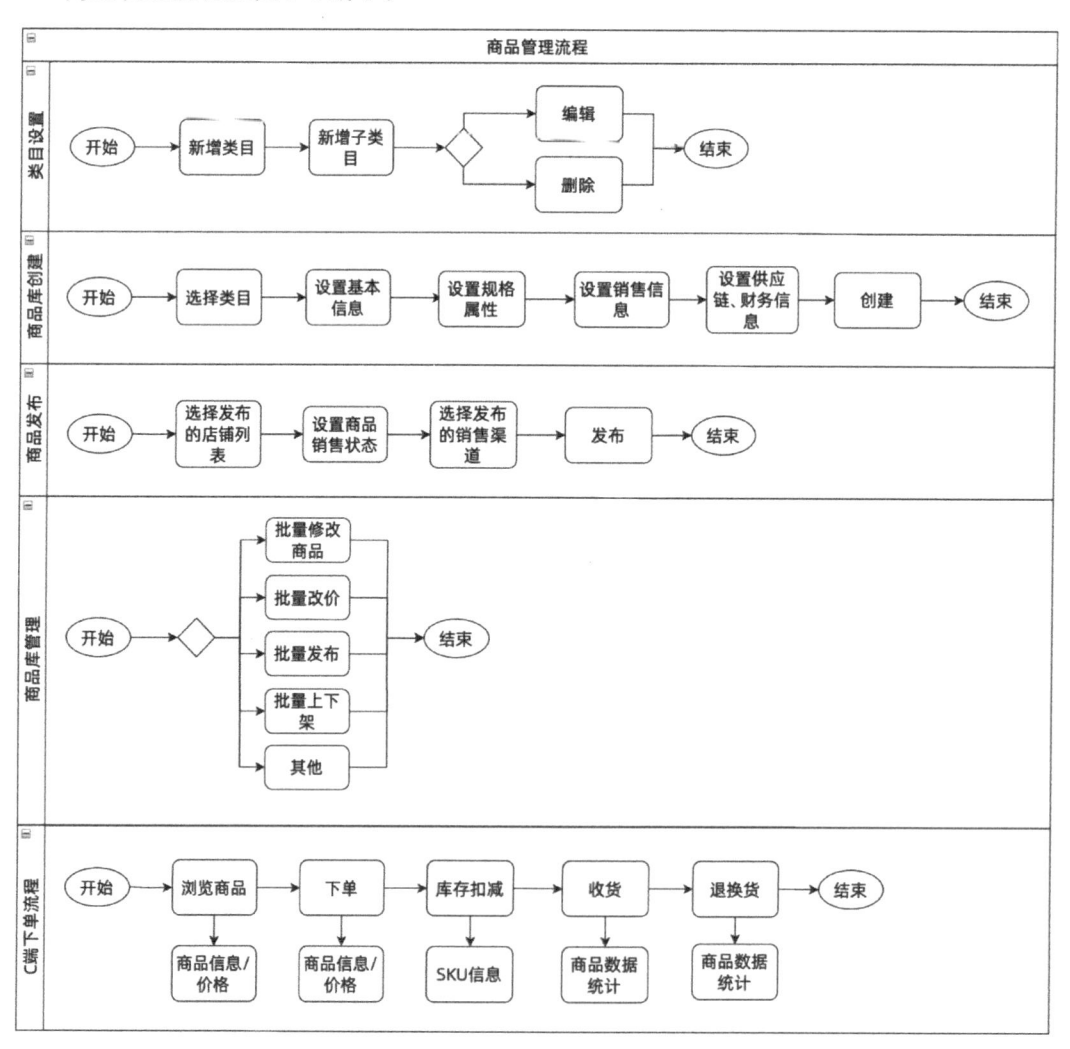

图 9-1 商品管理流程

商品管理流程涉及 B 端流程和 C 端流程，其中 B 端流程主要分为以下 3 个阶段。

1. 基础资料维护

这是商品管理的基础，包括对类目、品牌、规格属性等基本要素的建立和更新。这一步骤确保了商品信息的标准化和一致性。

2. 商品库创建

这是商品信息的核心构建阶段。它涵盖了商品的全方位信息，包括商品名称、所属类目、所属品牌、商品编码、规格属性、商品图片和描述、销售配置、供应链配置、财务配置等。

3. 销售渠道差异化管理

这一步骤针对不同门店的不同销售渠道进行个性化设置，主要包括：

- 可售状态：决定商品是否在特定渠道售卖。
- 渠道价格：根据渠道特性，制定差异化的定价。
- 上下架状态：控制商品在各渠道的上下架状态。
- 其他差异化信息：针对不同渠道的客户群体优化商品信息。

在整个 C 端流程中，商品数据的应用贯穿始终。

从用户浏览商品、下单购买、库存管理、物流配送、收货确认，再到售后的退换货处理，每个环节都需要查询准确、及时的商品信息，精准统计商品相关数据。

通过标准化的基础资料、商品库构建和灵活的渠道差异化管理，商品管理流程能够为新零售体系提供全方位的数据支持。这是确保商品流转高效、消费者体验流畅的关键流程。

9.3 商品管理系统设计面临的挑战

商品管理系统管理了大量商品信息，支持复杂的业务场景。商品管理系统设计面临以下挑战，每个挑战都增加了系统设计的复杂性。

9.3.1 行业需求差异大

不同行业对商品管理的需求有显著差异。为了建设成熟稳定的商品系统，需要对各行业的管理需求进行深入分析，提炼出共性的规律和特征。

1. 时尚服装

该行业注重款式管理、尺码配比和季节性商品管理，这需要精细的库存控制和灵活的销售策略。

系统必须能追踪各尺码的库存，并根据销售数据调整采购比例。

此外，系统应能快速调整商品展示和促销方案，适应瞬息万变的时尚趋势，最大化销量并降低库存风险。例如，冬装通常需提前数月备货，并在季末清仓促销。

2. 3C数码

该行业需要高效的串码管理功能。企业可通过串码对每台设备进行精准追踪，清晰掌握库存状态、销售渠道及物流环节信息。

消费者可利用串码验证商品真伪，这样可以有效遏制假货流通，提升企业品牌信誉。

售后服务可借助串码快速查询设备的购买时间、保修状态等信息，提高服务效率。

通过监控串码在不同渠道的流向，企业可防止代理商或经销商私自跨区域销售，以维护市场秩序。

3. 美容护肤、医药保健

这类行业需要精确的批号管理，确保商品可追溯——需要准确记录商品的生产日期和有效期，保障商品质量和安全性。

美容护肤还有试用品的管理场景，需要跟踪试用品的分发和使用情况，以优化营销策略。

4. 生鲜行业

该行业需要支持称重商品的PLU码管理，这是一种用于识别和定价生鲜商品的编码系统。

同时，系统还需要处理重量与数量的辅助单位转换，以适应不同的销售和库存管理需求。

例如，鱼类商品可能按重量定价和销售，但在库存管理中可能以"条"作为辅助单位。这种灵活性使得系统能够精确追踪库存，同时为消费者提供直观的购买体验。

9.3.2 支撑的业务场景复杂

商品管理系统的重要性体现在它几乎支撑所有的核心业务流程。它需要覆盖采购、配送、销售、履约、售后、财务核算、数据分析等全链路环节。

商品的生命周期管理进一步增加了系统的复杂性。从建档到新品推广，从正常销售到淘汰清理，不同状态间的流转直接影响库存、销售和促销策略。例如：

- **新品阶段**：需要分配重点展示位，并结合营销活动进行推广。
- **清理阶段**：通过打折或特卖清理库存，减少滞销品积压。

系统需要灵活处理商品在各生命周期状态间的切换，保障数据准确和业务流畅。

9.3.3 消费者端与商家端的需求叠加

零售商品系统既要满足消费者端的个性化需求，又要支撑商家端的高效运营：

- **消费者端**：追求便捷的用户体验，包括商品浏览友好、搜索精准、推荐个性化。
- **商家端**：注重批量操作与效率提升，如快速调整库存、优化营销选品及采购配送等便捷操作。

在设计商品管理系统时，如何平衡消费者体验与商家效率，既提升系统的易用性，又保证功能的专业性，是一大挑战。

9.3.4 连锁多组织管理

对于零售连锁企业，商品管理系统需要支持跨区域、跨门店的复杂管理。例如：

- **数据同步**：不同门店的商品信息可以设置不同的商品价格策略，但商品基础信息需要保持一致，并及时同步与更新。
- **权限管理**：区域管理者只能查看所属门店的数据，而总部则需具备全局权限。

系统既要确保区域间的数据隔离，又要支持跨门店的协同操作，这对商品管理系统的架构设计提出了更高的要求。

商品管理系统设计需要应对行业差异化需求、复杂的业务场景、多端用户的叠加需求，以及连锁商家的多组织管理。这些挑战要求系统在架构上具备高度的灵活性、扩展性，为零售企业提供强大的数据支撑与业务支持。

9.4 商品概念模型设计

在深入理解商品管理系统设计面临的挑战后，我们将全面探讨商品概念模型的设计。

优秀的商品概念模型应具备充分的灵活性和抽象性，以适应不同行业的需求变化，并在系统升级或业务调整时，能最小化重构的工作量。

商品概念模型是商品管理系统的核心，图 9-2 为商品概念模型全景，整体来看，可以划分为三个关键部分：

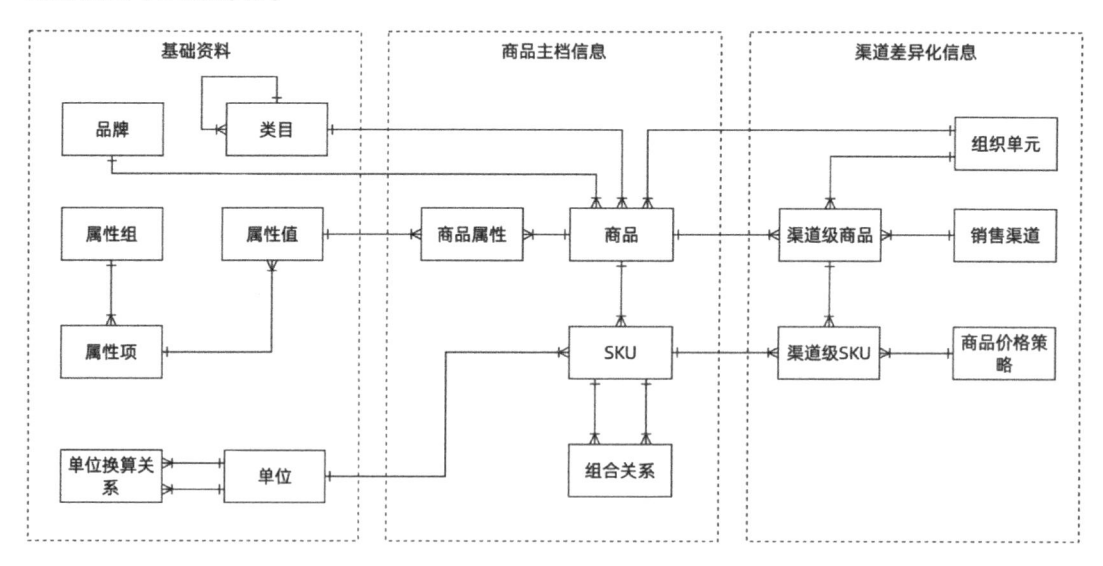

图 9-2 商品概念模型全景

- 基础资料：用于定义和管理商品的基本要素，是商品的"元数据"。基础资料包括但不限于品牌、类目、属性库、单位等关键信息。通过标准化这些基础资料，可以确保整个系统中商品信息的一致性和标准化。
- 商品主档信息：这部分信息是商品的核心描述，包含关联的基础资料信息，以及商品的一些描述信息，例如名称、副标题、图片、编码、条码、商品描述、销售配置、供应链配置、财务配置等。
- **渠道差异化信息**：在全渠道零售环境中，这部分信息非常重要，它可以针对不同渠道提供个性化配置，例如渠道特定的价格、销售配置等。

9.4.1 基础资料

接下来，我们将详细介绍商品管理系统的基础资料。它包括商品类目、属性库和多单位等重要组成部分，这些元素共同构建了商品的基本框架。

1. 商品类目

商品类目是一种系统化的分类方法，用于组织和管理各种商品。它为商品提供了一个层次化的结构，使商品能够被有效地归类、检索和管理。

商品类目通常采用树状结构，从顶层的大类逐步细分到具体的小类。每个层级都代表了商品的不同特征或属性。合理的类目管理能显著提升商品管理效率：

- **对于消费者**：类目导航优化了商品被发现的路径，让用户能快速找到目标商品。
- **对于商家**：类目为商品提供了标准化的组织方式，帮助运营人员快速筛选、定位商品，支持库存管理和销售分析等操作。

商品类目通常分为前台类目和后台类目，以满足消费者和商家的不同需求。

前台类目面向消费者，优化了商品浏览和搜索体验，其核心特征是具有较高的灵活性，根据消费者购物习惯、促销活动和市场趋势动态调整，如图 9-3 所示。

通过这样的调整，前台类目能够快速响应市场需求，提升消费者购物体验和转化率。

后台类目主要服务于商家，为商品管理和数据分析提供稳定的框架。与前台类目的灵活性不同，后台类目的结构相对固定，变更频率低。例如，按类目统计某一季度的商品销售额；通过后台类目筛选滞销商品，制定清库存策略。

2. 属性库

属性库通过集中化管理，为商品搜索、分类和分析提供了坚实的基础，同时简化了复杂商品属性的维护流程。

图 9-3 消费者视角的前台类目

商品属性又被称为产品属性、商品参数，是产品本身固有的特征。

不同行业的商品，差异非常大。根据使用目的、用途的不同，演化出各式各样的属性，有的用于展示，有的用于分析，有的用于经营管控。下面根据商品属性不同的分类法，逐一展开描述：

- 描述属性：包括商品名称、商品描述、规格、型号、产地、等级、生产厂商、商品图片等。这些属性主要用于向消费者展示商品的基本信息。
- 统计属性：品牌、类目、系列、款式、适用人群、适用年龄等。这类属性为商品的数据统计和分析提供依据，例如统计某品牌的月销售额。
- 考核属性：一般用于组织业绩考核。例如，基于品牌、分类或系列统计的销售额，用于评估部门或员工的业绩。
- 物流属性：长、宽、高、净重、毛重、重量单位等。这些属性影响配送成本和仓储规划。例如，大件商品需要特殊的仓储和配送方案。
- 管控属性：是否为季节性商品、是否有保险、是否支持配送、是否支持打折、是否保质期管控、是否串码管理等。这类属性为运营管控提供支持，例如控制保质期商品的销售策略。
- 销售渠道属性：针对不同销售渠道的特殊属性。例如，美团、饿了么平台上商品的最小购买数量或平台分类。
- 规格属性：该属性是组成 SKU（Stock Keeping Unit）的特殊属性，直接影响 SKU 的生成，例如衣服的颜色、尺寸等。这类属性不仅影响消费者购买决策，也直接关系到商家的库存管理。

为了避免属性被重复创建，同时提高管理效率和数据一致性，通常会建立一个统一的属性库。

属性库由三部分组成：属性组、属性项、属性值。

- 属性组：顶层分类，用于按属性的共性特征管理属性。例如，手机的属性组可包括"外观属性"（颜色、材质）和"性能属性"（处理器、运行内存）。
- 属性项：具体的属性名，用于定义商品的某个特征，例如颜色、尺码、口味等。
- 属性值：属性的具体内容，例如"颜色"的值为红色、绿色、蓝色等。

3. 多单位

在零售场景中，不同消费者对商品的计量需求千差万别。例如，消费者希望按瓶购买饮料，而企业客户则希望按整箱下单。多单位功能为这一需求提供了灵活的解决方案。

这种灵活性体现在多个方面：

- 销售多样性：例如，一种饮料既可以按瓶购买，也可以按整箱（含多瓶）购买。
- 库存精确管理：商家可以同时跟踪单品和批量单位的库存，提高库存管理的精确度。
- 定价策略优化：可以为不同单位设置不同价格，如单瓶价格和整箱优惠价，以此刺激消费。
- 物流效率提升：支持按不同单位发货，优化仓储和配送流程。

在实现层面，多单位功能需要以下概念模型支持：

- 单位：商品的计量标准，如件、盒、瓶、公斤等。多单位功能允许一个 SKU 支持多种计量方式。
- 单位转换关系：为每种商品定义单位间的转换关系（如 1 箱=12 瓶），并在库存管理、物流发货中支持动态换算。

多单位功能不仅满足了不同消费者的购买需求，还为商家提供了更灵活的经营策略，同时简化了库存管理流程，提高了整体运营效率。

9.4.2 商品主档信息

在介绍完商品系统的基础资料后，我们将深入探讨商品主档信息。

1. 商品

商品指商家在零售环境中提供的具体产品或服务，旨在满足消费者的多样化需求。例如，在服装行业，一件商品可能有多种颜色和尺码的规格供消费者选择；而在生鲜行业，商品可能按照重量或数量进行销售。

商品的多样性不仅体现在种类上，还体现在规格和属性特征上，这些共同构成了商品在零售系统中的完整定义。

2. SKU

SKU 是库存量单位，也被称为最小库存单元，是库存管理的基本单位。

SKU 明确定义了具体商品的规格属性值。例如，iPhone 16 这款商品的关键规格包括颜色（群青色、深青色、粉色、白色、黑色）和容量（128 GB、256 GB、512 GB），可以组合出 5×3=15 个 SKU。

之所以称其为"最小库存单元"，因为 SKU 是库存管理中的实际管理对象。每个 SKU 都有明确的规格、价格、库存和条形码，是不可再细分的管理单位。无论是商品的采购、入库、销售、出库还是库存盘点，系统跟踪的对象都是 SKU。

3. 商品类型

在新零售业务中，商品种类繁多，为了更高效地管理商品数据，需要将商品进行类型划分。商品类型不仅影响库存管理和交易方式，也直接决定了消费者的购买体验。

- 实物商品：以有形实体存在，不能通过网络来传递，必须依赖传统的物流运输系统来传递。例如，鸡蛋、大米、手机等。
- 服务商品：能够实现交易的无形商品，无须物流参与就能完成交易。例如，话费充值服务、游戏点券、线上课程等。

- 组合商品：组合商品是由多个单独售卖的商品组成的捆绑销售商品。例如，下午茶套餐（包含咖啡、蛋糕、小食）、七夕美妆组合（包含口红、香水、护肤品）等。
- 多规格商品：多规格商品是由多个 SKU 组成的商品集合，消费者只能选择其中一个 SKU。以 iPhone 16 为例，关键规格有颜色（群青色、深青色、粉色、白色、黑色）、容量（128 GB、256 GB、512 GB），消费者选中了"黑色 128 GB 的 iPhone 16"进行下单。

4. 商品状态

商品状态是商品生命周期管理的核心，贯穿商品从创建到退市的全过程。在新零售系统中，商品状态用于标识商品在业务流程中的具体阶段，不同的状态对应不同的管理和运营策略。

商品的生命周期状态包括建档、新品、正常、预淘汰、淘汰、清理、待归档。

- **建档**：商品信息初次录入系统，完成基础数据的创建，包括名称、类目、品牌、规格和价格等。这一阶段的商品尚未对外展示，仅供内部审核和信息完善，确保商品上线前具备完整的基础信息。
- **新品**：商品审核通过并正式上线，进入市场的初期阶段。此时通常会通过新品标签、首页推荐等方式进行重点推广，并配合首发折扣或赠品活动，吸引消费者关注。
- **正常**：商品进入稳定销售阶段，成为商家常规运营的一部分。此状态下的商品以正常定价销售，同时可能参与常规促销活动（如满减、限时折扣），以维持销量。
- **预淘汰**：商品销量下降或市场需求减弱，逐步退出核心销售渠道。在此阶段，商家减少库存补货，并通过特定促销活动（如清仓折扣）加速库存清理。
- **淘汰**：商品已停止销售，但库存尚未完全清理完毕。此状态的商品通常从前台下架，仅通过特定渠道（如线下门店或促销专区）进行有限销售，直至库存耗尽。
- **清理**：商品进入最终清仓阶段，彻底准备退市。商家集中处理剩余库存，通过降价促销、库存转移或销毁计划等手段清空库存，确保资源优化配置。
- **待归档**：商品生命周期结束，进入历史归档阶段。在此状态下，商品不可编辑或销售，但其数据被保留，用于查询和分析历史销售记录，为业务决策提供数据支持。

9.4.3 渠道差异化信息

在全渠道零售环境中，不同销售渠道的用户特征和需求各异。商家需要通过渠道差异化策略，灵活调整商品展示、价格体系及运营方式，这样才能更高效地满足消费者需求。

1. 渠道级商品与 SKU 管理

为适应多渠道需求，新零售体系采用多层次的商品管理结构：

- **商品库**：作为商品信息的主数据，集中存储和管理所有商品数据，确保信息的一致性。
- **渠道级商品**：针对不同渠道（如微信商城、美团外卖、饿了么外卖、抖音、小红书等渠道）设置商品差异化信息。

2. 多维度商品价格策略

渠道差异化管理的核心在于灵活的定价策略，通过多维度的价格体系满足不同场景的需求：

- **指导价**：厂商建议的零售价格，为商家提供定价参考。
- **渠道价格**：根据渠道特性制定差异化定价，如外卖平台因配送成本较高，售价通常高于线下门店。
- **日历价格**：针对不同时间段制定动态定价策略，例如早餐时段的特价优惠。
- **成本价**：精确到 SKU 的单品成本，作为统计利润的基础依据。

3. 渠道差异化的其他关键信息

- **渠道销售状态**：控制商品的上下架状态。例如，某商品可能仅在特定平台渠道展示，而在其他平台隐藏。
- **配送方式**：支持快递、同城配送、自提等多种方式。例如，社区团购用户更倾向于自提，而电商用户更依赖快递配送。
- **其他销售设置**：设置购买数量上限、销售时段等规则。例如，通过限定销售时段实现高峰期促销，或者设定单次购买数量上限以避免库存被抢购。

9.5 商品模型应用场景示例

9.5.1 多规格商品

1. 什么是多规格商品

多规格商品是指同一款商品具有多个不同的规格或属性,例如颜色、尺寸、材质、容量等。这些规格使得商品能够满足不同消费者的偏好和需求。在新零售系统中,多规格商品通常会以一个商品条目展示,消费者可以在购买时选择自己需要的规格组合。

例如,一件 T 恤有不同的颜色(红色、蓝色、黑色)和尺寸(S、M、L、XL);一款手机有不同的存储容量(128 GB、256 GB)和颜色(白色、黑色、金色)。

2. 为什么需要多规格商品

1)简化商品管理

多规格商品的 SKU 包含大部分相同信息,如品牌、名称、商品详情等。商品详情通常包含大量图片、文字和视频,占用了大量的存储空间。

多规格商品允许多个 SKU 共享同一份详情描述,显著减少数据冗余。这种方法只需存储一份与多规格商品关联的详情描述,即可满足所有相关 SKU 的需求。

这种方法大大降低了管理成本。如果没有多规格商品概念,每个 SKU 都需单独管理,那么随着 SKU 数量增加,商家的工作量会成倍增长。

2)简化用户选品流程

多规格商品显著提高了用户浏览和选择商品的效率。如果没有多规格商品,那么每个 SKU 都会在商品列表中占据一个位置,导致用户需要在多个相似商品间来回切换,增加了用户的浏览负担。

多规格商品将所有规格整合到一个商品详情页中。用户只需点击一次即可查看所有可选规格,无须返回商品列表重新搜索。这种设计不仅节省了用户的时间和精力,还便于直接对比不同规格的价格和特性。

3. 多规格商品模型示例

还是以 iPhone 16 为例，图 9-4 为多规格商品 iPhone 16 的模型示例。

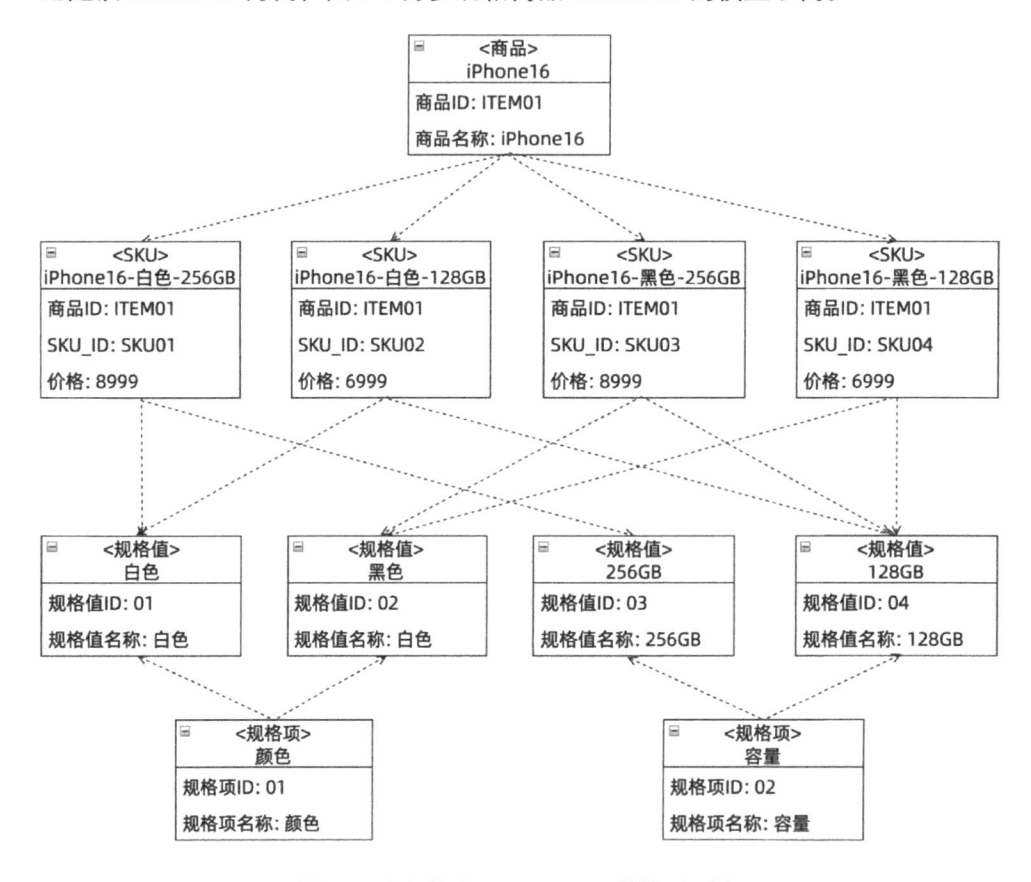

图 9-4　多规格商品 iPhone 16 的模型示例

9.5.2　组合商品

1. 为什么需要组合商品

1）提升销售额

通过捆绑商品，商家可以增加消费者的客单价，进而提升销售额。例如，组合销售下午茶套餐（包含咖啡、蛋糕、小食），比单独销售各项商品更能提升整体销售额。

2）优化库存

滞销商品可与热销商品捆绑销售，加速库存周转。例如，将清仓的耳机搭配热销的智能手机一同销售。

3）增强消费者价值感

组合商品通常附带折扣或优惠，为消费者带来更高的性价比体验。例如，七夕美妆礼包以优惠的组合价出售，让消费者感受到更高的购买价值。

2. 组合商品模型示例

以下午茶套餐为例，1 份下午茶套餐包含 1 杯咖啡、1 块蛋糕、2 份小食。图 9-5 为下午茶套餐的模型示例。

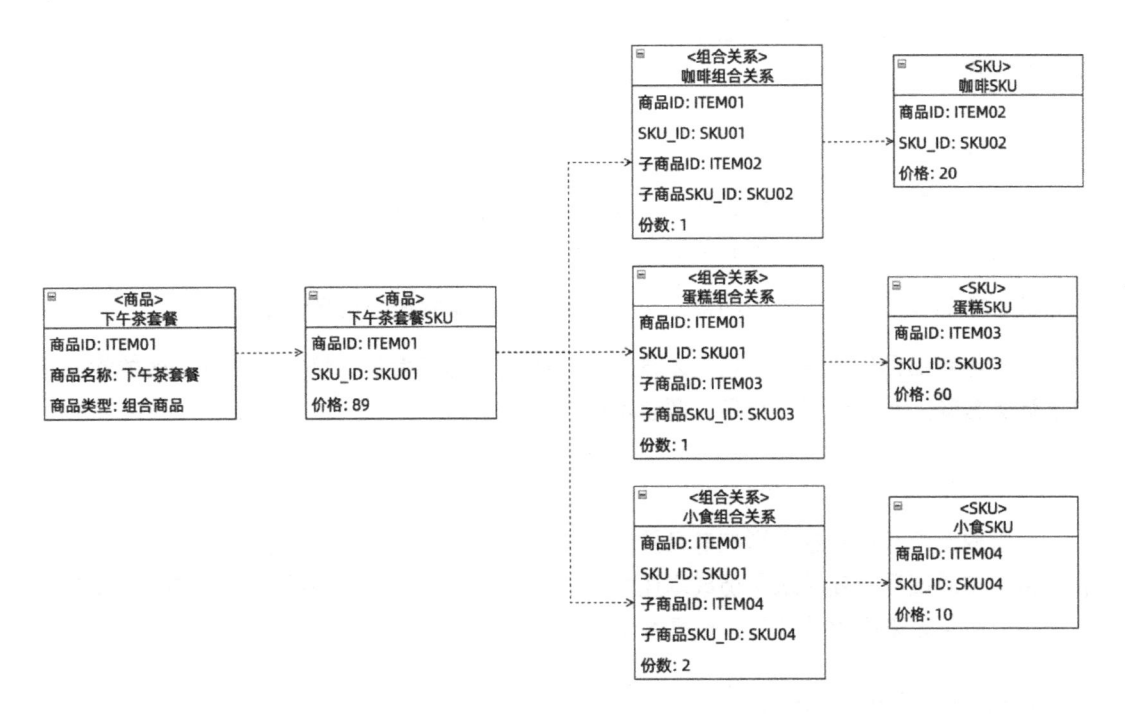

图 9-5 下午茶套餐的模型示例

9.5.3 连锁商品管理

1. 什么是连锁商品管理

连锁商品管理是一个系统性过程，涵盖商品生命周期的各个阶段。在连锁经营模式下，它对商品的采购、库存、配送、定价和销售进行统一规划、协调和优化，贯穿整个生命周期。

连锁经营的核心在于复制成功的单店盈利模式，而这一过程的关键在于标准化。标准化不仅确保了品牌的一致性，也为大规模复制提供了基础。

然而，标准化并非一刀切。为了适应不同的市场需求，连锁经营需要保持灵活性，既满足各门店的个性化经营需求，又维护各方利益，同时激发经营积极性。

2. 商品差异化管理的必要性

连锁经营的成功离不开商品差异化管理。这种管理方式能够满足不同市场的需求，提高经营效率。

1）市场环境的多样性

不同的地理位置、文化背景和市场竞争状况造就了商品需求的多样性。连锁企业在商品选品与规划时，通常区分核心商品和区域化商品。

核心商品在所有门店统一销售，旨在传递品牌形象并增强市场认知。

区域化商品则根据当地市场需求推出，以吸引目标消费者。例如，中国地区的肯德基供应粥类套餐、鸡肉米饭等商品，迎合本地饮食习惯。

2）门店定位与成本差异

门店的定位和运营成本影响商品策略的差异化。高租金区域的门店（如购物中心旗舰店）通常依赖高毛利商品来平衡成本压力。相比之下，低租金区域的门店（如社区超市）则采用低价策略来吸引消费者，提高客流量。

3）消费需求的多样性

消费者的购买力、偏好和购物行为导致商品需求的多样性。高端客群倾向于新品和品牌商品，注重购物体验，例如，生鲜商家在高端社区推广有机蔬菜和进口水果套餐，以满足高消费人群的需求。普通消费者则更关注性价比和优惠活动。

4）加盟商的差异化需求

在连锁体系中，加盟商基于各自的市场条件和资源情况，通常希望实施差异化的商品管理。这种需求源于以下几个方面：

- **本地市场特性**：各地区的消费者偏好、购买力和竞争环境存在差异，加盟商需要根据当地情况调整商品组合。
- **经营规模差异**：加盟商的经营规模各不相同，需要采取不同的商品策略，以匹配其库存容量和销售能力。
- **个性化经营理念**：每个加盟商可能拥有独特的经营理念和目标客群，这些因素会影响其商品选择和管理方式。

因此，连锁总部在维护品牌一致性的同时，也需要为加盟商提供适度的商品管理自主权，以实现整体效益的最大化。

3. 连锁商品模型示例

设计连锁商品模型时，需要同时满足以下两个关键目标：

- **统一管理**：实现商品在连锁体系下的集中管理，确保品牌一致性和运营效率。
- **灵活调整**：针对不同区域或加盟商的需求，允许商品策略的个性化调整，以适应多元化市场。

图 9-6 展示了连锁商品的模型示例。

首先，集团总部创建商品（如商品 A）。为简化示例，我们假定商品为单 SKU 商品。多规格商品和组合商品的处理逻辑类似，只需扩展规格和组合关系即可。

随后，集团总部将商品 A 发布到各门店的销售渠道，生成渠道级商品。例如，旗舰店的门店渠道商品 A 和社区店的外卖渠道商品 A。

每个渠道级商品可根据市场环境、门店定位和消费者习惯进行差异化调整。比如，设置不同的渠道价格或决定是否上架售卖。

加盟商在总部授权的基础上，拥有一定的商品管理权限。部分商品来自总部授权（如图 9-6 中的组织级商品 A），授权后可正常发布到销售渠道进行售卖。

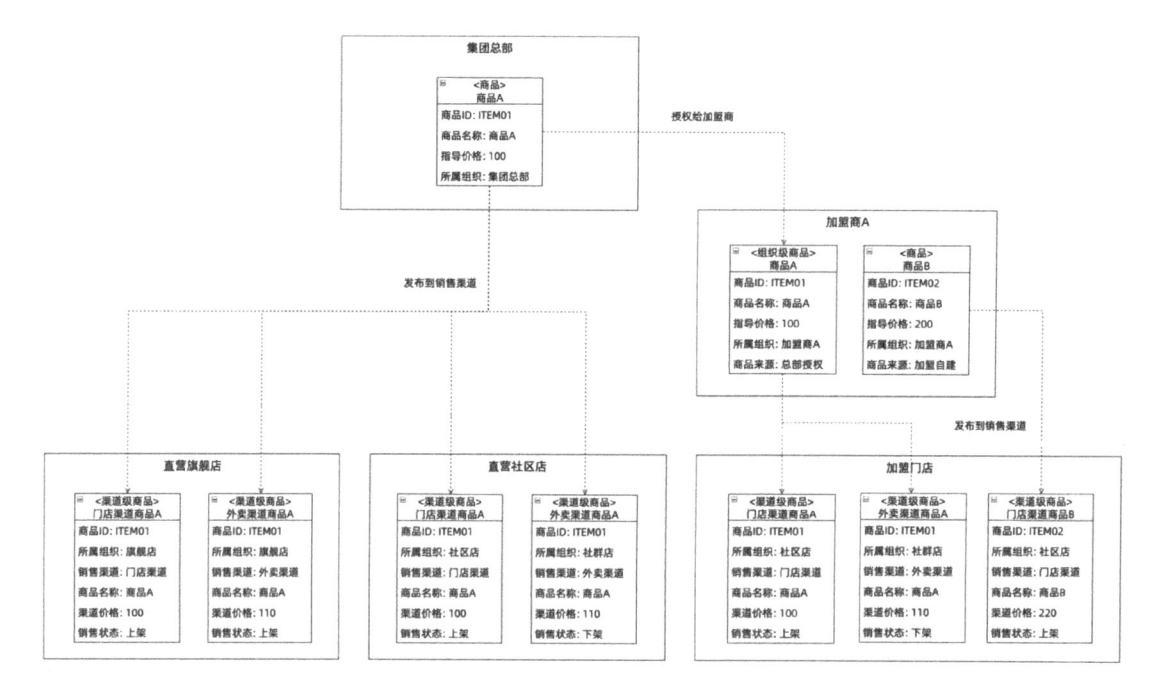

图 9-6 连锁商品模型示例

同时，加盟商可根据自身的经营理念和目标客群，自行创建商品（如商品 B），并发布至加盟门店的销售渠道。

9.6 应用架构设计

在了解了商品管理系统的概念和模型后，下面深入探讨其应用架构设计。

通过合理的架构分层，系统不仅能高效支持多样化的业务场景，还能确保复杂领域逻辑的稳定性和可扩展性。图 9-7 展示了商品管理系统的应用架构，其核心在于应用层和领域层的设计。

1. 应用层设计

应用层服务对应具有业务价值的场景用例，主要负责组合和编排领域层服务，处理各场景用例的执行顺序及组装返回结果。通过 API 网关，它向用户接口层提供服务。主要模块包括：

- 消费者端：展示商品信息（如详情、价格、库存），提供搜索、浏览、购买功能。
- 商品库管理：管理商品主档信息。
- 商品类别管理：管理分类体系，如前台类目、后台类目、品牌等。
- 属性管理：定义商品属性，如颜色、尺寸、材质等。
- 商品同步：总部向其他组织（如分店）同步商品信息。
- 渠道商品管理：管理不同销售渠道的商品信息，如线上商城、线下门店、第三方平台等。
- 开放 API：提供接口供外部系统访问商品信息和服务。

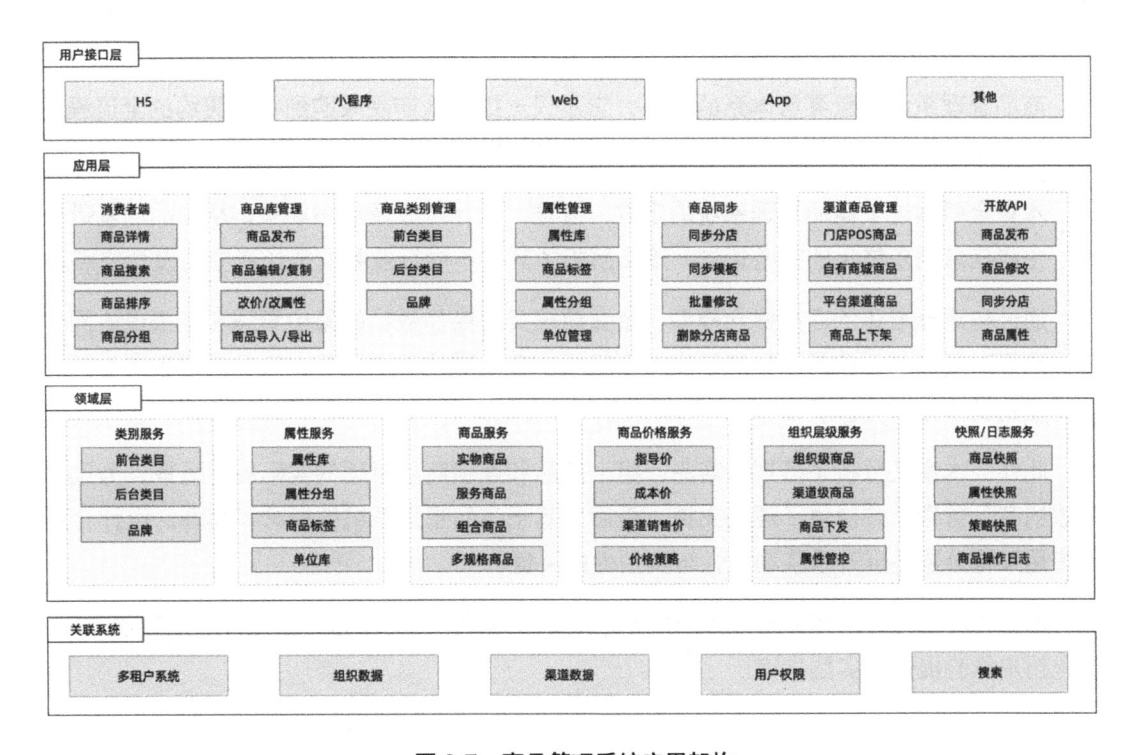

图 9-7　商品管理系统应用架构

2. 领域层设计

领域层是商品管理系统的核心，负责表达业务概念、状态和规则。它抽象并封装各领域模型中的复杂逻辑，定义以下关键模块：

- 类别服务：提供商品分类的核心逻辑和数据操作。

- 属性服务：管理商品属性模型，提供添加、修改、删除、查询等功能。
- 商品服务：处理商品核心业务逻辑，管理生命周期，包括创建、更新、查询和删除。
- 商品价格服务：负责定价策略和价格变动管理，提供设置、更新和查询服务。
- 组织层级服务：提供组织层级商品的查询和管理。
- 快照/日志服务：记录商品和价格的历史变更信息，提供系统操作跟踪。

9.7 本章小结

商品管理系统是新零售体系的核心，它不仅支撑了从商品采购到销售履约的全流程业务，还为企业高效运营和业务扩展提供了坚实的数据基础。

本章全面阐述了商品管理系统的定位、流程、设计挑战及应用场景，从商品的基础数据、主档信息到多样化的渠道管理，逐步解析了其在不同行业和业务场景中的设计要点。

通过构建标准化的商品概念模型，企业能够实现商品数据的集中管理和全渠道协同。无论是面对复杂的行业需求，还是支持多组织、多渠道的灵活运营，商品管理系统都需具备高度的抽象性和可扩展性。

此外，本章还分析了多规格商品、组合商品和连锁商品管理的实际应用场景，为设计高效的商品管理系统提供了理论支持。最后，基于商品管理系统的概念和模型，设计合理的应用架构分层是提升系统稳定性与灵活性的关键。

本章的内容为理解商品管理系统的全貌奠定了基础，也为零售企业提升商品管理效率、优化用户体验提供了实践指南。

第 10 章　中央库存系统

近年来，全渠道零售逐渐成为行业发展的主旋律。零售企业在全渠道模式下急需解决的核心问题是：如何通过线上与线下的深度协同，推动销售额增长、扩大会员规模、提升库存周转率。

库存管理是全渠道运营的关键要素，直接影响零售商的市场竞争力。在全渠道模式下，商家必须保持各销售渠道的库存水平，确保及时满足消费者购买需求。通过整合线上与线下的库存资源，企业能够充分利用门店库存，有效提高周转率。

10.1　中央库存系统概述

10.1.1　什么是库存

库存是企业为满足未来需求而储备的资源，通常指仓库中存放的货物。在新零售领域，绝大多数企业都需要管理实物库存，以确保商品正常销售。

库存不仅包括仓库里的商品，还涵盖实体店中的、运输途中的所有商品。它体现了企业对商品实物的控制能力。

在新零售信息系统中，库存被视为一个虚拟的数字，直接决定销售端的供给。库存管理与仓库密不可分，而仓库又与销售和采购紧密相关，库存的变化受到多种因素的影响。

10.1.2　中央库存系统的核心功能

中央库存系统是企业集中管理库存的核心平台。它整合了多个仓库、门店及销售渠道的库存信息，将分散的库存数据汇总到一个中心，实现实时同步、共享和分配库存数据，从而帮助企业降低库存成本、提升库存周转效率。其核心功能包括：

- **库存集中管理**：将各地仓库和门店的库存视为"一盘货"，实时监控库存数据和状态，确保信息及时同步。
- **全渠道库存共享**：对接各类销售渠道平台（如电商平台、商城小程序、门店 POS 等），实现跨渠道的库存共享和自动化运营。

10.2　库存管理面临的挑战

在全渠道零售模式下，库存管理的效率直接关系到商家运营的成败。

然而，线上与线下的深度融合带来了更多的复杂性，如果不能妥善应对，那么将对用户体验、销售效率和运营成本产生严重影响。以下是常见的库存管理面临的挑战。

1. 库存割裂引发消费者投诉

当线上和线下的库存数据未能有效整合时，特别是在促销期间，容易出现商品超卖的情况。

比如，在"双十一"期间，线上订单激增，如果门店库存未及时同步到线上系统，则消费者可能在付款后发现无法发货，导致大量投诉和退款请求。这直接损害了用户体验和品牌声誉。

2. 渠道分配不均导致资源浪费

渠道间库存分配不合理会导致两种极端情况：部分门店因缺货错失销售机会，而另一些地方却因库存过剩占用大量资金。

例如，核心商圈的门店需求旺盛但缺货，而偏远地区的仓库却堆满了滞销商品。这不仅浪费资源，还增加了企业的资金压力。

3. 数据更新延迟影响销售机会

如果库存数据更新不及时，则实际有货的商品可能被系统标记为缺货，阻止消费者下单。这种情况会让企业流失大量潜在订单，降低销售渠道的运营效率。

4. 数据孤岛降低供应链效率

各地的库存数据分散在独立的系统中，形成了"数据孤岛"。这使企业难以掌握全局的库存分布，增加了库存调拨和采购的复杂性，降低了供应链的整体效率。

比如，消费者下单后，如果系统无法快速匹配最近的仓库发货，就会导致物流成本上升、配送时间延长，影响消费者满意度。

10.3 中央库存管理的业务框架

在全渠道零售模式下，如何高效管理库存，避免因库存割裂导致的超卖或库存浪费？中央库存体系通过分层设计，灵活应对多仓、多渠道模式下的复杂业务需求，帮助商家实现库存利用最大化。

新零售商家通常会采用"平台电商+社交电商+本地生活平台+线下门店"的多渠道销售策略。

- **平台电商**：如天猫、京东等，为商家提供稳定的电商销售渠道。
- **社交电商**：运营微信的商城小程序，增强会员黏性，提高消费者忠诚度。
- **本地生活平台**：如美团、饿了么，为消费者提供便捷的外送到家服务。
- **线下门店**：实体店提供线下购物体验，同时可作为线上订单的配送和自提网点。

然而，这种模式的库存管理涉及多渠道、多仓库、多品类、多地域，业务复杂度极高。通过对库存管理进行分层，可以将复杂的问题分解为更小、更便于管理的部分。

中央库存体系通过分层设计，将库存管理划分为销售层、调度层、仓库层，以支持多样化的业务场景，如图 10-1 所示。

这样的三层设计带来了显著的管理优势：

1. 降低系统复杂性

销售层专注于订单交易流程，无须关注库存细节，只需实时获取可售库存，完成库存扣减和交易即可。调度层负责全局库存的统一调配，尽量找到最优的库存管理方案。仓库层专注仓库作业效率，确保实物库存的准确性与操作效率。

这种分层协作不仅有效降低了系统复杂性，还显著提升了整体管理效率。

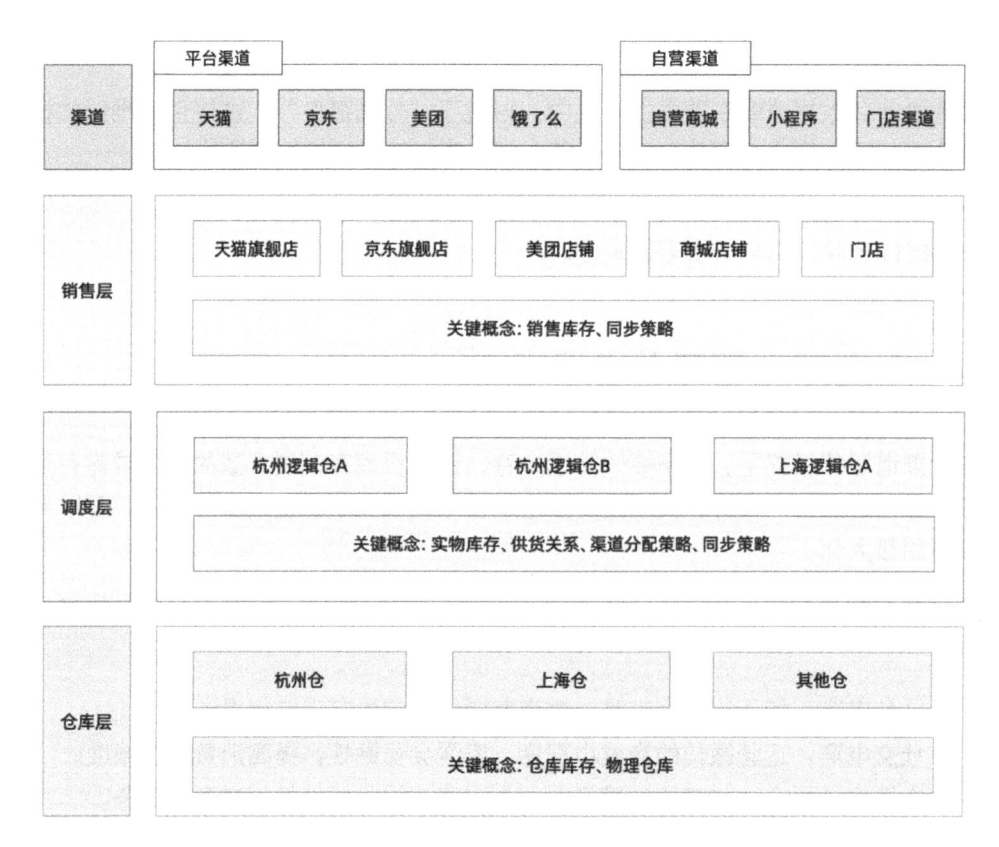

图 10-1　中央库存管理的分层设计

2. 提升系统扩展性

新增销售渠道变得更加简单，只需对接销售层，无须修改调度层和仓库层。促销活动和新品上市等变动也只需在销售层调整，不会影响系统的其他部分。

此外，系统支持灵活的仓库扩展与调整，新增或调整仓库只需在仓库层配置，调度层会自动适应这些变化。

10.4　库存管理系统流程

库存变动分为两个主要流向：自上而下和自下而上。这两个流向共同构成了库存管理的完整循环。

10.4.1 自上而下的变动流程

自上而下的库存变动是订单从生成到履约完成的关键流程,如图 10-2 所示。

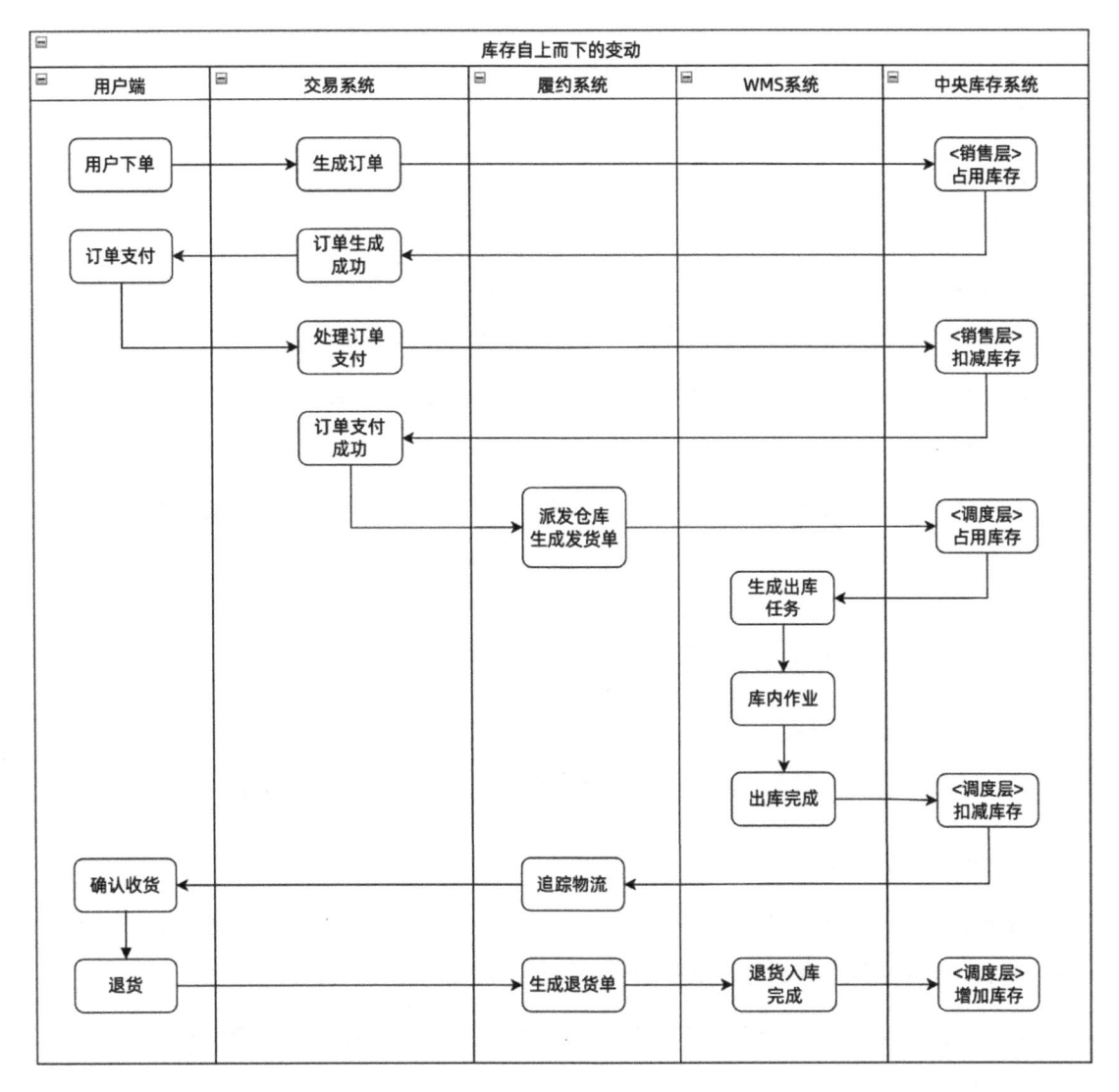

```
                    库存自上而下的变动
用户端      交易系统      履约系统      WMS系统      中央库存系统

用户下单 → 生成订单 ————————————————————→ <销售层>
                                                    占用库存
订单支付 ← 订单生成
            成功
    ↓
         处理订单 ————————————————————→ <销售层>
         支付                                        扣减库存
         订单支付
         成功
                    派发仓库 ————————→ <调度层>
                    生成发货单          占用库存
                                    ↓
                                 生成出库
                                 任务
                                    ↓
                                 库内作业
                                    ↓
                                 出库完成 → <调度层>
                                            扣减库存
确认收货 ← ———————— 追踪物流
    ↓
   退货 ————————→ 生成退货单 → 退货入库 → <调度层>
                              完成        增加库存
```

图 10-2 库存自上而下的变动流程

自上而下的库存管理流程可分为两大环节:

- **下单环节**:从用户提交订单到支付成功,包括库存的占用、释放与扣减。

- **履约环节**：从订单进入履约系统到商品配送完成，包括库存的实际出库、退换货处理。

当用户下单并生成订单后，交易系统会对销售层库存进行占用，以防止其他订单重复使用该库存。库存占用通常在订单生成时完成，而非购物车阶段。因为购物车中的库存占用可能导致库存长时间被锁定，影响其他用户的购买体验。

订单支付成功后，系统扣减对应库存，并将订单推送至履约系统。若支付超时或取消订单，则系统会释放已占用的库存，避免资源浪费。

履约环节涉及订单派发仓库、仓库作业和物流配送，是商品从仓库配送到用户手中的关键步骤。订单进入履约系统后，调度层会分配最优的发货仓库，并预占调度层库存。

仓库利用 WMS 系统执行出库作业，包括拣货、包装和出库操作，并同步更新仓库库存的数量和状态。

当用户对商品不满意时，可申请退货。履约系统会生成退货单，仓库随后生成退货入库单。商品通过质检后重新上架，相应库存随之增加。

10.4.2 自下而上的变动流程

自下而上的库存变动通常始于仓库的入库操作，这些仓库库存操作通过仓库层触发库存更新，并依次同步至调度层与销售层，最终反映在用户可见的库存数据中。

1. 仓库层库存同步

调度层的实物库存数据源自各个仓库，并随着仓库的各类操作实时更新和变动，如图 10-3 所示。仓库层的库存操作涉及多个业务环节，常见的库存操作类型包括：

- **增加库存**：采购入库、门店退货入库、配退入库、调拨入库、盘盈入库、其他入库。
- **减少库存**：销售出库、退厂出库、门店要货出库、调拨出库、盘亏出库、其他出库。

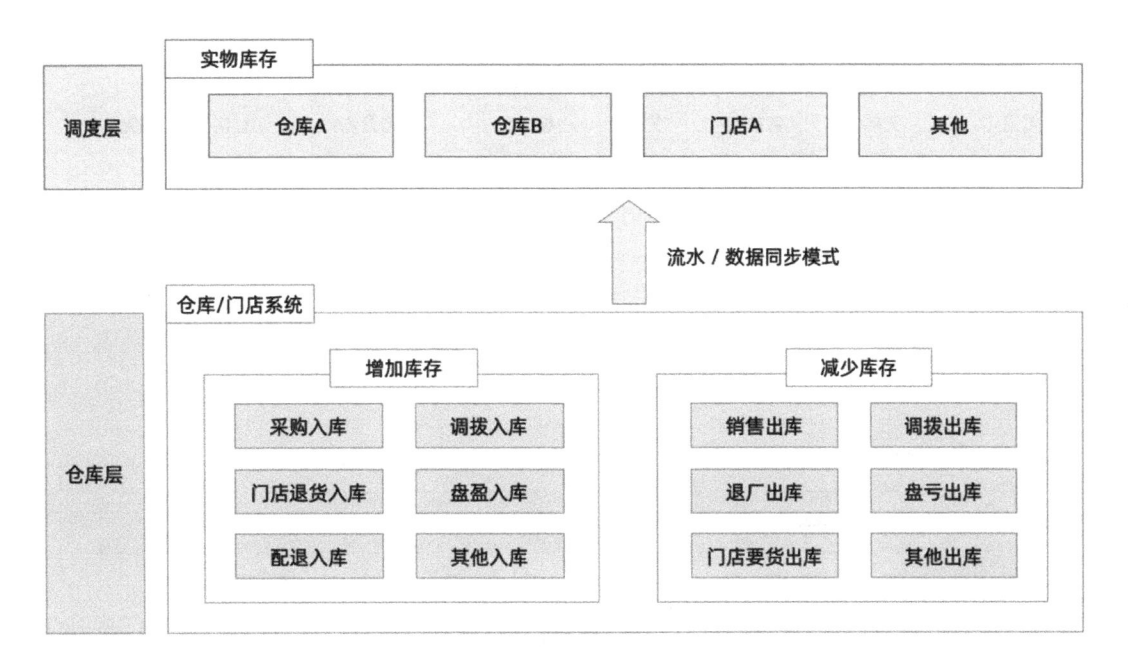

图 10-3 仓库层库存同步

库存同步机制主要分为两种不同的模式,每种模式都有其特定的应用场景和优势:

- **流水同步模式**:适用于内部系统打通,能够获取仓库/门店的库存流水,通过回传流水,变更调度层的实物库存数量。这样做的好处是,有很清晰的实物库存流水变更记录,便于追查到每次库存变化的明细,但需要做好幂等处理,避免重复同步导致库存数量变更出错。
- **数据同步模式**:适用于外部系统对接,一般获取不到详细的库存流水,通过商家后台或系统对接的方式同步库存实时数量。

2. 销售层库存同步

销售层库存同步如图 10-4 所示。

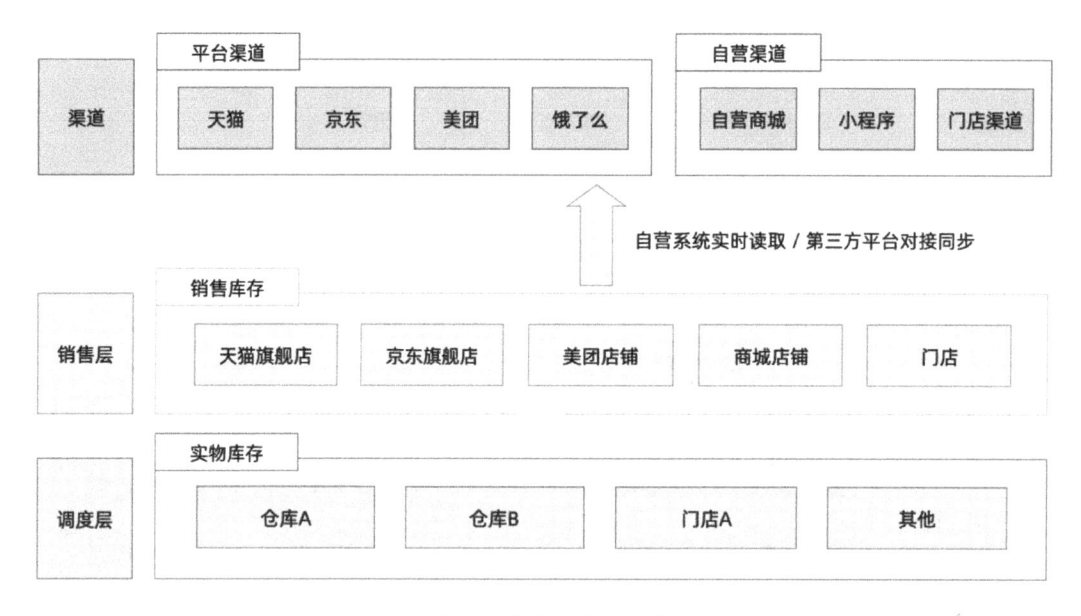

图 10-4 销售层库存同步

调度层与仓库层同步完成后，调度层会计算渠道库存并同步到各销售渠道供用户查看。根据不同渠道类型，渠道库存同步分为两种处理逻辑：

- 自营系统实时读取：如果自营渠道与库存系统是一体的，即一套系统，那么不需要过于复杂的库存同步逻辑，自营渠道直接读取中央库存系统的渠道库存即可。
- 第三方平台系统对接同步：像天猫旗舰店、京东旗舰店、美团店铺等，这些第三方平台系统属于外部系统，商家自身无法管控，就需要通过开放 API，向第三方平台同步渠道库存。

10.5 库存概念模型设计

前面讲解了库存的三层架构。接下来深入探讨库存概念模型设计，这是实现库存管理系统的基础，也是确保库存数据准确性和一致性的关键。

图 10-5 展示了库存概念模型设计。通过合理的概念模型设计，我们可以更好地支持库存管理的各项业务需求。

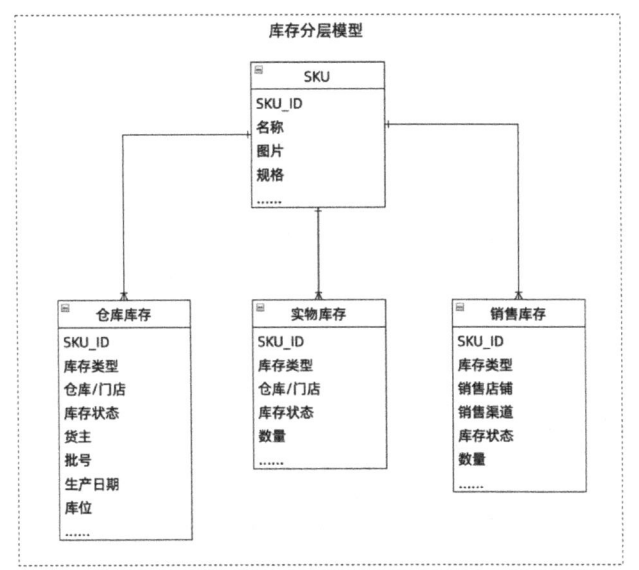

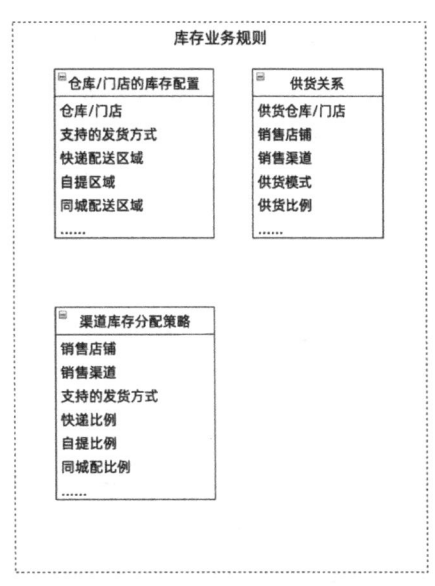

图 10-5 库存概念模型设计

10.5.1 仓库层

仓库层是实际存放和管理商品库存的层次，执行具体的仓储作业任务。它包括企业自营仓库、第三方物流仓库、线下门店的库存。

通常，仓库层通过仓库管理系统（WMS）、门店 POS 系统或 ERP 系统管理仓库库存的进销存，所有的库存变动均通过出入库单据完成。

仓库层的核心概念模型为仓库库存，由一系列核心属性描述：

- **货主**：货物所有权的拥有者，用于区分多货主环境下的库存归属。
- **仓库/门店**：存储货物的逻辑单元，与物理仓库不同，一个物理仓库可能包含多个逻辑仓库单元。
- **SKU_ID**：库存管理的最小单位，标识具体的商品及其规格。
- **批号**：用于区分每一批投料生产的商品，便于质量追溯。例如，在医药行业中，批号能用于快速定位并召回特定批次的商品。
- **生产日期**：标记成品生产的日期和时间，常用于管理保质期商品的库存。
- **库存状态**：描述库存在不同业务场景下的状态，例如：

- ➢ **可用**：可立即销售的库存。
  - ➢ **冻结**：因质检或特殊业务需要，暂不可用的库存。
  - ➢ **在途**：已从仓库发货，但尚未到达目的地的库存。
  - ➢ **不良品/废品**：因质量问题，暂不具备使用价值的库存。
- **库位**：指仓库中实际存放商品的具体位置，是库存管理的最小粒度。

10.5.2 调度层

在库存管理体系中，调度层是连接仓库层与业务层的关键桥梁，负责汇总各仓库和门店的库存状态，以支持全局库存的统一调配。

通过将调度层与仓库层分离，企业能够简化对库存细节的管理（如批号、库位等），专注于全局库存的汇总与调配。

这种解耦的设计提高了库存管理的灵活性和效率，特别适合全渠道业务场景中的动态库存分配。调度层的核心概念模型为实物库存，核心属性包括：

- **仓库/门店**：库存所在的逻辑单元。
- **SKU_ID**：具体商品及其规格。
- **库存状态**：包括可用、不可用、在途等状态，描述库存在不同业务场景下的状态。
- **在途库存**：指供应商已发货但尚未到库的库存。在一些场景中，为了避免缺货，企业可能将这部分库存计入可用实物库存中。例如，在促销期间，将部分在途库存提前上架商城销售，确保用户下单时有足够库存。
- **账面实物库存**：门店/仓库中实际存放的库存，只要是未出库的都算在账面实物库存中。
- **不可用实物库存**：指因质量检测、冻结或其他原因暂时不可销售的库存。例如，某批次商品因质检未通过，被标记为不可用实用库存。
- **预占实物库存**：订单提交并分仓成功后，对应仓库的库存会被预占，防止其他订单重复占用。订单取消或发货后，库存状态会相应调整。
- **可用实物库存**：可用实物库存是账面实物库存减去预占实物库存和不可用实物库存的剩余部分。

10.5.3 销售层

销售层是三层库存架构中的核心环节，负责管理各个销售渠道的库存分配与同步。通过精确的库存计算和灵活的分配策略，为销售渠道提供实时、可靠的库存服务，防止超卖，保障库存利用最大化。

1. 销售库存的核心属性

销售层的核心概念模型为销售库存，包含以下核心属性：

- **销售渠道**：包括自营商城、门店线下渠道，以及第三方平台（如天猫、京东、美团、饿了么）等。
- **销售店铺**：销售的具体店铺或门店。
- **发货方式**：库存支持的履约方式，如快递、同城配送、自提等。
- **配送区域**：因仓库覆盖范围不同，SKU 支持的配送区域也有所限制。
- **销售可用库存**：按照仓库/门店的供货关系和渠道分配策略，计算出汇总的可销售库存数量。订单支付成功后，会扣减销售可用库存。
- **预售库存**：在商品未到货时开启预售模式，提前售卖的库存。实物库存与预售库存是隔离开的，当实物到货后，预售库存统一转化为实物库存进行履约。
- **预占库存**：订单已提交但未支付之前，为了给消费者预留商品，会先预占商品库存，待支付以后再删除预占库存，扣减可用库存。若长时间未支付，则会取消订单，释放预占库存。
- **活动库存**：针对某些 SKU 做促销活动时，例如特价、秒杀活动，需要设置活动库存，可以从正常库存中预留部分库存，活动开始后释放预留库存。
- **可售库存**：可售库存=预售库存+销售可用库存 − 预占库存 − 活动库存。

2. 活动库存

在促销活动中，如何高效管理活动库存，避免库存超卖或分配不足？活动库存的处理是促销活动能否顺利进行的关键。以下是 2 种常见的处理方式：

1）共享库存

共享库存是指活动库存与普通商品库存共用，无论通过活动售出还是普通售出，均从同一个库存池中扣减。这种方式通常用于满减、满赠、满折等促销活动。

- **优点**：库存管理简单，适用于无须精确分配活动库存的场景。
- **缺点**：当普通商品销量过高时，可能影响活动商品的库存供给。

2）独占库存

独占库存是指活动库存与普通商品库存隔离。活动开始前，普通库存会转移一部分到活动库存。活动结束后，未售完的活动库存会返还普通库存。这种方式常用于秒杀、特价活动。

- **优点**：精确控制活动库存，避免出现活动库存不足的情况。
- **缺点**：管理较复杂，活动前需转换库存，结束后需归还库存，需要额外逻辑支持。

10.6 库存管理场景示例

本节将介绍几个典型的库存管理场景。这些场景涵盖了多仓供货、单仓给多店供货、门店全渠道库存共享及组合商品的库存处理等常见业务模式。通过这些具体案例，可以更好地理解库存模型的实际应用。

10.6.1 多仓供货场景

多仓供货是指将多个实体仓库或门店的库存整合，统一供应线上渠道。这种模式通过整合库存、就近发货，提升配送效率、降低成本，如图 10-6 所示。

在本案例中，门店 A 和门店 B 被设置为天猫旗舰店的供货来源。门店 A 拥有 100 件 iPhone 14 库存，而门店 B 拥有 50 件 iPhone 14 库存。通过库存整合，两家门店的库存被汇总为线上可售库存，总量为 150 件。

天猫旗舰店仅支持快递配送，系统设置了快递发货的最大分配比例为 80%。

根据这一规则，天猫渠道的最终库存为：150 件×80%=120 件。剩余 30 件库存被保留在门店中，可以用于线下销售或其他特殊场景。

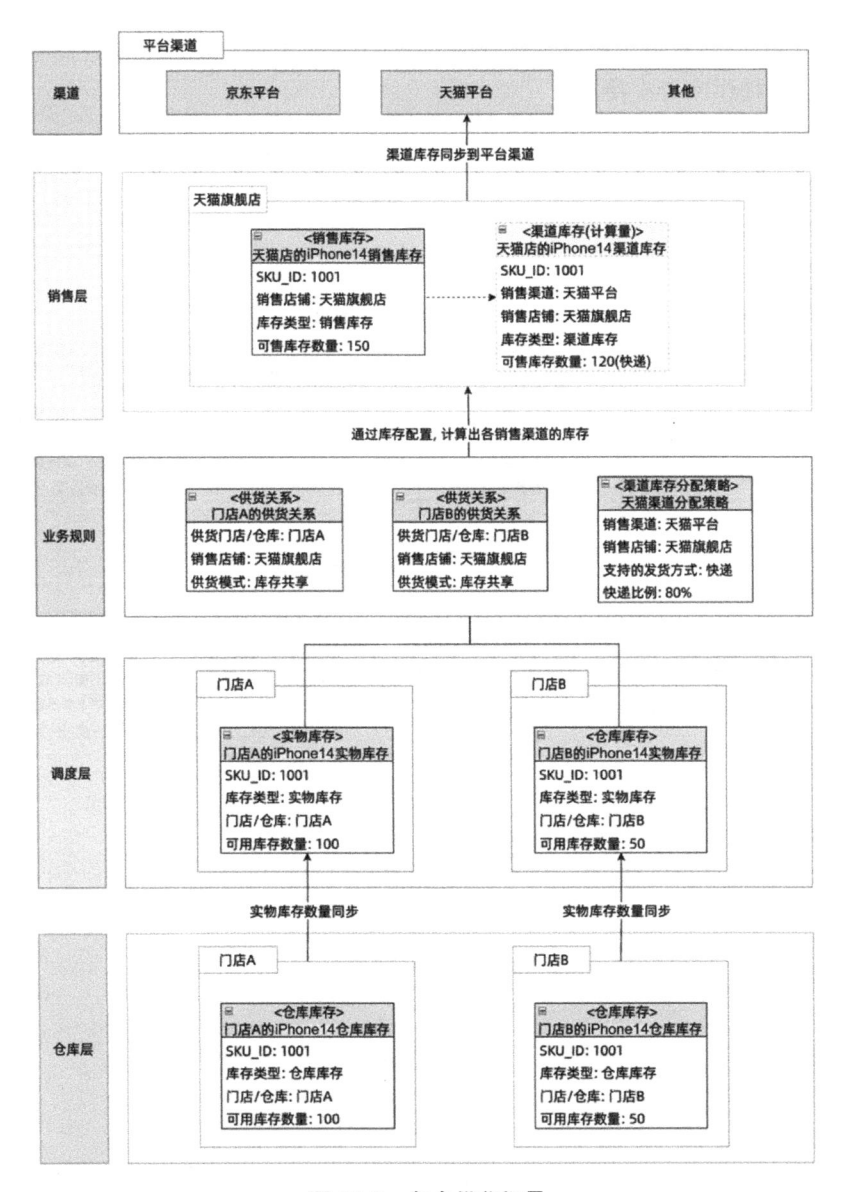

图 10-6　多仓供货场景

10.6.2　单仓给多店供货场景

单仓给多店供货场景是指一个仓库为多个销售渠道提供库存支持。

如图 10-7 所示，商家在电商平台运营中，以一个中央电商仓作为核心仓储与配送中心，为多个线上店铺提供库存支持。

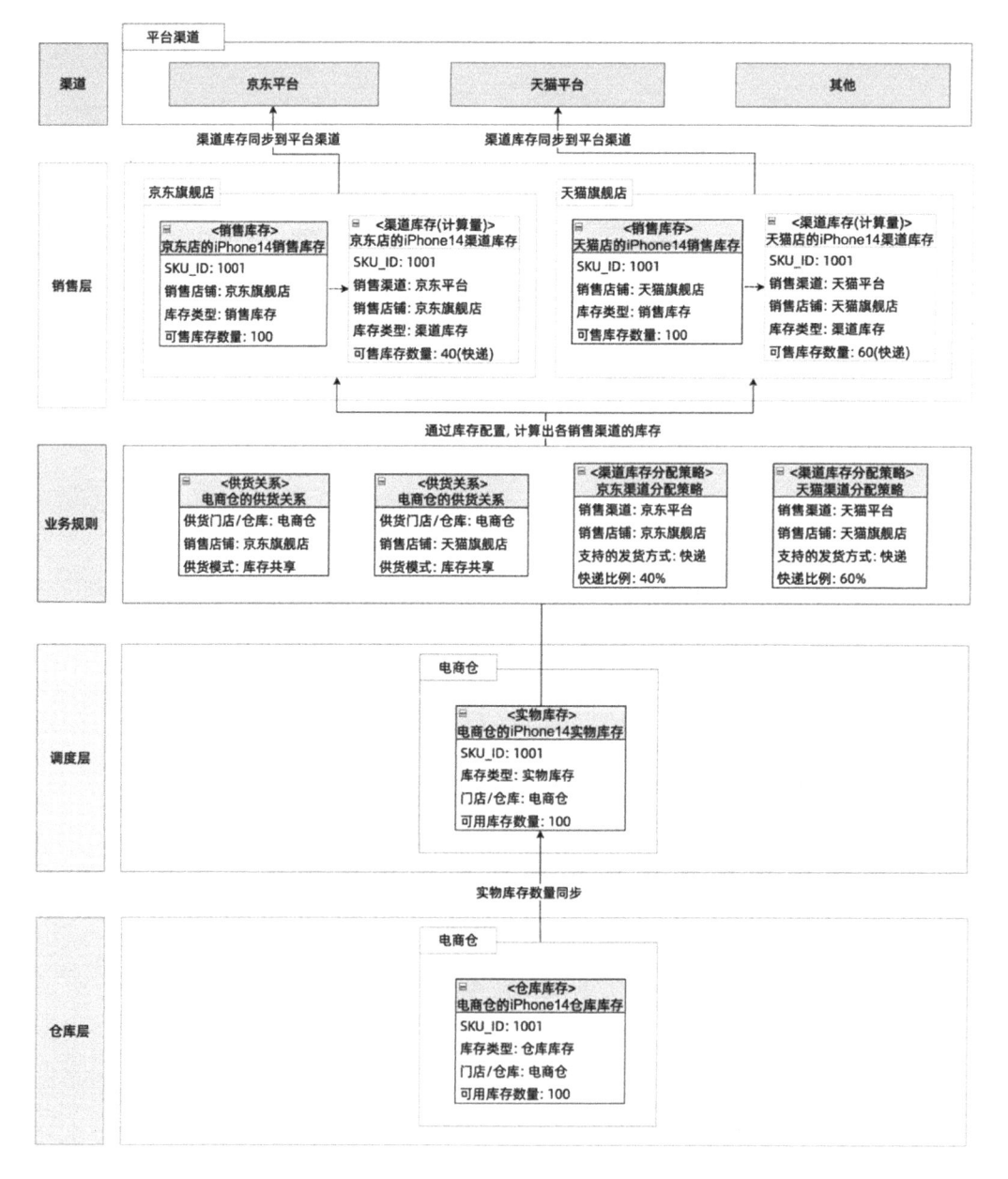

图 10-7　单仓给多店供货场景

以电商仓储备的 100 件 iPhone 14 为例，可采用按比例分配策略：假设天猫渠道的销量较好，分配 60%的库存；京东渠道分配 40%的库存，各自独立扣减。

这种策略的主要缺点是可能造成库存浪费。由于难以精准预测各渠道的销量，往往会出现某些渠道库存过剩而其他渠道库存不足的情况，错失销售机会，造成潜在损失。

另一种策略是库存共享，即多个渠道共用同一库存池。例如，100 件 iPhone 14 在各渠道的初始库存均显示为 100 件，当某一渠道售出后，系统自动同步更新所有渠道的库存数量。

但这种方案也存在缺陷：多渠道库存同步存在时间延迟，可能导致超卖问题。

为此，可以设置安全库存作为缓冲。例如，当实际库存为 100 件时，仅在各渠道上架 90 件，预留 10 件作为安全库存。

在单仓给多店供货场景中，商家需要在按比例分配、库存共享两种策略之间寻求平衡。通过引入安全库存机制，既可以提高库存利用率，又能有效降低同步延迟带来的超卖风险。

10.6.3 门店全渠道库存共享场景

在新零售模式下，如何实现线上/线下渠道的深度融合，最大化门店库存的利用率？门店全渠道库存共享模式通过整合线上/线下的库存资源，为企业提供了"一盘货"的解决方案。

受益于微信生态和小程序电商的高速发展，越来越多的门店开始打造线上小程序。小程序可以理解为门店的"线上货架"，通过小程序将门店商品展示给消费者。消费者无须到店即可浏览、下单，门店导购也可以通过小程序向会员推荐商品，实现高效转化。

如图 10-8 所示，门店 A 持有 100 份草莓蛋糕，通过全渠道库存共享模式，将库存整合为"一盘货"，同时在美团外卖、小程序、门店线下渠道进行售卖。

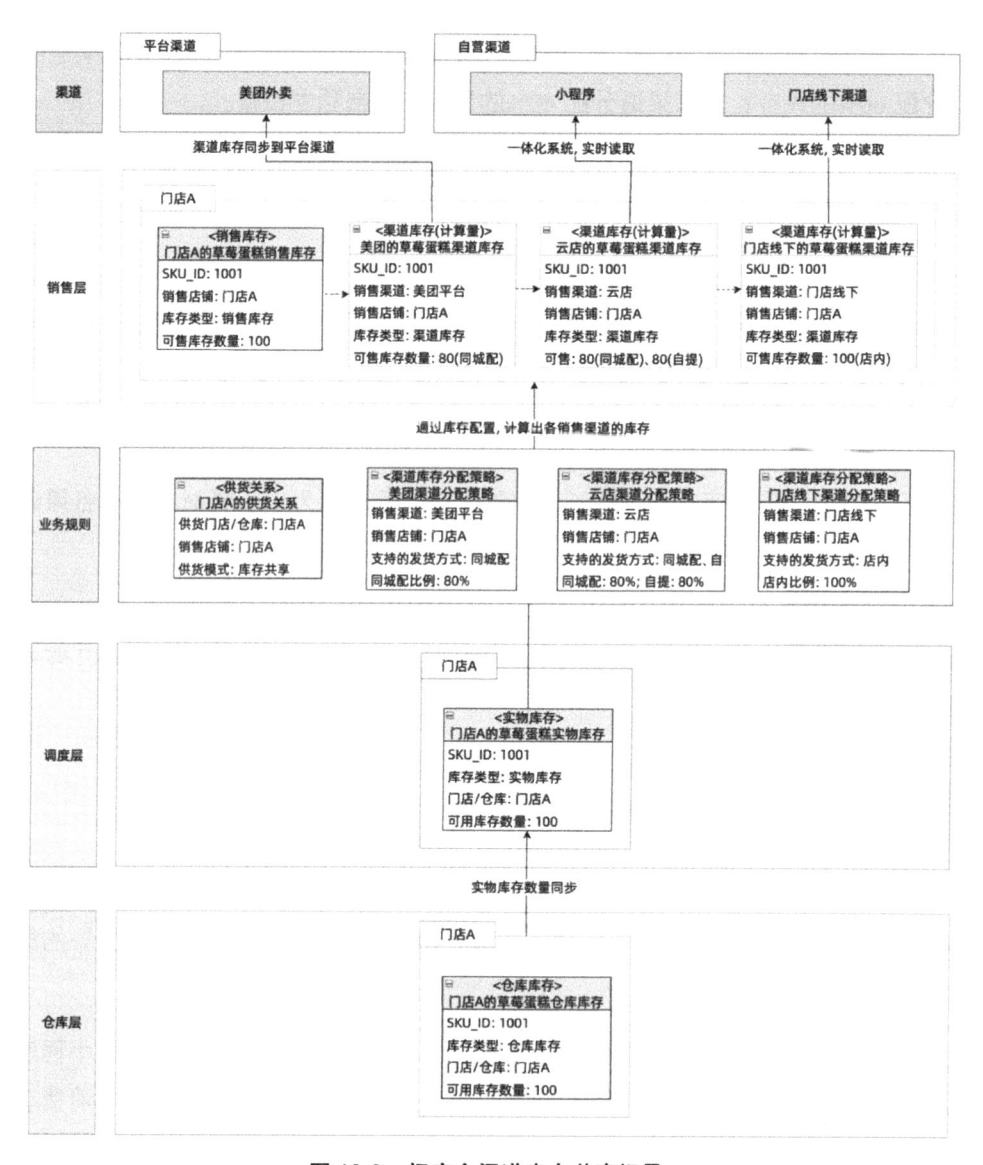

图 10-8 门店全渠道库存共享场景

10.6.4 组合商品的库存处理场景

在新零售业务中，组合商品是通过将多个单品捆绑为套餐形式销售的一种方式，如下午茶套餐、七夕美妆组合等。

这种商品形式能够提升消费者的购买意愿，但也对库存管理提出了更高的要求。

如图 10-9 所示，组合商品的库存管理主要在调度层完成，调度层根据子商品的库存数量和组合比例，计算组合商品的虚拟库存。例如，商品 A 的库存为 150 件，商品 B 的库存

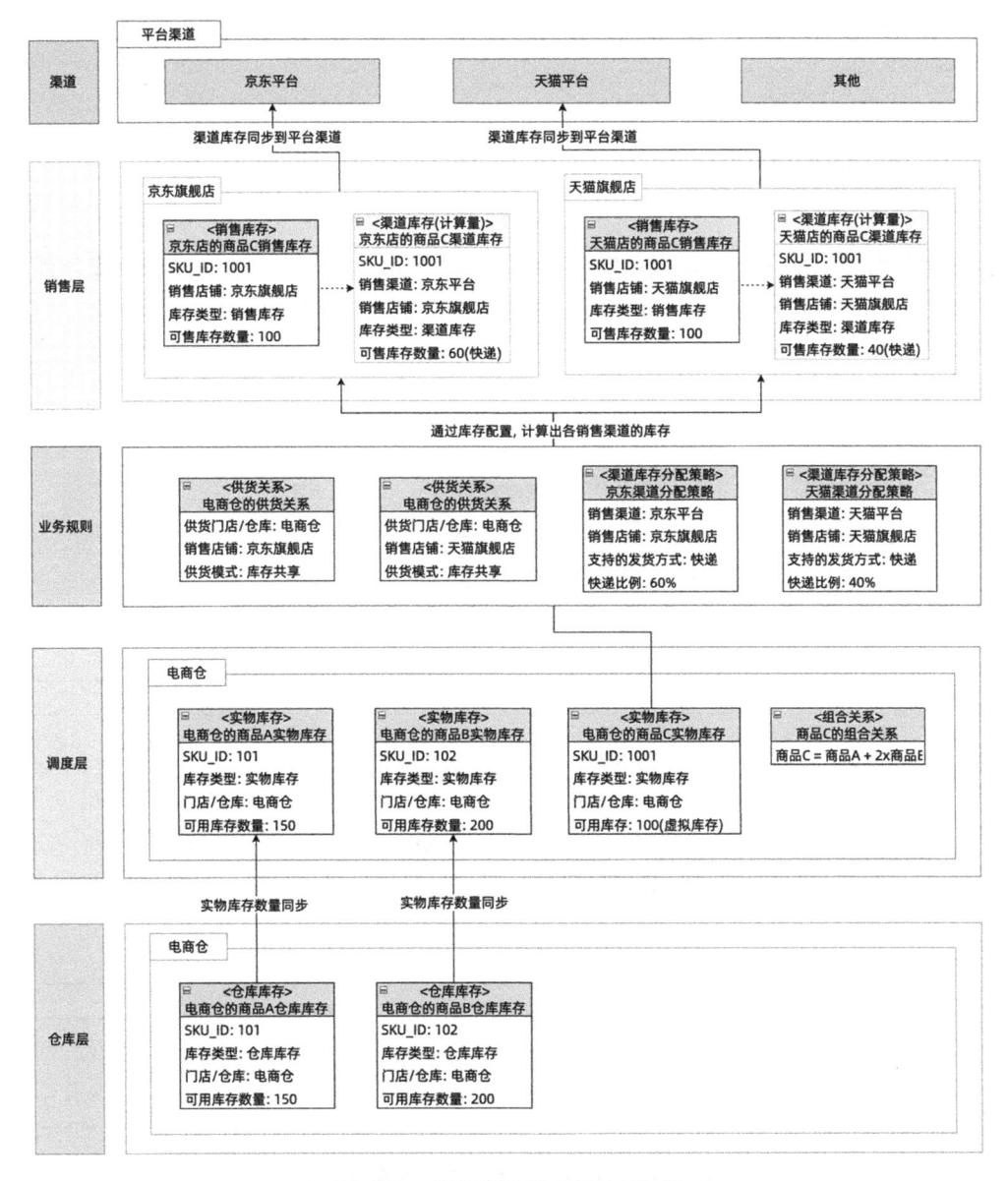

图 10-9　组合商品的库存处理场景

为 200 件，组合关系为 1 件商品 A+2 件商品 B。组合商品 C 的虚拟库存计算为：MIN(150/1, 200/2)=100 件。

当消费者下单购买组合商品 C 时，系统会根据组合商品的标识，锁定 1 件商品 A 和 2 件商品 B 的库存，防止其他订单重复使用。订单支付完成后，正式扣减子商品 A 和 B 的库存数量。

10.7　应用架构设计

前面我们介绍了几个典型的库存管理场景。接下来，让我们深入了解中央库存系统的应用架构。这套架构分为三层：应用层、领域层和对接层，如图 10-10 所示。

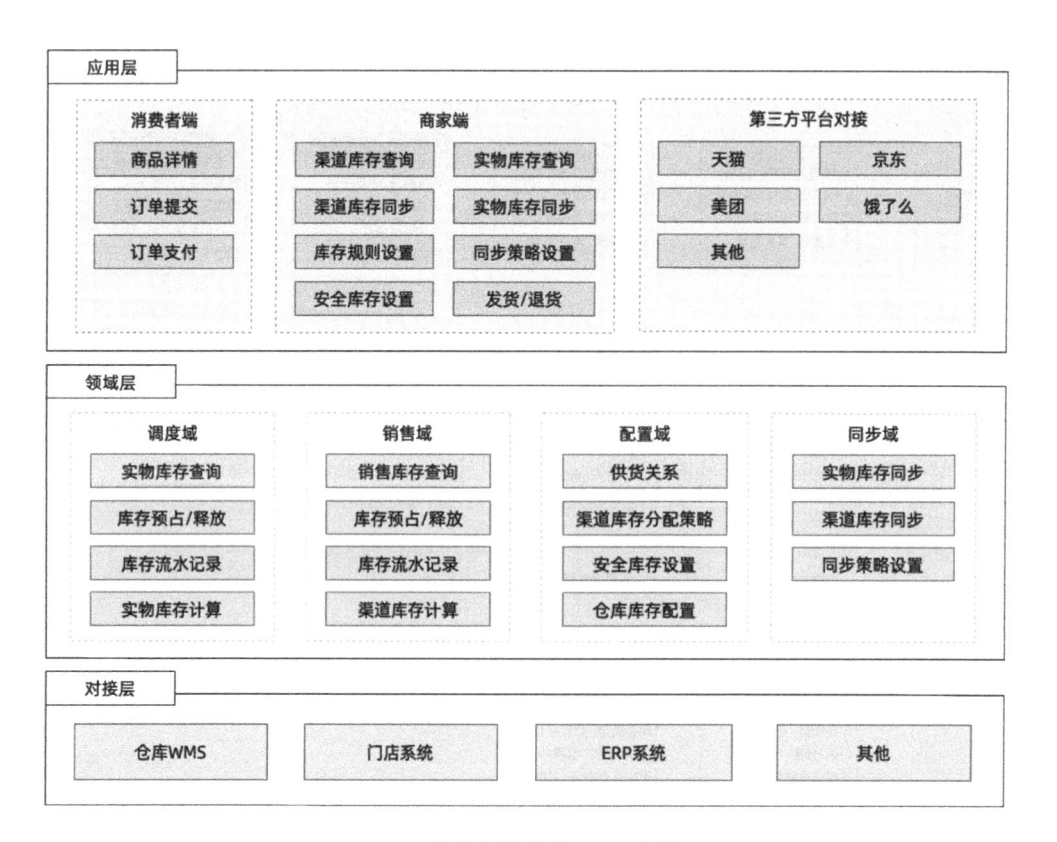

图 10-10　中央库存系统的应用架构设计

1. 应用层

应用层包含 3 个主要模块：

- 消费者端：负责处理与消费者直接相关的库存操作，包括商品详情页的库存展示、订单提交时的库存检查和占用、订单支付过程的库存扣减等操作。系统需要确保这些操作的实时性和准确性，为用户提供良好的购物体验。
- 商家端：提供全面的库存管理功能，包括多渠道库存的查询与同步、供货关系的配置、分配策略制定、安全库存的设置与调整、实物库存的实时查询与同步、库存同步策略的配置，以及发货和退货过程中的库存处理。
- 第三方平台对接：实现与主流平台渠道（如天猫、京东、美团、饿了么等）的库存数据对接，确保跨平台库存数据的准确同步和及时更新，支持全渠道销售策略的实施。该模块需要处理不同平台的接口规范和数据格式，确保库存信息的一致性。

2. 领域层

领域层包含 4 个核心功能模块，每个模块都承担着特定的库存管理职责：

- 调度域：负责实物库存的全生命周期管理，包括实时库存查询、库存预占与释放操作、完整的库存流水记录和追踪，以及基于业务规则的实物库存动态计算。该模块是确保库存准确性和可追溯性的基础。
- 销售域：专注于前端销售场景的库存管理，涵盖销售库存的实时查询、订单相关的库存预占和释放操作、详细的库存流水记录维护，以及针对不同销售渠道的库存计算逻辑实现。该模块直接支撑着销售环节的顺畅运行。
- 配置域：主要处理库存管理的策略和规则设置，包括供货关系的灵活配置、多渠道库存分配策略的制定、安全库存水平的设置，以及仓库库存的系统配置管理。该模块为库存管理提供了可配置的策略支持。
- 同步域：确保各系统间库存数据的一致性，负责实物库存和渠道库存的自上而下、自下而上的同步，并提供灵活的同步策略设置。该模块是维护全渠道库存数据准确性的关键。

3. 对接层

该层主要负责与各类仓储和门店系统的仓库库存数据的交互和同步。它通过标准化的接口协议，实现与仓库 WMS、门店 ERP 等系统的库存数据整合，确保了仓库库存数据在整个中央库存系统中的准确性和实时性。

10.8 本章小结

本章详细介绍了中央库存系统的设计与实现。首先阐述了全渠道零售背景下中央库存系统的重要性，并深入探讨了系统的核心功能和关键特性。

在库存管理流程方面，我们分析了自上而下和自下而上两个主要流向，展现了完整的库存管理闭环。

通过库存概念模型设计，我们深入探讨了支撑整个系统的核心数据结构。同时，我们分析了多仓供货、单仓给多店供货、门店全渠道库存共享和组合商品的库存处理等典型场景，展示了库存模型在实际应用中的解决方案。

在应用架构方面，我们介绍了系统的三层架构设计：应用层、领域层和对接层。

通过合理的库存管理策略和系统架构设计，中央库存系统能够帮助企业有效解决库存割裂、渠道分配不均和数据更新延迟等难题，显著提升了企业运营效率，为实现"一盘货"管理奠定了坚实的基础。

第 11 章 线上/线下交易系统

新零售业务涉及多个销售渠道，每个渠道都有其独特的业务特点，需要匹配相应的营销方式、运营策略。

主要销售渠道包括实体门店（包括直营连锁店、加盟门店）、电商平台（如淘宝、天猫、京东、拼多多等）、新兴的流量平台（如抖音、小红书、快手等短视频平台）、本地生活平台（如美团、饿了么）。

尽管新零售的销售渠道多样化，但其核心理念始终是以消费者为中心，致力于提供便利、优质且无缝的购物体验。

11.1 全渠道交易模式

线上与线下的无缝连接是全渠道交易的核心。消费者既可以在线上下单后，到门店取货或选择配送到家，也可以直接到店体验和消费，享受灵活的购物体验。

这种模式充分发挥了各渠道的独特优势。线上渠道提供了便捷的购物体验，线下渠道增强了消费者的信任感，两者相辅相成，满足了消费者的多样化需求。

当消费者在销售渠道完成交易后，商品可能分布在不同的仓储点或门店中。订单履约系统会根据预约时间和收货地址进行智能派单，优化配送路径，以最快的速度、最低的成本完成配送。

如图 11-1 所示，全渠道交易模式通过将多渠道与不同服务能力进行深度融合，既提升了企业的运营效率，又为消费者带来了更加丰富的购物体验。

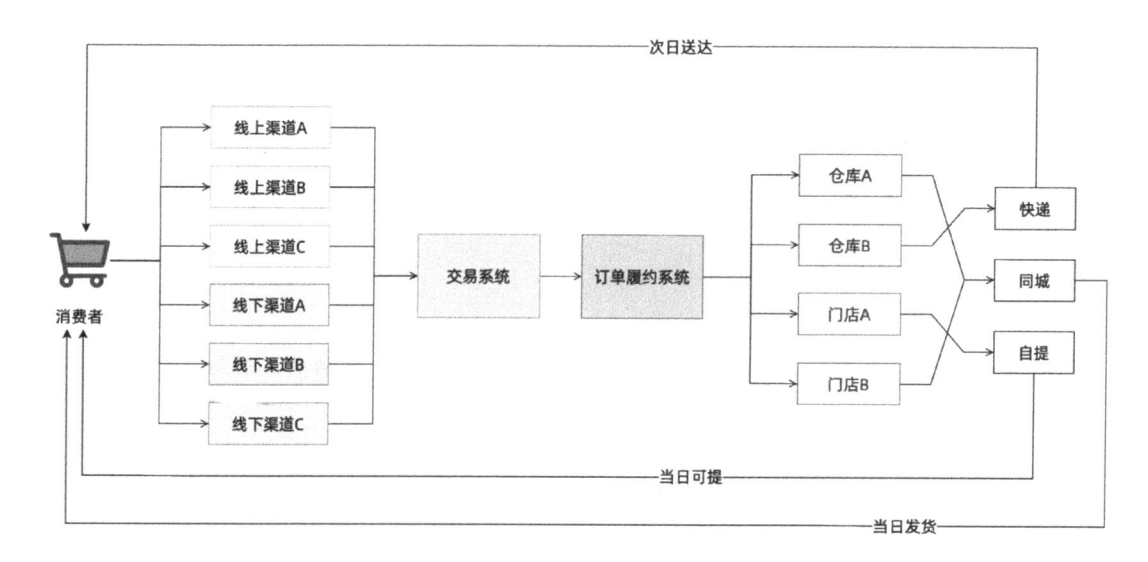

图 11-1　全渠道交易模式

11.2　线上/线下交易流程

线上交易流程涵盖了两个核心场景：

- 电商购物流程：让消费者能够随时随地在线选购商品，并通过快递完成物流配送。
- O2O（Online to Offline）购物流程：将线上订购与线下门店服务相结合。

线下交易流程主要以门店收银流程为核心，是实体门店运营中最基础、最关键的交易环节，涉及商品录入、价格计算、支付处理等一系列操作。

11.2.1　电商购物流程

电商购物流程完全在线上进行，为消费者提供便捷的购物体验，如图 11-2 所示。

电商购物流程的主要流程环节包括：

- 进店：用户通过搜索、分享链接、广告等入口访问电商店铺，浏览商品列表和详情页面，了解商品信息和价格。

```
┌─────────────────────────────────────────────────┐
│                  电商购物流程                     │
├───────────────┬──────────────┬──────────────────┤
│   消费者       │  订单履约系统  │      仓库        │
│                │                │                 │
│   ( 开始 )     │                │                 │
│      ↓         │                │                 │
│  [ 进店 ]      │  [ 接收订单 ]──┼──→[ 拣货 ]      │
│      ↓         │      ↓         │      ↓          │
│  [ 加购 ]      │  [ 订单拆单 ]  │  [ 打包 ]       │
│      ↓         │      ↓         │      ↓          │
│  [ 结算 ]      │  [ 订单派单 ]  │  [ 出库 ]       │
│      ↓         │      ↓         │      ↓          │
│ [提交订单      │─→[ 预占库存 ]  │ [ 物流配送 ]    │
│  并支付]       │                │                 │
│                │                │                 │
│ [确认收货]←────┼────────────────┼─────            │
│     ↓          │                │                 │
│  ( 结束 )      │                │                 │
└───────────────┴──────────────┴──────────────────┘
```

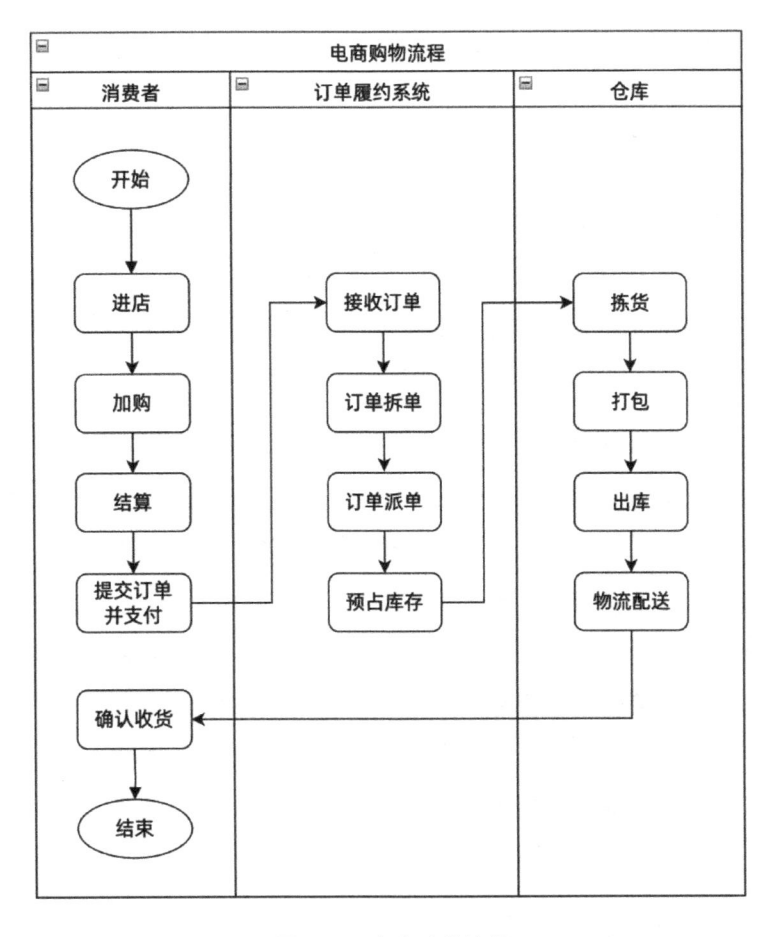

图 11-2　电商购物流程

- 加购：用户可以将选定的商品添加到购物车中暂存，便于统一结算，并可随时调整商品数量或删除商品。
- 结算：用户在购物车中确认购买的商品，选择配送方式，确认收货地址，使用优惠券或积分等，系统自动计算订单总金额。
- 提交订单并支付：确认订单信息后，用户提交订单，选择支付方式（如支付宝、微信支付、银行卡等）完成支付。
- 订单履约：系统收到订单后，进行订单拆单、订单派单和预占库存，将发货单下发给仓库，由仓库负责拣货、打包和出库。
- 物流配送：仓库将商品交付给物流公司进行配送，用户可实时查看物流信息和包裹位置。

- 确认收货：用户收到商品并确认其符合预期后，在系统中确认收货，完成交易。

11.2.2　O2O 购物流程

O2O 购物流程是一种将线上订购与线下服务相结合的购物模式。

消费者通过手机应用或小程序在线下单，然后选择到实体店自提，或由商家提供即时配送服务。这种模式特别适用于餐饮、生鲜等即时性需求强、配送半径有限的本地化商品和服务。

1. 为什么门店需要拓展线上渠道

传统实体门店的服务人群局限于周边 500 米以内的消费者，这严重限制了门店的发展潜力。因此，扩大服务范围、吸引更多消费者成为店家亟须解决的问题。

门店普遍面临消费者黏性不足的问题，消费者多为一次性购物，难以形成稳定的回头客群体。在当前市场环境下，建立并维护忠实的粉丝群体已成为商家的核心竞争力。

门店运营成本持续攀升，租金和人工支出不断上涨。同时，传统营销方式投入高、效果难以量化，往往无法达到预期目标。如何高效获客并提升销售业绩成为关键挑战。

随着网购日益普及，电商凭借便利性、价格优势和低成本的退换货服务，持续挤压实体门店的生存空间，给传统实体门店带来了巨大的竞争压力。

2. O2O 购物流程的主要环节

O2O 购物流程如图 11-3 所示。

O2O 购物流程包含以下主要环节：

- 基于 LBS 进店：用户通过手机应用或小程序，根据当前位置搜索附近门店，查看商品和营业时间，选择合适的门店购物。
- 加购：浏览门店商品列表，将所需商品添加到购物车。
- 选择外送/自提并结算：确认购物车中的商品后，选择到店自提或即时配送，系统根据选择计算配送费用。
- 提交订单并支付：确认订单信息和配送方式后，选择支付方式完成付款。
- 派单到门店：系统将订单信息推送至相应门店，门店确认接单。

- 门店备货：门店员工按订单准备商品，确保质量和数量无误。
- 自提或外送：自提订单用户凭取货码领取商品；外送订单由门店交付骑手配送。
- 确认收货：用户收到商品后检查状态，确认无误后在系统中完成收货操作，交易结束。

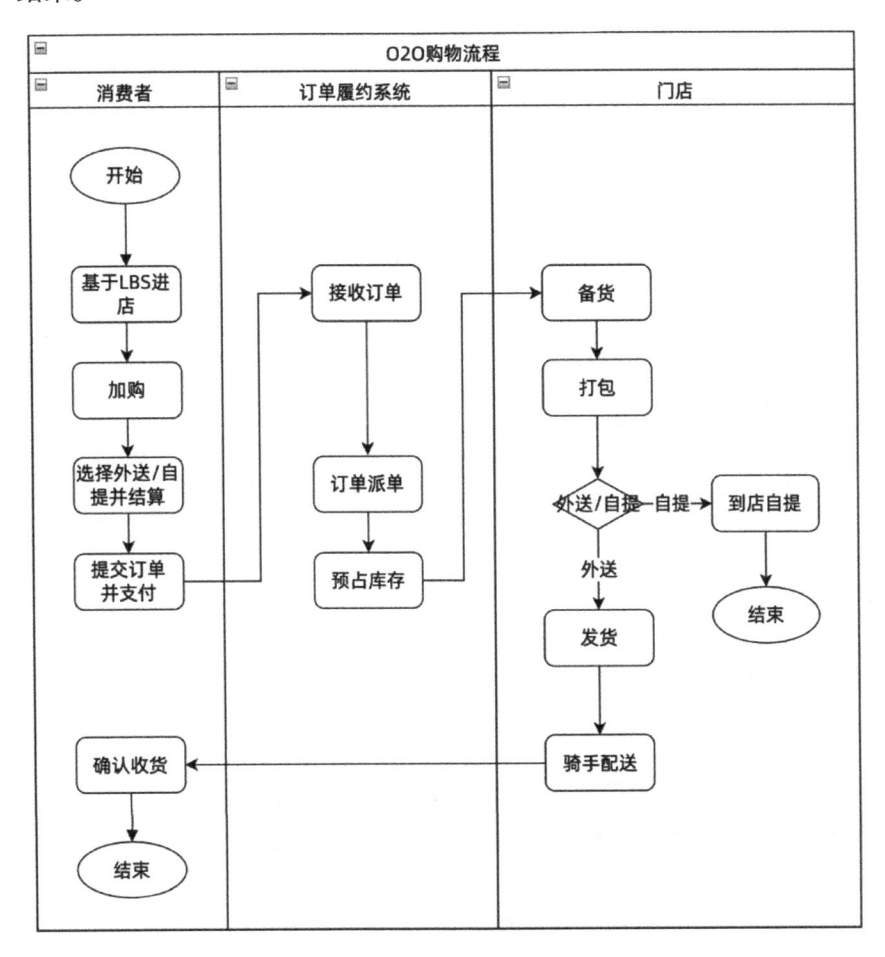

图 11-3 O2O 购物流程

11.2.3 电商购物与 O2O 购物的差异

电商购物流程主要用于远程配送商品的交易，而 O2O 购物流程则适用于到店自提或即时配送的场景。以瑞幸咖啡为例，其小程序首页提供"到店取""幸运送"和"电商购"

三个购物入口。其中,"到店取"和"幸运送"属于 O2O 购物模式,而"电商购"属于电商购物模式。

表 11-1 为两种业务模式的主要区别。

表 11-1 两种业务模式的主要区别

对比维度	电商购物模式	O2O 购物模式
消费场所	完全在线上进行,从进店、选择商品、下单、支付到收货,消费者在线上即可完成购物全过程	结合了线上和线下的消费场景。消费者线上选购商品或服务,但在实体店进行自提或体验服务
服务范围	通常覆盖全国地区,不太受地理位置的限制	服务范围受限于实体店的位置,更侧重于本地化服务
物流配送	依赖于第三方物流或自建物流进行商品配送,消费者通常在家中等待并收取商品	消费者可以到店自提商品,或者通过骑手配送商品
售后服务	售后服务主要通过线上进行沟通和处理,包括退货、换货、维修等	售后服务既可以在线上进行,也可以提供线下服务点,让消费者有更多的选择

11.2.4 门店收银流程

门店收银流程是实体门店中完成商品交易的标准操作流程,如图 11-4 所示。

门店收银流程的主要环节包括:

- 进店并选择商品:消费者在店内挑选商品并带到收银台。
- 录入商品:当消费者选好商品后,店员会在 POS 系统里输入商品信息,通常是扫描条码或手动输入商品代码。
- 选择支付方式:店员询问消费者希望使用的支付方式。门店 POS 系统通常支持多种支付方式,包括现金、信用卡、借记卡、移动支付(如微信支付、支付宝)等。
- 支付:根据消费者所选的支付方式进行支付。银行卡使用 POS 机刷卡支付;移动支付时,读取用户手机付款码进行支付;对于现金交易,店员收钱并找零。
- 打印小票:交易完成后,POS 系统会自动打印购物小票。小票详细列出了购买的商品、数量、价格、支付方式及交易时间等信息,可能包含保修信息或退换货政策。
- 售后:如果对商品不满意,消费者可凭购物小票在店内办理退换货。

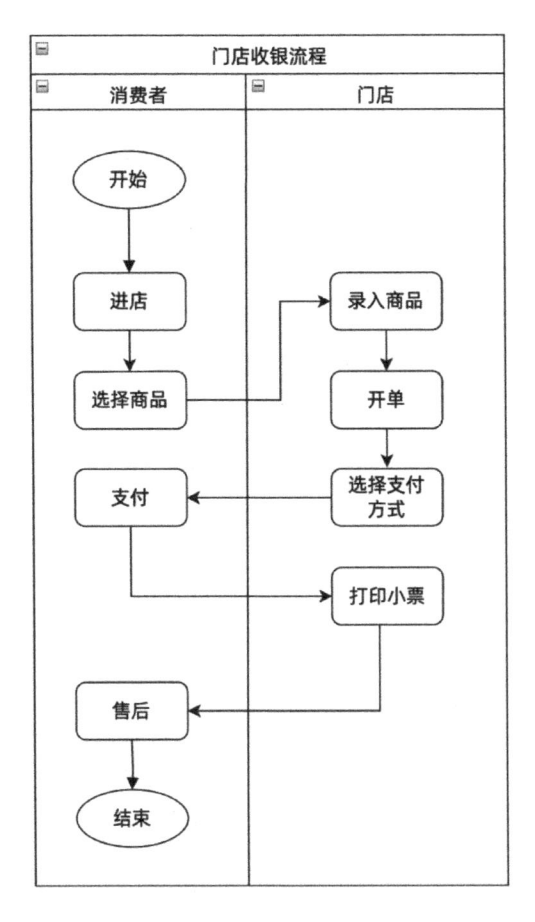

图 11-4　门店收银流程

11.3　线上交易系统规划

线上交易系统为新零售商家提供了一站式线上交易解决方案。其核心目标是，通过数字化手段扩大商家的服务范围，突破传统门店的地理限制。线上交易系统支持电商、O2O等多种业务形态，为商家提供了全方位的线上运营能力。

线上交易系统包含两个核心流程：正向交易系统流程、逆向交易系统流程。正向交易系统流程负责处理从订单创建到完成的标准交易过程，而逆向交易系统流程则处理订单取消、退款、退货等异常交易过程。这两个流程相互配合，共同确保交易系统的完整性。

11.3.1 正向交易系统流程

正向交易系统流程是指从用户下单到订单完成的标准交易过程，主要包含订单创建、订单支付、订单履约、订单完成这些环节，如图 11-5 所示。

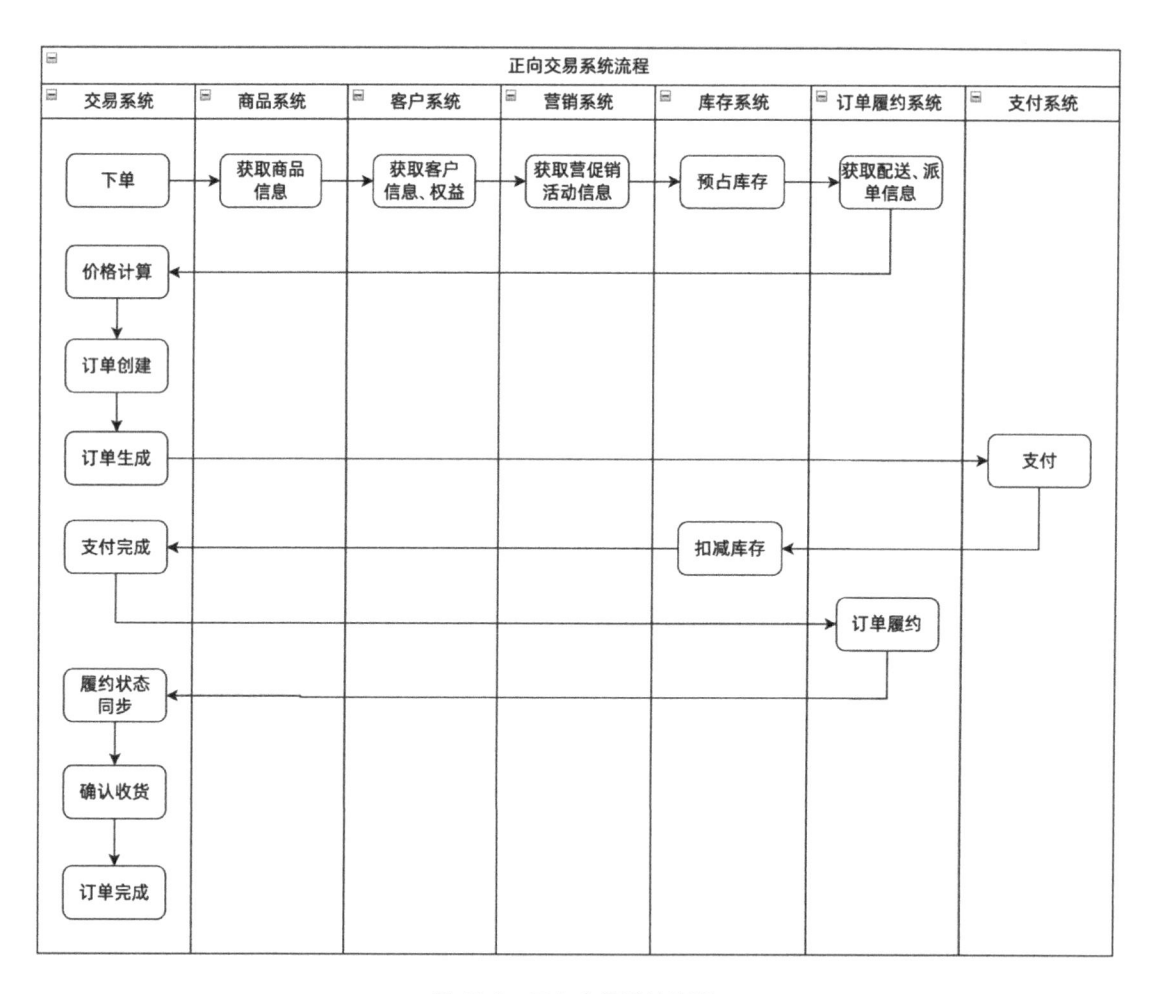

图 11-5 正向交易系统流程

1. 订单创建

订单创建是电商系统的核心环节，需要多个模块的紧密协作。以下是订单创建过程中涉及的主要步骤：

1）校验商品信息

系统首先校验商品的状态和价格，确保商品已上架，库存充足，价格准确。如果发现异常，则系统会提示用户无法购买。

2）处理会员等级、积分和优惠券等用户权益

根据用户的会员等级，计算相应的折扣和积分奖励。同时，验证用户的优惠券是否有效，是否符合使用条件，这一步确保能够正确使用用户权益。

3）计算各类优惠

系统获取促销活动、满减和折扣等优惠，按照预设叠加互斥规则，计算优惠的叠加效果，为用户提供最优价格方案。

4）验证收货地址、计算运费并预估配送时效

核实用户提供的收货地址是否合法、完整。根据地址计算运费，并预估配送时间，供用户参考。

5）选择合适的配送门店或仓库

系统根据收货地址和库存情况，选择最合适的配送门店或仓库，这有助于提高配送效率，缩短送达时间。

6）检查并预占库存

如果库存足够，则系统会预先占用对应的库存，防止超卖。

库存扣减方式会影响商品供应和用户购买体验。目前主要采用两种方式：下单减库存和付款减库存。

（1）下单减库存。

下单减库存可立即锁定商品，有效防止超卖，特别适用于秒杀、抢购等高并发场景，能提高用户购买成功率。

但这种方式的缺点是未付款订单会占用库存，导致有真实购买需求的用户无法下单，容易造成库存积压。

为了解决这些问题，可以设置订单有效期，若超时未付款则自动取消并释放库存。同时可限制单个用户的购买数量，并通过风控策略识别和拦截异常下单行为。

（2）付款减库存。

付款减库存仅在用户完成支付后才扣减库存，能避免无效订单占用库存，提升库存利用效率。

但在高并发情况下，可能出现用户付款成功而库存不足的问题，导致无法发货，引起用户投诉并影响商家信誉。对此，可在用户付款前进行实时库存校验，并及时提示库存紧张状况。

7）计算订单金额

计算订单各项明细的商品价格、优惠分摊金额和运费，并汇总计算订单总金额。

8）生成订单

完成上述步骤后，系统生成订单，包含所有相关信息。订单生成后，进入支付环节。

2. 订单支付

订单生成后，系统将引导用户进入支付环节。在这个阶段，交易系统首先会向支付系统发起支付请求，生成相应的支付订单。

系统随后会自动跳转到统一支付收银台界面，提供多种支付选项。用户可以选择微信支付、支付宝支付或银行卡等方式完成支付。

当用户完成支付操作后，支付系统会返回详细的支付结果，包括支付流水号和支付时间等。

交易系统随后根据这些信息更新订单状态，将订单标记为待发货，为后续的订单履约做好准备。

3. 订单履约

订单履约是指从订单支付完成到商品最终送达用户手中的全过程，这是确保良好购物体验的关键环节。

整个履约流程需要多个系统协同工作，主要依靠订单履约系统、WMS 仓储系统和物流系统等核心系统的紧密配合。

在电商购物流程中，系统会将订单智能拆分为发货单，并按照就近发货原则分配至合适的仓库。仓库接收发货指令后，按标准流程进行拣货、打包，最后交由物流公司配送。

在 O2O 购物流程中，系统根据用户收货地址将订单分配给就近门店。门店接单后立即进行商品备货、打包。对于自提订单，系统生成取货码，并通知用户到店提货；对于外送订单，系统会调度附近骑手配送，并全程追踪配送状态，直至商品顺利送达。

4. 订单完成

订单完成是订单生命周期的最终状态，表示正向交易系统流程已经结束。具体来说，当满足以下条件时，订单将被标记为完成：

- 用户已确认收货，或系统自动确认收货（一般在商品签收后的 7～15 天）。
- 订单已超过售后服务期限（通常是收货后 7～15 天）。
- 所有的售后问题（如退换货）已经处理完毕。
- 订单相关的货款已完全结算给商家。

一旦订单完成，就意味着买卖双方的交易责任和义务都已履行完毕，订单进入终态。此时除特殊情况外，用户将无法再对该订单发起售后申请。

11.3.2 逆向交易系统流程

在订单生成后的状态流转过程中，可能出现三种逆向流程：取消订单、仅退款和退货退款，如图 11-6 所示。

逆向交易系统流程

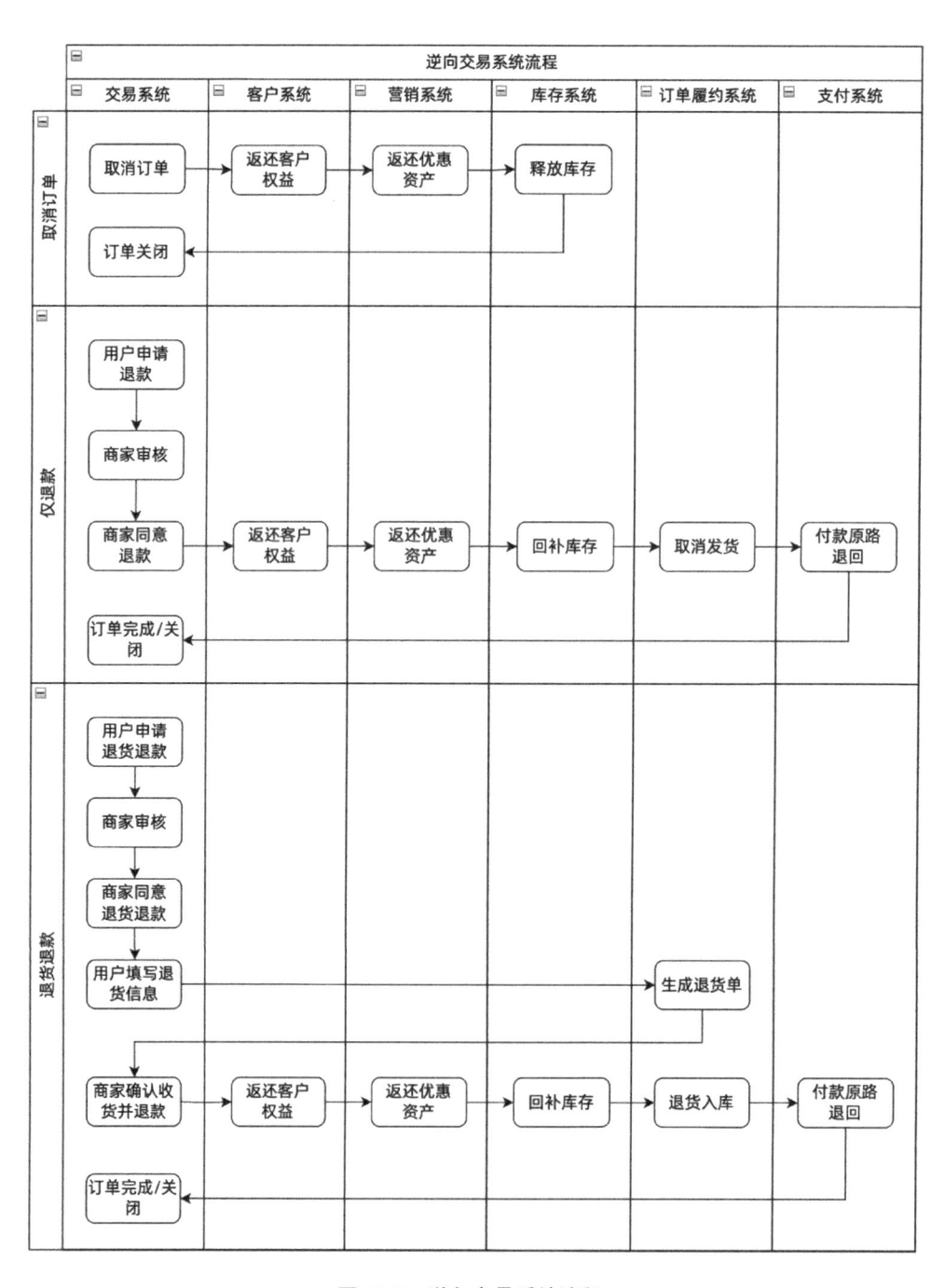

	交易系统	客户系统	营销系统	库存系统	订单履约系统	支付系统
取消订单	取消订单 → 订单关闭	返还客户权益	返还优惠资产	释放库存		
仅退款	用户申请退款 → 商家审核 → 商家同意退款 → 订单完成/关闭	返还客户权益	返还优惠资产	回补库存	取消发货	付款原路退回
退货退款	用户申请退货退款 → 商家审核 → 商家同意退货退款 → 用户填写退货信息 → 商家确认收货并退款 → 订单完成/关闭	返还客户权益	返还优惠资产	回补库存	生成退货单 / 退货入库	付款原路退回

图 11-6 逆向交易系统流程

1. 用户取消订单

当用户在提交订单后还未进行支付时，可以选择取消订单。系统在处理取消订单请求时，会执行一系列操作：

- 将订单提交时预占的库存全部释放，确保这些库存能重新补充到销售库存中。
- 系统会自动返还用户下单时使用的所有优惠券、会员积分等权益，这些权益能在后续订单中重新使用。
- 系统将订单状态标记为"已关闭"，完成整个取消流程。

由于这类订单未涉及实际支付，处理逻辑相对简单，无须与支付系统进行交互，也不存在退款等资金处理问题。

2. 仅退款

用户完成支付后，可能因商品缺货、发货延迟或商品描述不符等原因申请退款。退款处理过程主要包含以下步骤：

1）用户申请退款

用户需要在系统中选择要退款的商品，并填写详细的退款申请信息，包括退款金额、退款原因和相关证明凭证。用户提交申请后，系统会自动将这些商品的状态更新为"售后中"，防止后续操作发生冲突。

2）商家审核

商家审核通过后，可在系统中确认退款。系统将通过原支付渠道发起退款，并详细记录所有退款相关的资金流水信息。同时，系统会将商品状态更新为"已退款"，更新退款单据状态，确保整个退款过程可追溯。

若商家审核不通过，则可驳回退款申请，系统将自动将商品状态恢复至"待发货"状态。

3）库存处理

因为仅退款场景下并未发生实物商品的退回，所以无须进行库存数量的变更操作。

4）权益处理

当订单中的所有商品完成退款后,系统会自动返还用户的全部权益,包括优惠券和积分等。对于有活动资格限制的订单,系统也会返还相应的活动资格。

3. 退货退款

在商家发货后,用户可能因商品质量问题、实物与描述不符或尺寸不合适等原因,向商家申请退货退款。退货退款主要包含以下步骤:

1）用户申请退货退款

用户需在系统中选择"退货退款"类型,并指定要退回的商品。然后,用户需填写完整的退款申请信息,包括预期退款金额、退货原因,以及相关的商品证明(如照片或视频)。申请提交后,系统将自动把相关商品状态更新为"售后中",防止出现操作冲突。

2）商家审核

商家收到退货退款申请后,将根据用户提供的信息进行详细审核。审核通过后,系统会立即通知用户开始退货流程,将申请单状态更新为"待退货",并发送退货地址等信息。

如果商家发现申请不符合退货条件,则可驳回申请。系统随即将商品状态恢复至原始状态,并向用户说明驳回原因。

3）用户退货

审核通过后,用户需要在系统中填写退货物流信息,包括物流公司和运单号。用户确认退货后,系统自动将申请单状态更新为"买家已退货,待商家收货",履约系统会生成退货单,并开始跟踪退货的物流状态。

4）商家收货并退款

商家收到退回的商品后,会检查商品的完整性。

如果商品没有问题,则确认收货后,系统立即通过原支付渠道启动退款流程。系统会生成详细的退款资金流水记录,同时将商品状态更新为"已退款",并相应更新订单状态。

如果商品有问题,则商家会拒绝收货并记录问题原因。此时,系统会将退货申请状态更新为"待退货",并通知用户重新发起退货,或与商家沟通解决方案。

5) 库存处理

商品退货完成并入库后,系统会自动将退回的商品数量添加至可用库存中,确保库存数据准确。

6) 权益处理

当所有商品完成退款后,系统返还权益到用户账户,例如,用户购买时使用的优惠券、积分等权益资产。对于有活动资格限制的订单,系统也会返还相应的活动资格。

11.3.3 系统的核心功能

在前面的章节中,我们已经深入探讨了线上交易系统的正向和逆向流程。

通过对正向和逆向流程的系统分析,我们可以明确线上交易系统必备的核心功能:

- 下单环节:加入购物车、订单结算、价格计算、订单创建、订单取消。
- 支付环节:预支付、支付处理、支付回调。
- 履约环节:快递、自提、核销等场景中的订单状态更新。
- 订单完成:确认收货、订单评价。
- 订单管理:订单操作、订单查询、订单详情、订单导出。
- 逆向流程:买家退款/退货退款、商家主动退款。

11.4 线下交易系统规划

线下交易系统是门店业务的重要组成部分,它主要服务于实体门店的收银场景。相比线上交易,线下交易具有更强的即时性,下面详细讲解门店收银的具体流程。

11.4.1 门店收银系统流程

在线下零售场景中,消费者完成商品挑选后,会前往收银台进行结账。

整个收银流程既可以通过自助收银机完成，也可由专业收银员提供服务，如图 11-7 所示。主要包含以下步骤：

- 通过扫码、称重等方式准确录入所购商品信息。
- 系统处理客户权益、计算优惠、预占库存，然后计算订单价格并生成正式订单。
- 消费者选择支付方式（如现金、银行卡、移动支付等）并完成支付。
- 系统自动打印购物小票作为交易凭证。
- 提供售后服务，包括仅退款、退货、换货等售后服务。

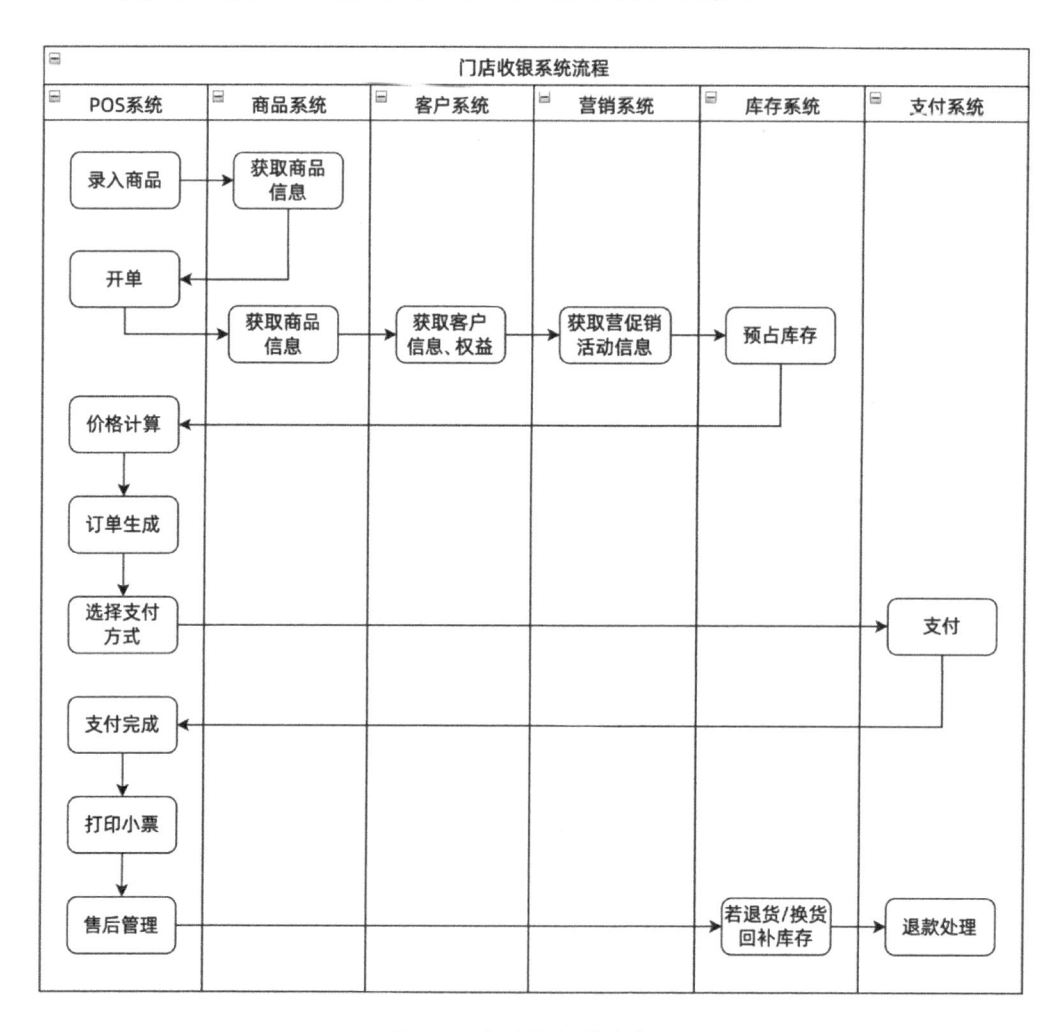

图 11-7 门店收银系统流程

1. 录入商品

对于普通商品，收银员使用扫码枪或扫码盒子可以快速、准确地录入商品信息，避免人工输入错误。

对于水果、蔬菜等需要称重的商品，收银员先在系统中选择商品类别，再将商品放在智能一体秤上，系统会自动读取重量并根据预设单价计算最终价格。

在商品条码损坏或扫描设备临时故障等特殊情况下，系统支持收银员通过键盘手动输入商品条码，确保收银工作不会中断。

2. 订单支付

收银员完成商品录入并生成订单后，消费者可选择支付方式进行付款。常见的支付方式：

- **现金支付**：消费者选择现金支付时，系统自动弹出钱箱，方便收银员收取现金和找零。系统实时显示应收金额和找零金额，确保交易准确。
- **储值卡**：消费者可通过输入绑定的会员手机号来验证身份，系统自动检查储值余额，余额充足时扣除相应金额。
- **银行卡**：通过 POS 终端机支付，支持信用卡和借记卡。系统与银联支付渠道实时通信，保证交易安全和即时。
- **B 扫 C**：商家使用扫码设备（如扫码枪、扫码盒子或内置扫码器）扫描消费者手机上的支付条码完成支付，例如微信、支付宝等移动支付。
- **C 扫 B**：收银设备副屏或自助大屏上生成包含订单支付的动态二维码，消费者主动扫码支付。

3. 打印小票

用户完成支付后，POS 收银系统会立即收到支付结果，并通过音响设备自动播报交易状态，让收银员和消费者能够清晰地确认支付是否成功。

与此同时，系统会根据预先配置的打印模板，通过小票打印机生成详细的交易小票来作为购物凭证。

对于不同类型的商户，系统会根据具体需求生成相应的单据：

- 餐饮商户会同时打印前台购物小票和后厨小票，以便厨房准备餐品。

- 如果是外卖平台的订单，那么除了上述单据，系统还会额外打印一份配送小票，其中包含送餐地址、联系方式等配送必需信息。

4. 售后管理

当商品出现质量问题或瑕疵时，店员可根据实际情况为消费者提供售后服务：

- 对于轻微瑕疵但消费者愿意保留商品的情况，店员可执行仅退款流程，给予适当的价格补偿。
- 对于存在重大质量问题的商品，店员可为消费者办理退货退款，保障消费者权益。
- 在退货场景中，如果退回商品状态良好且可二次销售，那么店员可通过系统的入库功能将商品重新纳入可售库存。

针对消费者的换货需求，店员可提供以下服务：

- 同品换货：当商品存在瑕疵时，可直接更换同款商品。
- 不同品换货：若消费者需更换其他商品，则支持跨品类换货，并按"多退少补"的原则自动计算差价。

11.4.2　系统的核心功能

根据上述线下收银系统流程的分析，我们可以总结出系统需要支持的核心功能。这些功能涵盖了从录入商品到售后服务的各个环节：

- 录入商品：扫码录入、商品称重、手动录入。
- 收银开单：计算优惠、生成订单、预占库存、计价结算等。
- 订单支付：包括现金、储值卡、银行卡和移动支付等。
- 打印小票：包括购物小票、分单小票、外卖小票、退换货小票等。
- 售后服务：仅退款、退货、换货等。

11.5　概念模型设计

在了解线上和线下交易系统规划后，下面深入探讨交易系统的概念模型设计。一个设计良好的模型能有效支持各类业务场景，而其中订单域和售后域是整个交易系统的核心，支撑着所有交易环节。

11.5.1 订单域核心概念模型

图 11-8 为订单域核心概念模型。

订单域

渠道信息
- 一级渠道来源
- 二级渠道来源
- 渠道店铺ID
- 渠道店铺名称

客户信息
- 客户ID
- 客户类型
- 客户名称

营销信息
- 活动ID
- 优惠类型
- 优惠模式
- 优惠金额
- 促销优惠快照

收货信息
- 收货人姓名
- 收货人手机
- 收货人电话
- 收货人地址
- 收货人地址经度
- 收货人地址纬度

父订单
- 租户ID
- 父订单ID
- 父订单类型

订单
- 租户ID
- 订单ID
- 父订单ID
- 业务类型
- 订单类型
- 下单时间
- 支付方式
- 订单状态
- 订单备注
- 合计金额
- 实付金额
- 优惠金额

支付信息
- 结算方式
- 付款环节
- 支付方式
- 支付单号
- 支付状态
- 支付金额
- 优惠金额
- 结算账户

费用明细
- 费用类型
- 费用名称
- 费用金额
- 优惠金额

交付信息
- 预计送货时间
- 预计送达时间
- 预约送达开始时间
- 预约送达结束时间
- 预约自提开始时间
- 预约自提结束时间
- 自提位置
- 配送方式

订单明细
- 订单明细ID
- 商品ID
- SKU_ID
- 商品编码
- 商品数量
- 商品原价
- 合计金额
- 实付金额
- 明细类型
- 优惠金额

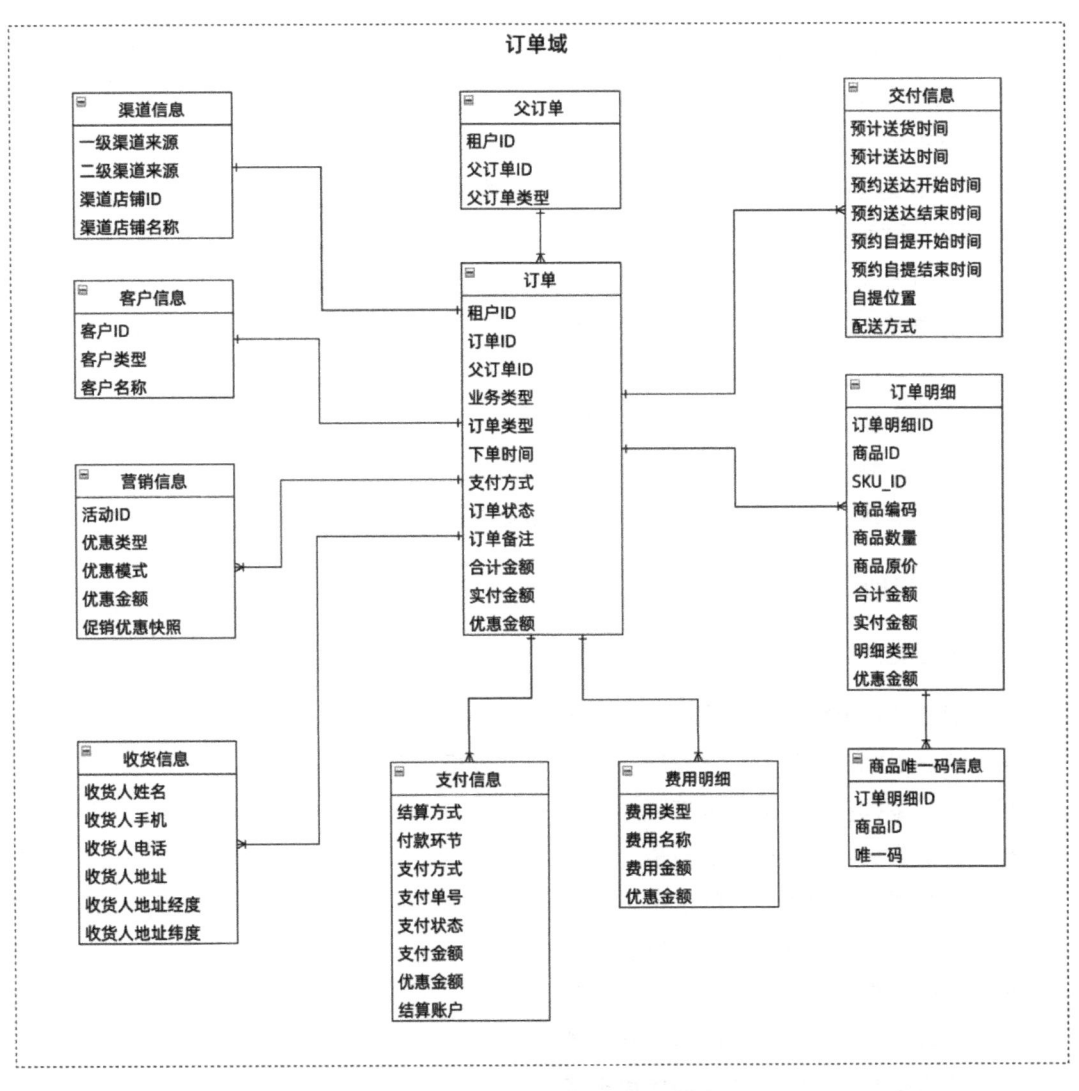

商品唯一码信息
- 订单明细ID
- 商品ID
- 唯一码

图 11-8 订单域核心概念模型

1. 订单

在实际交易业务处理中,系统会根据不同的业务规则(如店铺、收货地址、配送方式等)将订单拆分成多个子订单,形成父订单对应多个子订单的层级结构。这种拆分机制有利于订单履约和商家结算的处理。订单包含以下核心字段:

- 租户 ID:订单所属租户的唯一标识。
- 订单 ID:订单的唯一标识。
- 父订单 ID:关联父级订单的标识(若存在)。
- 业务类型:业务的类型。
- 订单类型:标识普通订单、预售订单、跨境订单等。
- 下单时间:订单创建的时间点。
- 支付方式:包括现金、银行卡、移动支付、标记支付等。
- 订单状态:表示订单当前处理阶段。
- 订单备注:记录订单相关的补充信息。
- 合计金额:订单商品的原始总额。
- 实付金额:减去优惠后的最终支付金额。
- 优惠金额:包含促销、优惠券等各类减免金额。

2. 订单明细

订单明细记录了订单中每件商品的具体信息,主要包含:

- 订单明细 ID:每条明细的唯一标识。
- 商品 ID 和 SKU_ID:标识具体商品及其规格。
- 商品编码:商品的内部编码标识。
- 商品数量:购买商品的数量。
- 商品原价:单件商品的价格。
- 合计金额:该商品的总金额。
- 实付金额:优惠后的最终支付金额。
- 明细类型:区分普通商品、赠品等。
- 优惠金额:该商品获得的优惠金额。

3. 渠道信息

渠道信息记录订单来源渠道，如电商平台、O2O 平台或实体门店，用于分析销售策略和购买行为。

4. 客户信息

客户信息包含客户名称、类型、生日等基础信息，用于开展营销活动和提供客户服务。

5. 营销信息

营销信息记录订单使用的促销活动、折扣和积分等信息，便于追踪营销效果和分析消费者购买偏好。

6. 收货信息

收货信息记录收货人姓名、手机号码、联系电话和详细地址。

7. 支付信息

支付信息包含支付方式、支付状态、支付时间和金额，是财务管理和订单结算的重要依据。

8. 交付信息

交付信息包括预计送货和送达时间、预约送达时间范围、预约自提时间范围、自提位置和配送方式等配送细节。

9. 费用明细

费用明细记录订单的各项附加费用，如运费、打包费和服务费等。

11.5.2 订单拆单场景

订单拆单是指在订单创建时，根据预设的业务规则，将一个完整订单拆分为多个子订单的过程。这些规则涉及商家主体、交易模式、商品属性和物流要求等多个维度。

通过合理的拆单机制，系统能更好地处理复杂的业务需求，提升订单处理效率。以下是主要的拆单场景：

1. 按商家（店铺）拆分

当订单包含多个商家的商品时，系统会按商家将订单拆分为不同的独立子订单。例如，消费者同时购买服装店和数码配件店中的商品时，系统会生成两个子订单，由各自商家负责备货发货。这种拆分让每个商家能独立处理订单履约、售后服务和财务结算，保证账务清晰，避免纠纷。

2. 按交易模式拆分

不同交易模式各有其特定的资质要求和结算方式。以海外购为例，商品需要通过跨境资质认证和海关申报，并计算关税。当订单同时包含普通国内商品和海外购商品时，系统会将海外购部分单独拆分，以便专门处理相关资质和税费。

3. 按品类拆分（如药品、生鲜）

不同品类商品的处理要求各不相同。药品必须严格遵循处方审核和药剂师复核流程，因此当订单中同时有处方药和普通日用品时，系统会将药品部分独立拆分，确保合规处理。

生鲜食品需要冷链运输，当订单包含生鲜和常温商品时，系统会将生鲜部分单独划分，确保冷链物流顺畅，保证商品新鲜度。

4. 按收货地址拆分

当用户需要将商品配送给不同城市的收货人时，系统会按收货地址拆分订单。比如一份订单需要分别发货至北京、上海和广州，系统就会生成三个子订单，每个子订单对应一个收货地址，从而为每条配送线路匹配最合适的物流服务。消费者仍可在一个订单中享受完整的优惠权益。

11.5.3 订单状态机

订单状态机是一种管理机制，它使用类似有限状态机的方式来定义和管理订单在处理过程中的不同状态及其转换逻辑，核心状态包括待支付、待发货、已发货、确认收货、交易完成、交易关闭，如图 11-9 所示。

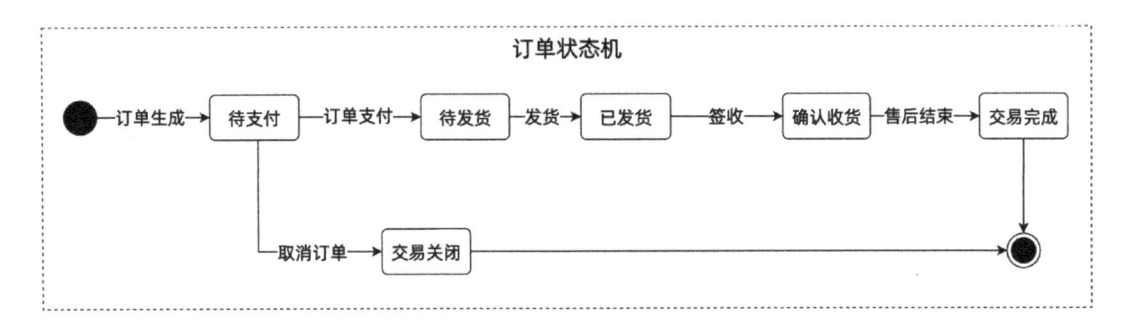

```
┌─────────────────────────────────────────────────────────────────────────┐
│                              订单状态机                                   │
│  ●─订单生成→ 待支付 ─订单支付→ 待发货 ─发货→ 已发货 ─签收→ 确认收货 ─售后结束→ 交易完成 │
│                 │                                                    ↓   │
│                 └─取消订单→ 交易关闭 ─────────────────────────────────→ ● │
└─────────────────────────────────────────────────────────────────────────┘
```

图 11-9 订单状态机

通过状态机的设计，系统可以清晰、结构化地管理订单的整个生命周期，即从订单生成到最终完成或取消的每个阶段。这种设计明确定义了订单在各个阶段的状态，以及状态之间的转换条件和业务规则。

11.5.4 订单金额计算

订单金额计算是电商交易系统的核心环节之一，涉及商品价格、优惠折扣、运费等多个维度的金额计算。下面通过具体示例详细分析订单金额的计算方法和优惠分摊机制。

1. 订单金额的计算示例

以一个简单场景为例：用户在购物车中添加了 2 个吐司面包，每个售价为 20 元，共计 40 元。该订单满足两个优惠活动：

- 购买吐司面包满 40 元减免 5 元。
- 订单金额满 30 元可减免 6 元配送费。

另外，订单需支付 1 元包装费。各项金额的计算结果如图 11-10 所示。

- 订单合计金额为 47 元（商品总价 40 元+配送费 6 元+包装费 1 元）。
- 优惠金额为 11 元（商品减免 5 元+配送费减免 6 元）。
- 最终用户支付金额为 36 元（47 元 − 11 元=36 元）。

订单明细	商品名称	吐司面包
	商品原价	20
	商品数量	2
	合计金额	40
	优惠金额	5
	实付金额	35
费用明细	配送费	6
	包装费	1
优惠信息	满40减5元	5
	配送费优惠	6
	优惠合计	11
订单金额	合计金额	47
	优惠金额	11
	实付金额	36

图 11-10　订单中各项金额的计算结果

2. 订单优惠分摊示例

优惠分摊是指将订单整体优惠按比例分配到各个商品上。这一机制有两个重要作用：

- 准确计算每件商品优惠后的实付金额，便于核算实际收入和利润。
- 在处理售后时，能精确计算应退金额，避免差错和纠纷。

下面通过一个具体案例来说明优惠分摊的计算方法。假设购物清单包含：

- 吐司面包 2 个，合计 40 元。
- 草莓蛋糕 1 个，合计 150 元。

商品总价为 190 元，订单另收取 20 元配送费和 6 元包装费。同时，商家设置了"满 180 减 20 元"的促销活动。

现在需要按商品金额占比分配 20 元优惠：

- 吐司面包分摊金额：20 元 ×（40 元/190 元）≈ 4.21 元。
- 草莓蛋糕分摊金额：20 元 ×（150 元/190 元）≈ 15.79 元。

若出现小数，则系统会将尾差计入最后一件商品，确保优惠总额准确无误。

最终订单中各项金额的计算结果如图 11-11 所示。商品总价为 190 元，加上 20 元配送费和 6 元包装费，共 216 元。扣除 20 元优惠后，消费者实付 196 元。

订单明细	商品名称	吐司面包	草莓蛋糕
	商品原价	20	150
	商品数量	2	1
	合计金额	40	150
	优惠金额	4.21	15.79
	实付金额	35.79	134.21
费用明细	配送费	20	
	包装费	1	5
优惠信息	满180减20元	20	
	优惠合计	20	
订单金额	合计金额	216	
	优惠金额	20	
	实付金额	196	

图 11-11　订单中各项金额的计算结果

11.5.5　售后域核心概念模型

图 11-12 为售后域核心概念模型。

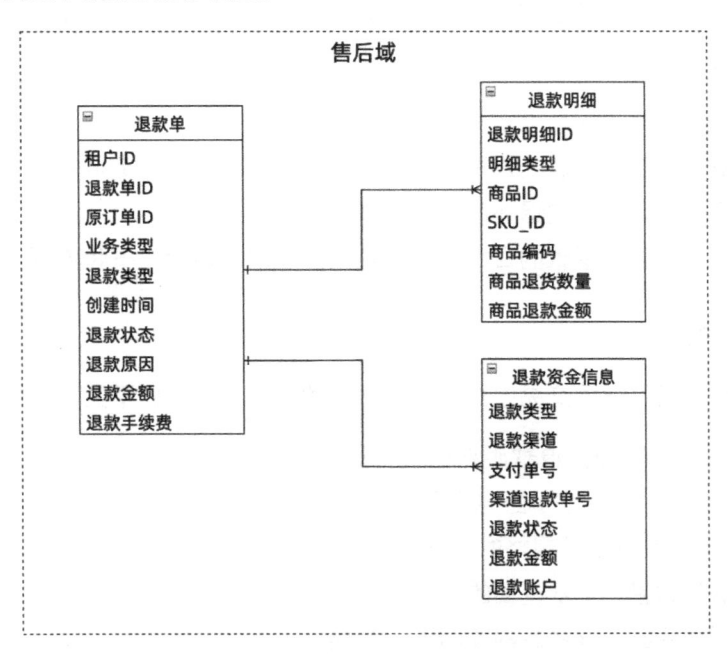

图 11-12　售后域核心概念模型

1. 退款单

退款单是记录和跟踪退款处理过程中的核心业务单据，包含以下关键字段：

- 租户 ID：标识所属商户或组织。
- 退款单 ID：退款单的唯一标识。
- 原订单 ID：关联的原始订单。
- 业务类型：仅退款、退货退款等。
- 退款类型：全额退款、部分退款、按商品退款等。
- 创建时间：退款单生成的时间。
- 退款状态：当前售后处理阶段。
- 退款原因：具体退款原因，如不想要了、商品破损等。
- 退款金额：需要退还的具体金额。
- 退款手续费：退还的手续费。

2. 退款资金信息

退款资金信息包含退款处理过程中的关键支付数据，包含以下关键字段：

- 支付单号：用于关联原支付记录。
- 渠道退款单号：支付渠道生成的退款凭证号。
- 退款状态：当前退款处理进度，如待处理、处理中、已完成等。
- 退款金额：本次需要退还的具体金额。
- 退款账户：接收退款的目标账户，如用户余额、微信、支付宝等。

3. 退款明细

退款明细记录每笔退款交易中具体商品的退款信息，包含以下关键字段：

- 退款明细 ID：每条退款明细记录的唯一标识。
- 商品 ID：退款商品的唯一标识。
- SKU_ID：具体商品规格的唯一标识。
- 商品退货数量：本次退回的商品数量。
- 商品退款金额：该商品的实际退款金额。

11.5.6 退款单状态机

1. 退款单状态机（仅退款）

退款单状态机（仅退款）描述了用户申请仅退款时的处理流程和状态转换过程，其核心状态包括待审核、待买家处理、售后完成和售后关闭，如图 11-13 所示。

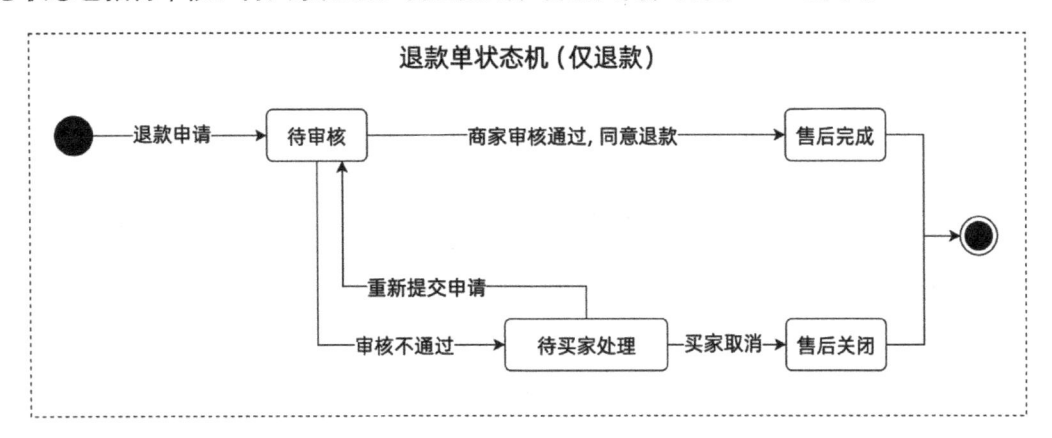

图 11-13　退款单状态机（仅退款）

2. 退款单状态机（退货退款）

退款单状态机（退货退款）描述了用户申请退货退款时的处理流程和状态转换过程，其核心状态包括待审核、待退货、待收货、售后完成、待买家处理和售后关闭，如图 11-14 所示。

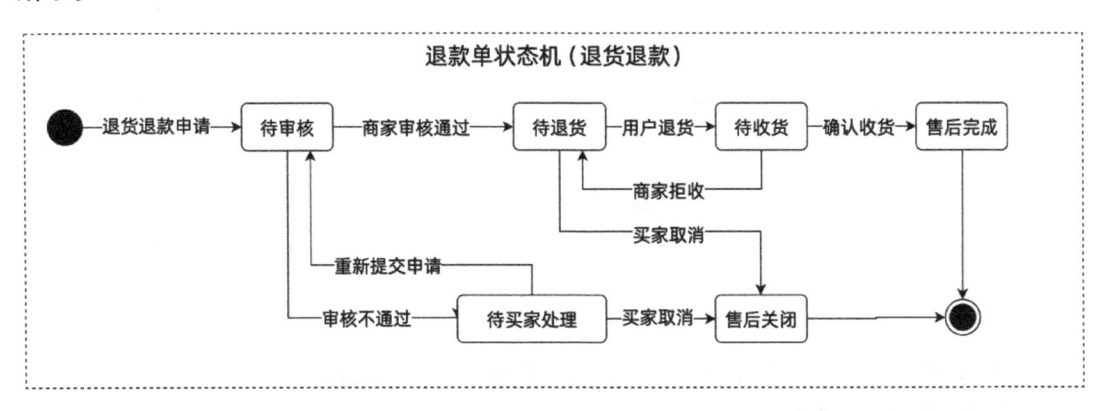

图 11-14　退款单状态机（退货退款）

11.6 应用架构设计

线上/线下交易系统的应用架构如图 11-15 所示，包括终端、应用层、领域层和关联系统。

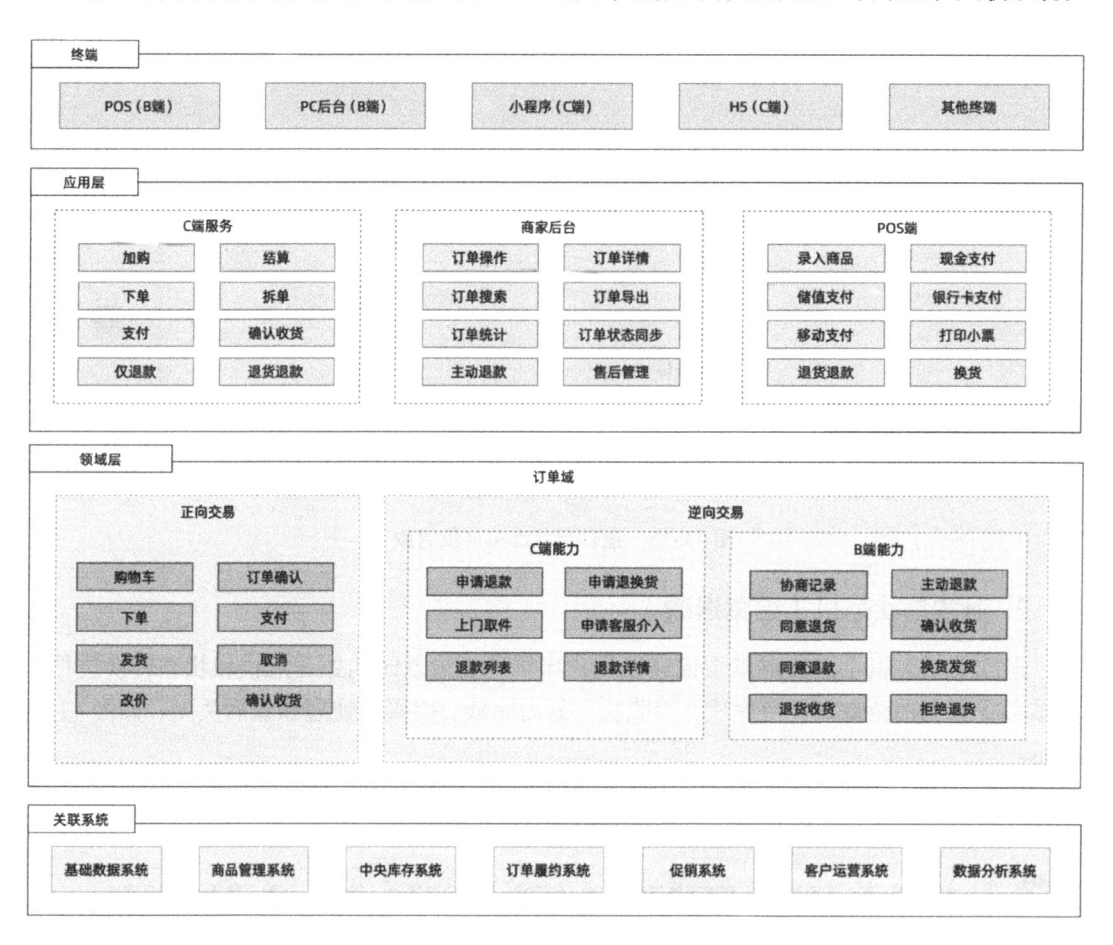

图 11-15 线上/线下交易系统的应用架构

11.6.1 应用层

应用层定义软件的应用功能，负责接收用户请求、协调领域层执行任务并返回结果。应用层主要包括以下模块：

1. C 端服务

为消费者提供完整的交易链路功能，包括加购、下单、支付、结算、拆单、确认收货和退货退款等。

2. 商家后台

为商家提供全面的订单管理功能，包括订单操作、订单搜索、订单统计、订单详情、订单导出、订单状态同步、主动退款和售后管理等。

3. POS 端

为门店收银场景提供核心交易功能，包括录入商品、多种支付方式（储值、移动支付、现金、银行卡）、打印小票、退货退款和换货等。

11.6.2 领域层

领域层是业务逻辑的核心，专注于表达业务概念、业务状态流转和业务规则，沉淀可复用的服务能力。

1. 正向交易模块

正向交易模块提供购物车、订单确认、下单、改价、支付、发货、取消和确认收货等能力。

2. 逆向交易模块

- C 端能力：申请退款、上门取件、退款列表、申请退换货、申请客服介入和退款详情。
- B 端能力：协商记录、同意退货、同意退款、退货收货、主动退款、确认收货、换货发货和拒绝退货。

11.6.3 关联系统

交易系统需要与多个核心系统深度集成和协同，主要包括：

- 基础数据系统：管理组织、渠道、门店和员工等基础主数据，为交易提供统一的数据支撑。
- 商品管理系统：提供商品主数据、价格、图片和规格等完整商品信息。
- 中央库存系统：实时管理和同步各渠道库存，确保交易过程中的库存准确性。
- 订单履约系统：接收订单后，协调仓储、物流资源，完成订单分配、拣货和配送等环节。
- 促销系统：提供优惠券、满减和秒杀等营销工具和活动能力，支持交易系统计算促销优惠金额。
- 客户运营系统：管理会员信息、积分和等级等数据，为交易提供客户信息和权益支持。
- 数据分析系统：收集和分析交易数据，输出销售报表和经营分析等多维度统计信息。

11.7 本章小结

本章介绍了新零售时代多渠道销售的特点和全渠道交易模式。无论是实体门店、电商平台、新兴流量平台，还是本地生活平台，都以消费者为中心，致力于提供便捷、优质和无缝的购物体验。

线上交易主要分为电商与 O2O 两种模式。电商模式适合远程配送，消费者可以从浏览、下单、支付到收货，实现全程在线操作。

O2O 模式将线上与线下门店服务相结合，消费者可选择到店自提或即时配送，特别适合生鲜、餐饮等本地化商品。

线下交易以门店收银为核心，通过扫码、称重、支付、小票打印和售后处理等环节，完成现场交易流程。

在订单处理方面，本章详细阐述了正向交易系统流程与逆向交易系统流程：正向交易系统流程涵盖订单创建、支付、履约与完成；逆向交易系统流程则处理订单取消、退款和退货等售后事务。

此外，本章介绍了订单域和售后域的概念模型设计与状态机，并详细说明了订单拆单、订单金额计算与订单优惠分摊等机制的实际应用。

最后，本章阐述了线上/线下交易系统的应用架构和核心功能。交易系统通过与基础数据系统、中央库存系统、促销系统、客户运营系统、订单履约系统和数据分析系统的协同，实现全渠道数据互通和流程优化。

通过这些方法与设计，我们可以构建完善的线上/线下交易系统，帮助新零售企业更好地整合多渠道资源，提升运营效率，为消费者打造优质的购物体验。

第 12 章 订单履约系统

在当今快速发展的新零售行业中,订单履约系统的重要性越来越高。

你是否在线上购物时遇到过这些困扰:无法确定商品的到货时间、物流状态更新滞后、收到的商品与预期不符?

这些问题都与订单履约系统息息相关,优秀的订单履约系统能让消费者的购物体验轻松愉快。

下面让我们深入了解订单履约系统设计的各个方面。

12.1 什么是订单履约系统

订单履约是从用户下单支付到收到商品的全流程管理过程,包括订单接收、订单派单、库存分配、仓储管理和物流配送等环节,核心目标是确保商品准时、准确地送达用户手中。

通过订单履约系统,用户可以实时了解商品的预计送达时间和物流状态,并根据需求选择同城配送、快递或自提等多样化的履约方式。

对商家而言,订单履约系统可以自动化处理订单信息,大幅降低人工操作成本。系统能实时监控库存状况并优化库存管理,有效防止缺货或积压情况的发生。同时,通过智能派单策略来降低物流配送成本。

12.2 订单履约流程的核心问题

订单履约流程覆盖从用户下单到收货的全过程。在实际运营中,这个流程存在多个影响用户体验和运营效率的问题。

1. 送达时间不明确

用户下单时无法获得准确的送达时间，容易产生焦虑。比如，当用户急需购买笔记本电脑时，商品页面仅显示"预计 3~7 天送达"，这种模糊的时间范围无法满足用户对确定性的需求。

2. 订单处理效率低

订单处理延迟会拖慢整个履约周期。在促销高峰期，系统负载过高或人工审核不足往往导致订单积压，无法及时发货，引起用户不满。

3. 物流配送错误

物流配送效率低和发货错误会直接影响用户满意度。比如，当用户订购红色连衣裙却收到蓝色款式时，不仅要处理退换货，还需要额外等待，才能收到正确的商品。

4. 订单状态追踪不足

当用户无法实时了解订单状态时，容易产生焦虑而频繁咨询客服。这既增加了客服的工作量，又影响了用户的购物体验。

针对以上问题，我们需要建立高效的订单履约系统，系统主要设计目标如下：

- 提供明确的履约时效信息。
- 提高订单处理速度。
- 提升物流配送效率和准确率。
- 实现实时订单跟踪。

12.3 订单履约系统规划

为了构建一个高效的订单履约系统，我们需要从整体视角进行系统规划。本节将详细介绍订单履约系统的三大核心模块：履约服务表达、履约调度和物流调度。通过这些模块的紧密配合，我们可以实现快速准确的订单处理和配送。

12.3.1 订单履约系统流程

如图 12-1 所示,订单履约系统流程可抽象为三个阶段:履约服务表达、履约调度和物流调度。

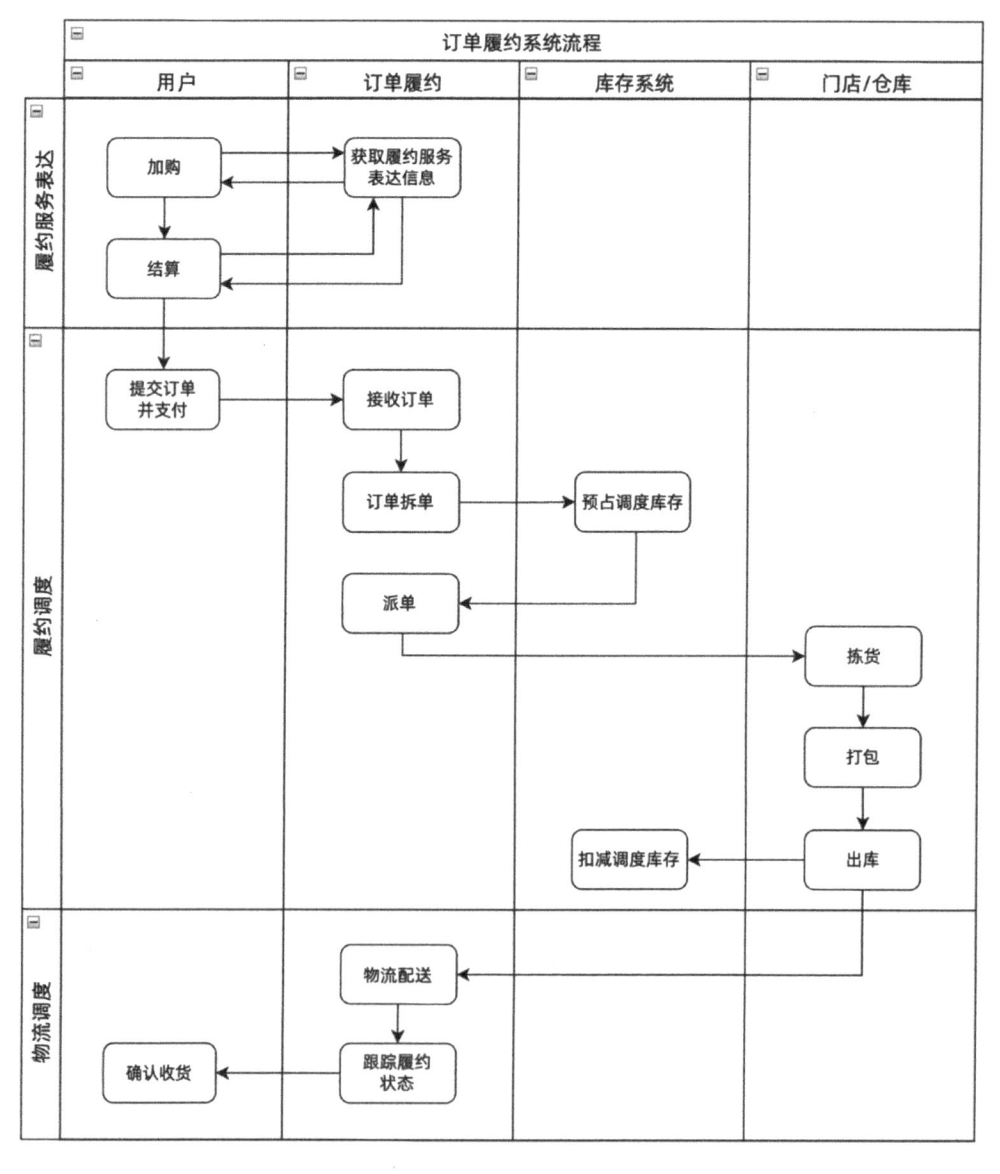

图 12-1 订单履约系统流程

12.3.2 履约服务表达

履约服务表达是指商家在订单支付前展示的服务承诺，主要包括发货时间、到货时间、配送方式和费用结构。

这让用户在下单前就能清楚了解商家的发货速度、到货时间、运费标准及各类配送规则。这种透明的信息展示可以降低消费的不确定性，增强交易信任。

1. 履约时效表达

履约时效表达是对整个物流过程的时间预期说明，主要包括发货时效和到货时效两部分。

1）发货时效

发货时效是指订单支付后，商家承诺的发货时间。常见的承诺包括"当日发货"或"24小时内发货"。例如，某服装店铺承诺"15:00 前下单，当日发货"，这意味着用户在 14:30 下单时，商家需要在当天完成打包并交付快递。

2）到货时效

到货时效是指从商家发货到用户收货的时间范围，常见的形式包括"次日达""同城 1 小时达"等。部分商家支持精确的送达时间，如某蛋糕店允许用户指定第二天上午 9:00-10:00 送达，以满足生日庆祝等特定需求。

2. 履约费用计算

履约费用计算是将配送相关成本清晰呈现给用户，主要包括配送费和快递费。清晰的费用结构可以帮助用户准确评估总支出。

1）配送费

配送费主要用于同城即时配送服务，可采用固定金额或根据距离递增的方式计算。例如，当商家设定同城配送费为 3 元时，商品详情页会显示"同城配送费 3 元"。

选择同城配送后，该费用会直接计入订单总金额。如果同时提供快递服务，则页面会显示两者的价格对比，方便用户比较不同配送方式的费用。

2）快递费

快递费用于跨区域运输，费用计算需综合考虑多个因素：商品的实际重量和体积、运输距离和目的地所在区域、是否需要特殊处理（如易碎品包装）等。系统会根据这些参数自动计算出最优的运费方案，并在下单时向用户明确展示。

3. 履约可达性校验

履约可达性校验是指系统在用户确认订单前，自动验证商家能否兑现承诺。系统会检查配送地址、配送方式、时间、订单金额和库存等条件，以减少因无法履约而产生的纠纷。

1）地址可达性校验

系统首先判断配送地址是否在商家服务范围内。当收货地址超出商家设定的配送半径或不在可配送区域内时，系统会提示无法送达。例如，某面包店限定配送半径为 3 千米，当用户的地址在 5 千米之外时，系统会提示"超出配送范围"。

2）履约方式校验

系统会检查用户选择的配送方式是否可用。例如，当商家仅开通"同城送"和"快递"服务，而用户选择了未启用的"自提"时，系统会提示用户更换可用的配送方式。

3）配送时间校验

对于预约配送的场景，系统会校验配送时间的可行性。例如，当商家设定每个配送时段为 30 分钟，并要求下单后至少 1 小时才能配送时，用户在 9:40 下单只能选择 11:00-11:30 或更晚的时段。

4）起送价校验

起送价是指订单商品优惠后的最低金额要求，不包括运费和其他抵扣。当商家设置起送价为 50 元，而订单折后金额为 45 元时，系统会提示"未达起送价，请增加商品或更换配送方式"。

5）库存校验

系统会自动检查商品库存是否充足。当库存不足时，系统会及时提示缺货或要求用户减少购买数量，以避免下单后无法发货的情况。

12.3.3 履约调度

履约调度是订单支付完成后,对发货任务、配货门店/仓库、物流方式进行合理分配和执行的过程。它的目标是确保用户快速收货,同时优化运费和运营成本。

1. 订单拆单

订单拆单是指将包含多种商品的原始订单按照履约需求与限制条件分解为多个可独立发货的单据。合理的拆单策略能更好地匹配物流方式、优化包裹规格,并满足用户个性化需求,从而提升整体运营效率。

1）按门店/仓库拆分

当订单中的商品分布在不同门店或仓库时,系统需要将订单拆分为多个发货单。这种拆分方式可以优化配送路径、减少跨仓调拨成本,并让每个发货点专注处理其负责的商品。例如,当用户订购的商品分别存储在北京和上海的仓库时,系统会自动生成两个发货单,由最近的仓库负责发货。

2）按物流条件拆分

不同商品可能需要特定的运输条件。比如常温商品适用普通快递,而冷藏生鲜需要冷链运输。将这些商品混装会导致物流条件冲突,因此发货前应根据商品属性选择合适的物流服务商,将需要特殊配送的商品单独打包发货。

3）按商品体积和重量拆分

大件商品与小件商品混装可能会造成包装材料浪费,也会影响承运方的处理效率。例如,当包裹限重 30 公斤,而某件大件商品已接近 20 公斤时,应将大件商品单独发货,小件商品另行打包。这样既能避免增加超重费用,又能降低包裹破损风险。对于特大体积商品,通过拆单,商家还可以选择更适合的承运渠道,确保配送顺利。

4）用户特殊要求

部分用户在下单时会提出特定需求,比如希望某些商品优先送达。针对这种情况,系统会根据用户的要求拆分订单,优先发出急需商品,其余商品随后发货。

2. 订单派单

订单派单是指将已拆分的发货单分配给合适的仓库或门店处理。派单时需要综合考虑库存水平、发货地与收货地之间的距离、运输成本及会员特权等因素。

1）库存充足，包裹数少优先

在多仓协同模式下，当多个仓库都能满足订单商品的库存要求时，优先选择能一次性满足全部商品需求的仓库发货。这样可以减少拆分次数，避免多包裹给用户带来不便，同时降低重复打包和多次运输的成本。

2）距离最近优先

当多个仓库都有充足库存时，优先选择离收货地址最近的仓库。距离越近，不仅运输时间更短、运费更低，而且商品损坏风险也更小。这一策略对生鲜等时效性强的商品特别重要，能确保用户更快收到商品。

3）运费最少优先

在满足库存和距离要求的基础上，系统会比较各仓发货成本，选择总运费最低的配送路径。

4）会员归属门店优先

对于有会员体系的商家，系统会考虑用户的会员归属关系。如果用户在某家门店享有特殊的履约权益，则优先由该门店发货，以履行会员服务承诺。这样既能增强用户对品牌和门店的忠诚度，也便于门店掌握用户的消费习惯，优化销售策略。

12.3.4 物流调度

物流调度是将已完成打包的商品与合适的物流服务商匹配的过程。作为订单履约的关键环节，它决定了包裹由谁配送及多快能送达用户手中。

通过合理的调度策略，商家可以降低运费支出、缩短配送时间、提高用户满意度，同时减少因渠道不匹配导致的包裹滞留、拒收或损坏。

1. 物流调度的考虑因素

物流调度需要从以下几个维度综合评估：

- 服务覆盖范围：每个物流服务商都有其特定的服务网络覆盖区域，必须确保所选物流服务商能够完整覆盖从发货地到收货地的配送路线。
- 时效和成本：每个物流服务商的配送时效和运费标准不尽相同，需要在快速送达和成本控制之间寻找最佳平衡。
- 特殊属性要求：部分商品需要特殊的运输条件，例如冷链运输、防震包装或危险品资质，这要求物流服务商必须具备相应的专业处理能力。

2. 常见的物流方式

物流配送主要分为同城配送和传统快递两种方式，各有其特点和适用场景。

1）同城配送

同城配送专注于城市区域内的快速配送服务。通过密集的骑手网络、即时呼叫和智能匹配系统，它能实现快速取件和送达。这种方式特别适合餐饮、生鲜、花艺等对时效和温控要求较高的商品。

同城配送的优势在于高效和灵活。虽然成本较高，但对于高质量的用户体验、高价值商品和时效敏感的场景来说十分合适。

2）传统快递

传统快递是跨区域、全国乃至跨境配送的主要方式。快递服务商通常拥有完善的分拨中心和干线网络，在覆盖范围和价格稳定性方面具有优势。对于日用品、服装、图书等一般商品，快递配送既经济实惠又可靠。

12.3.5 系统的核心功能

通过分析订单履约系统流程，我们可以将系统的核心功能分为三个模块：履约服务表达、履约调度和物流调度，如图 12-2 所示。

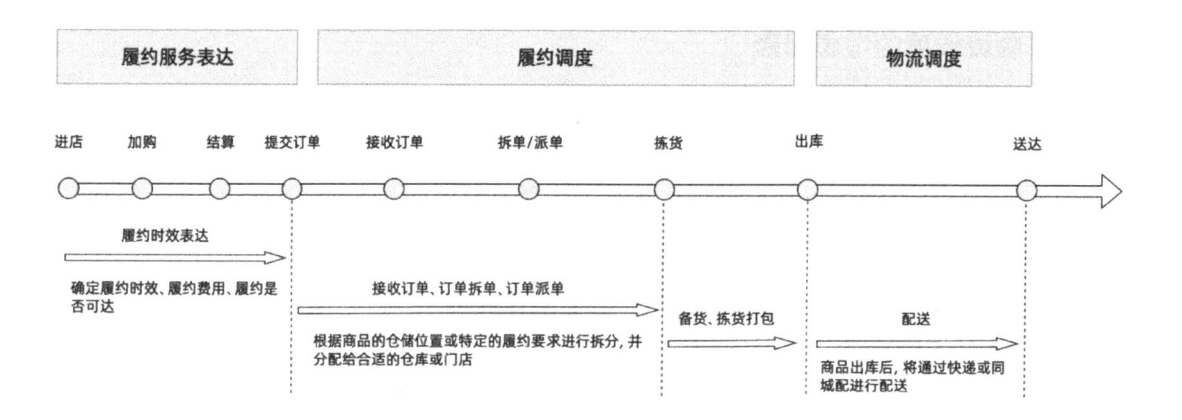

图 12-2　订单履约系统的核心功能

各模块的核心功能如下：

- 履约服务表达：预计发货时间、预计送达时间、费用计算、可达性校验。
- 履约调度：订单接收、订单拆单、订单派单、库存分配、拣货/打包/出库跟踪。
- 物流调度：服务商管理、运力呼叫、物流状态跟踪、物流异常处理。

12.4　概念模型设计

概念模型设计是系统开发的关键步骤，它能帮助我们厘清业务逻辑并定义核心实体。我们将从订单履约的基本概念入手，深入探讨各实体间的关系。

12.4.1　履约域核心概念模型

履约域核心概念模型如图 12-3 所示。

1. 发货单

发货单是订单履约过程中的重要执行单据，它将订单转化为具体的发货任务。门店和仓储部门通过发货单进行拣货、打包并安排物流服务商发货。发货单确保货物从仓库到配送环节的流转过程有序、清晰、可追踪。

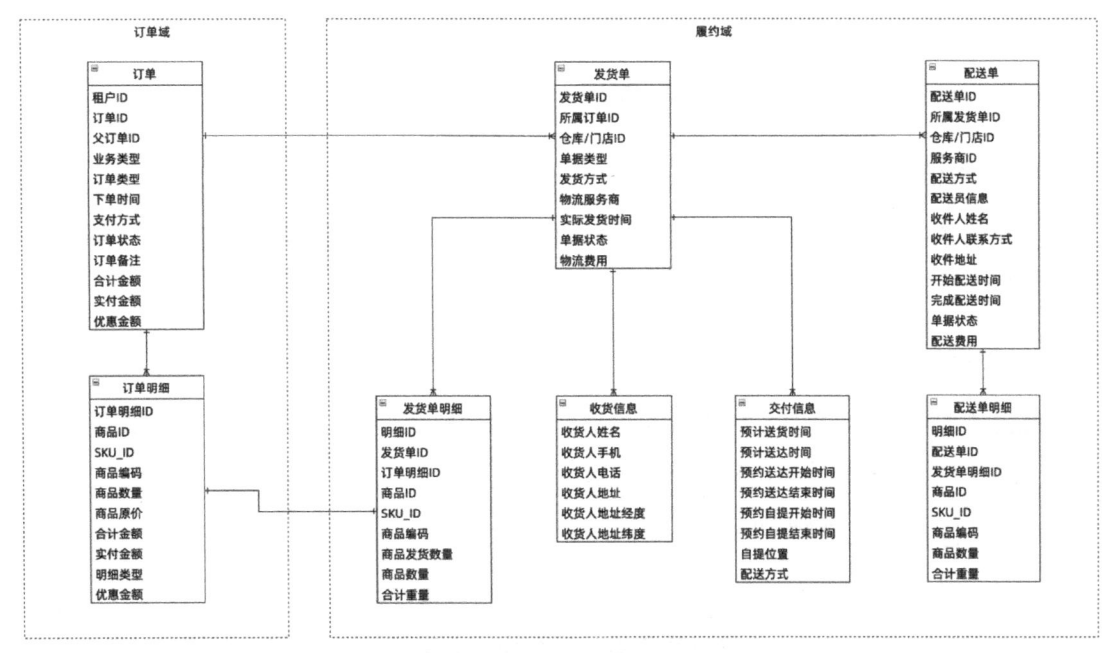

图 12-3 履约域核心概念模型

发货单的核心字段包含以下关键信息：

- 发货单 ID：系统生成的唯一标识，用于追踪和管理每笔发货记录。
- 所属订单 ID：关联的主订单编号，确定发货单与订单的对应关系。
- 仓库/门店 ID：负责发货的具体库存地点，可以是中央仓库或线下门店。
- 单据类型：标识发货单的业务类型，如销售发货、换货发货等。
- 发货方式：具体的配送方式，如快递、同城配送或自提等。
- 物流服务商：负责运输的物流公司或配送服务商信息。
- 实际发货时间：商品从仓库或门店实际出库的时间点。
- 单据状态：发货单在系统中的处理进度，如待发货、已发货、已签收等。
- 物流费用：该发货单产生的配送费用。

2. 发货单明细

发货单明细是发货单包含的具体商品项记录。每条发货单明细对应发货单中某个商品的实际发货信息，包括明细 ID、发货单 ID、订单明细 ID、商品 ID、SKU_ID、商品数量、合计重量等属性。

3. 收货信息

收货信息记录收货人姓名、收货人手机、收货人电话和收货人地址等。

4. 交付信息

交付信息包括预计送货和送达时间、预约送达时间范围、预约自提时间范围、自提位置和配送方式等交付细节。

5. 配送单

配送单是将已完成打包的包裹分配给物流服务商进行配送的业务单据。配送员通过配送单了解需配送的包裹信息，从而高效完成送货任务。

配送单包含以下关键字段：

- 配送单 ID：系统生成的唯一标识，用于追踪每笔配送记录。
- 所属发货单 ID：关联的发货单编号，标识配送单与发货单的对应关系。
- 仓库/门店 ID：负责发出商品的具体库存地点。
- 服务商 ID：负责运输的物流服务商编号。
- 配送方式：具体的配送类型，如同城配送、快递配送等。
- 配送员信息：包括配送员姓名、工号和联系方式。
- 收件人姓名：订单收货人的真实姓名。
- 收件人联系方式：手机号码、电话等。
- 收件地址：详细的配送目的地信息。
- 开始配送时间：包裹开始配送的具体时间。
- 完成配送时间：包裹成功送达的实际时间。
- 单据状态：配送单当前处理阶段，如待配送、配送中、已签收等。
- 配送费用：该配送单产生的实际运输费用。

6. 配送单明细

配送单明细记录每个配送单中具体的商品信息，包含商品 ID、SKU_ID、商品数量和合计重量等属性。

12.4.2 订单履约的拆单逻辑

在整个发货环节中,订单是起点,发货单是订单拆分后的结果,用于处理更细粒度的履约逻辑。仓库收到发货单后会生成出库单,并以出库单为单位进行打包发货,如图 12-4 所示。

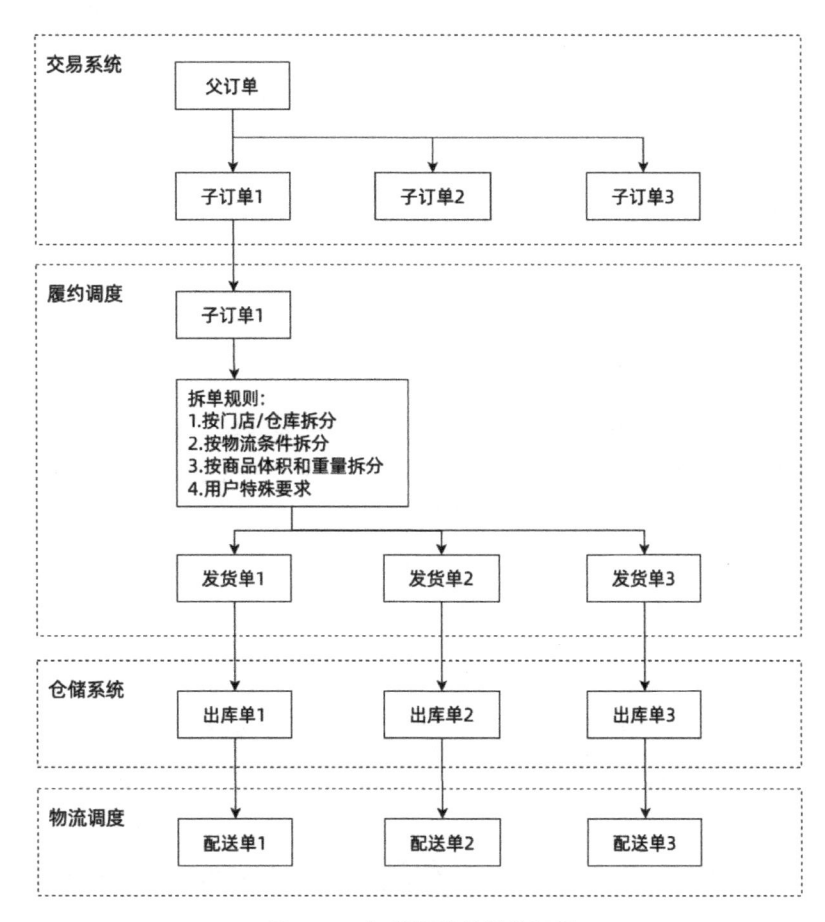

图 12-4 订单履约的拆单逻辑

整个订单履约流程中会出现两次拆单:

1. 第一次拆单

用户下单多个商品后,系统会根据业务规则将订单拆分为多个子订单,以便更好地管理和流转订单数据。子订单拆分主要基于交易结算的需求,包括不同商家主体、不同交易模式（如海外购）、不同支付结算方式、不同收货地址等因素。

2. 第二次拆单

当一个子订单需要分成多个发货批次时，订单履约系统会将订单再次拆分为发货单，并将各个发货任务下发给仓库。发货单拆分主要考虑物流执行层面的因素，包括不同仓库存储、不同物流条件、不同体积和重量，以及用户的特殊配送需求等实际操作因素。

接下来详细探讨几种常见的订单拆分场景，包括单门店履约、多仓库履约、基于物流条件和商品特性的拆分方案。

每种场景都有其独特的业务需求和实现逻辑，通过深入理解这些场景，我们可以更好地设计和优化订单履约系统。

12.4.3 单门店履约场景

在连锁模式下，系统会根据用户的收货地址进行智能匹配，通过计算门店服务半径和距离，为用户筛选出最近且可履约的门店。如图 12-5 所示，此场景下，订单不需要拆分，直接分配给匹配门店进行拣货、打包和发货。

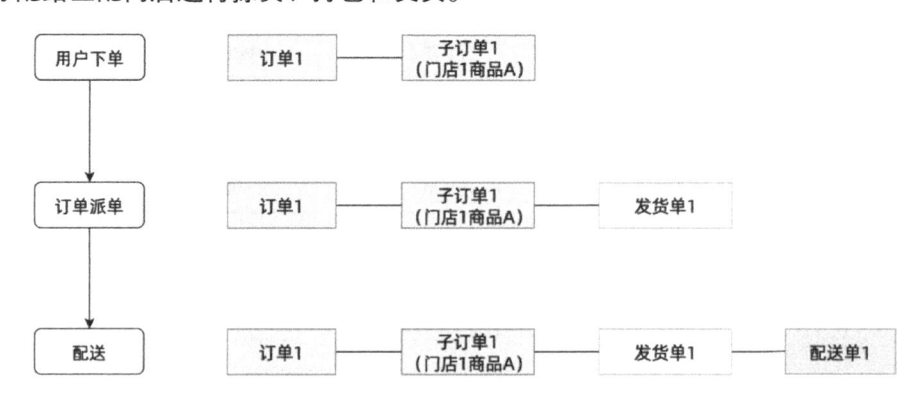

图 12-5 单门店履约场景

12.4.4 多仓库履约场景

有些商家拥有多个仓库和门店，不同商品分散存储在各个库存点。如图 12-6 所示，当用户下单后，如果订单中的商品分布在不同仓库，则系统会将订单拆分成多个发货单，并将每个发货单分配给对应的仓库,由各仓库根据商品数量进行备货和出库。

图 12-6 多仓库履约场景

12.4.5 基于物流条件拆分场景

由于部分商品具有特殊属性,需要特定的物流条件,因此我们需要将订单拆分成不同的发货单。

如图 12-7 所示,生鲜水果、冷链食品和易碎物品对快递服务的保护性和时效性要求较高,必须进行单独包装和发货。当订单中包含这类商品时,系统会自动进行订单拆分。

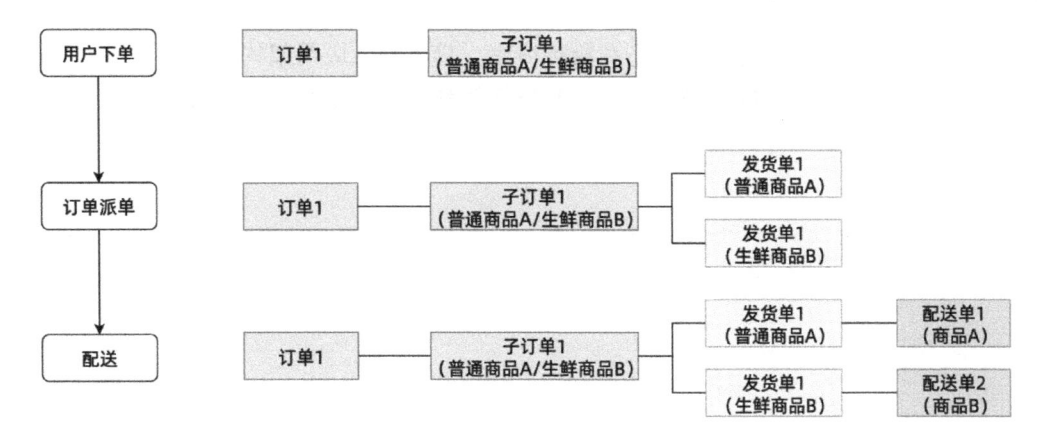

图 12-7 基于物流条件拆分

12.4.6 基于商品特性拆分场景

物流公司对包裹的体积和重量都有限制。如图 12-8 所示，当订单中的商品超出这些限制时，系统需要将订单拆分为多个发货单。从成本角度来看，某些情况下将大量商品分成多个小包裹发货，反而比合并成一个大包裹更合适。

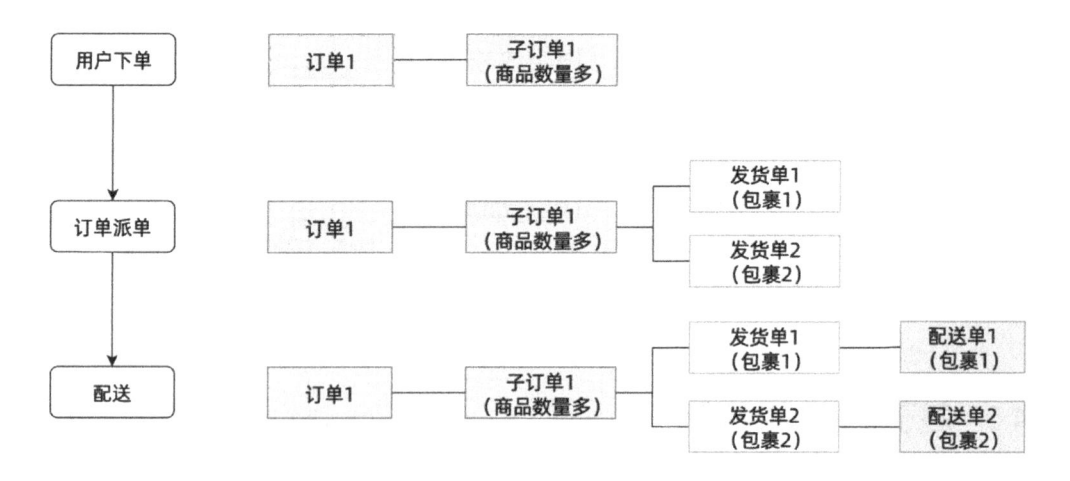

图 12-8　基于商品特性拆分

12.5　应用架构设计

前面讨论了系统的核心概念模型和拆单逻辑。接下来从应用架构的角度，深入了解系统的各个层次，包括应用层、领域层，以及与其他系统的集成关系，如图 12-9 所示。

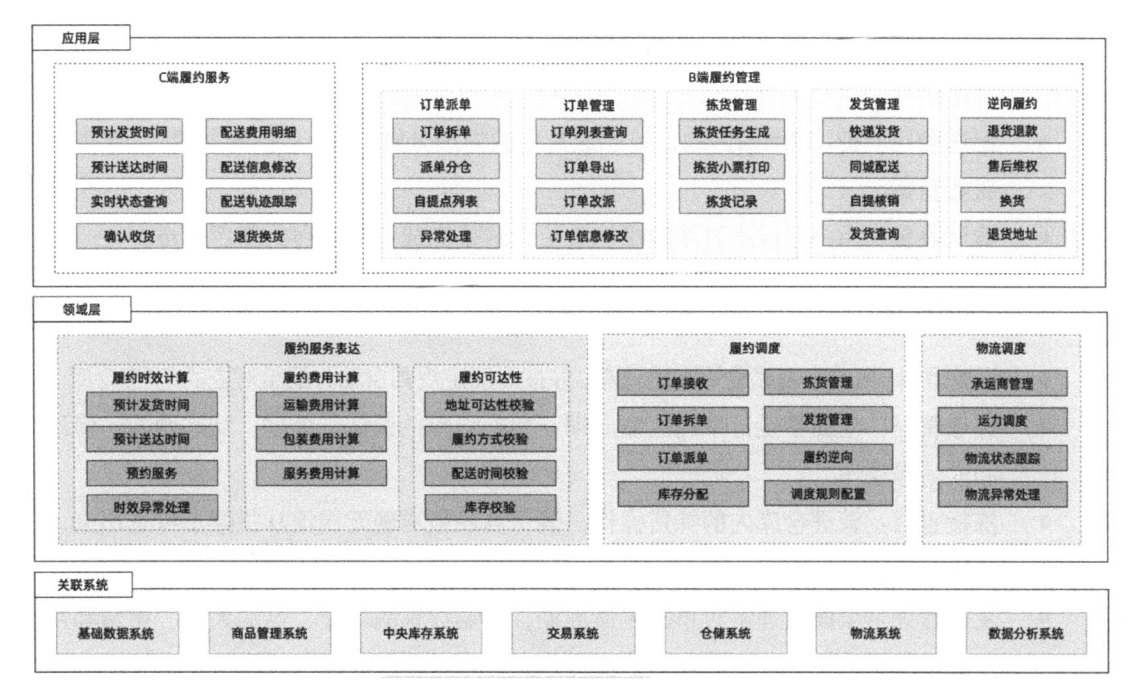

```
┌─────────────────────────────────────────────────────────────────────────────┐
│ 应用层                                                                        │
│ ┌───────────────────────┐ ┌─────────────────────────────────────────────┐ │
│ │    C端履约服务         │ │              B端履约管理                      │ │
│ │                       │ │ 订单派单   订单管理   拣货管理  发货管理  逆向履约 │ │
│ │ 预计发货时间 配送费用明细│ │ 订单拆单  订单列表查询 拣货任务生成 快递发货 退货退款│ │
│ │ 预计送达时间 配送信息修改│ │ 派单分仓   订单导出   拣货小票打印 同城配送 售后维权│ │
│ │ 实时状态查询 配送轨迹跟踪│ │ 自提点列表 订单改派   拣货记录  自提核销  换货   │ │
│ │ 确认收货   退货换货    │ │ 异常处理  订单信息修改            发货查询 退货地址│ │
│ └───────────────────────┘ └─────────────────────────────────────────────┘ │
└─────────────────────────────────────────────────────────────────────────────┘
┌─────────────────────────────────────────────────────────────────────────────┐
│ 领域层                                                                        │
│ ┌─────────────────────────────────────┐ ┌──────────────┐ ┌──────────────┐ │
│ │           履约服务表达                │ │   履约调度    │ │   物流调度    │ │
│ │ 履约时效计算 履约费用计算 履约可达性    │ │订单接收 拣货管理│ │承运商管理    │ │
│ │ 预计发货时间 运输费用计算 地址可达性校验 │ │订单拆单 发货管理│ │运力调度      │ │
│ │ 预计送达时间 包装费用计算 履约方式校验  │ │订单派单 履约逆向│ │物流状态跟踪  │ │
│ │ 预约服务   服务费用计算  配送时间校验   │ │库存分配 调度规则配置│物流异常处理│ │
│ │ 时效异常处理          库存校验        │ │                │ │              │ │
│ └─────────────────────────────────────┘ └──────────────┘ └──────────────┘ │
└─────────────────────────────────────────────────────────────────────────────┘
┌─────────────────────────────────────────────────────────────────────────────┐
│ 关联系统                                                                      │
│ 基础数据系统 商品管理系统 中央库存系统 交易系统 仓储系统 物流系统 数据分析系统    │
└─────────────────────────────────────────────────────────────────────────────┘
```

图 12-9 订单履约系统应用架构设计

12.5.1 应用层

应用层定义软件的应用功能,它负责接收用户请求,协调领域层来执行任务,并将结果返回给用户,核心模块包括:

1. C 端履约服务

- 预计发货时间:系统根据订单处理能力、仓库作业时间的时效标准,为用户提供准确的发货时间,帮助用户合理安排收货计划。
- 预计送达时间:为用户提供订单的预计处理时间、配送时效等,通常基于订单处理时间、配送情况、配送距离等多种因素计算。
- 实时状态查询:允许用户实时查看订单所处阶段,包括订单的待接单、拣货、打包、已发货、配送中等状态。
- 配送轨迹跟踪:提供订单从出库到最终送达的完整路径跟踪,用户可以查看订单的当前位置和过往的配送节点,了解配送进度。

- 配送信息修改：在订单还未最终发出之前，用户可能需要更改配送信息，如地址或配送时间。
- 配送费用明细：显示用户的订单配送费用的详细分解情况，包括配送费、包装费、服务费等。
- 确认收货：用户可以通过系统确认收货，这是完成订单流程的最后一步。

2. B 端履约管理

- 订单派单：接收来自销售平台的订单，并按照既定规则自动分配给对应的门店/仓库。
- 订单管理：全面管理订单的生命周期，包括订单的确认、处理、状态跟踪、修改和取消等操作。
- 拣货管理：管理仓库内的拣货操作，确保商品被准确无误地从货架上拣选出来，并进行打包和发货。
- 发货管理：全面管理发货单的生命周期，根据订单的地址、商品大小、重量和用户选择的履约方式，匹配合适的发货方式，并对发货流程进行跟踪。
- 逆向履约：当用户不满意或需退换商品时，逆向履约模块负责处理退货请求，并管理退货退款和换货流程。

12.5.2 领域层

领域层是业务逻辑的核心，它专注于表达业务概念、业务状态流转和业务规则，同时沉淀可复用的服务能力。主要模块包括：

1. 履约服务表达

负责向用户提供清晰的履约服务信息，包括预计发货时间、预计送达时间、预约服务（如定时达、次日达等）、履约费用计算及履约可达性。

2. 履约调度

提供订单履约的核心调度能力，确保订单高效处理和执行。负责管理订单从接收到配送准备的全过程，包括订单拆单、库存分配、拣货管理和发货管理等环节。

3. 物流调度

负责物流资源的协调和优化分配，具体包括承运商管理、运力调度、物流状态跟踪及物流异常处理等。

12.5.3 关联系统

订单履约系统与其他系统的集成关系：

- 基础数据系统：提供组织机构、用户权限和服务商等基础数据，保证系统间数据一致性。
- 商品管理系统：提供商品的价格、规格、描述、分类和 SKU 等信息。
- 中央库存系统：实时同步商品的库存数量和库存位置信息。
- 交易系统：同步已支付订单及其状态，包括预约时间、收货地址等关键信息。
- 仓储系统：负责商品入库、存储和出库管理，提供实时库存和库位信息，支持订单合理分配。
- 物流系统：负责配送环节管理，对接物流服务商，执行运单创建、轨迹查询和状态同步等操作，确保订单准时送达。
- 数据分析系统：处理订单、履约和配送数据，通过分析优化履约流程，提升用户满意度。

12.6 本章小结

本章主要介绍了订单履约系统的目标、概念模型和系统设计。

订单履约系统涵盖从用户下单到收到商品的全过程，致力于确保商品准时、准确送达，并优化商家运营效率。

首先，我们明确了订单履约的核心问题：送达时间不明确、订单处理效率低、物流配送错误及订单状态追踪不足。

这些问题不仅影响用户的购物体验，还增加了商家运营成本。为了解决这些问题，订单履约系统旨在提供准确的时效信息、提升处理效率、优化物流配送并实现订单实时追踪。

在实现规划中，订单履约系统分为三个核心模块：履约服务表达、履约调度和物流调度。

- **履约服务表达**：为用户提供清晰的发货时间、到货时间和费用信息，让用户在下单前获得透明的履约承诺，减少购物焦虑，提升信任感。
- **履约调度**：系统通过智能拆单和派单，确保商品从最优仓库或门店发货，缩短配送时间并降低成本。
- **物流调度**：系统根据物流服务商的时效和费用选择最佳配送方案，确保包裹安全快速送达。

此外，本章还介绍了系统的核心功能和概念模型，包括发货单、配送单等关键单据的处理逻辑。

在应用架构设计中，我们建立了层次分明、模块独立的结构。C端履约服务着重提升用户体验，B端履约管理简化商家操作，领域层则支撑核心业务规则和逻辑。通过与其他系统的协同，确保数据流转顺畅、流程高效。

订单履约系统是提升用户体验和商家运营效率的关键工具。它通过精准的时效信息、智能化调度，帮助商家降低成本，同时满足用户对快捷可靠服务的需求。

第 13 章　促销系统

促销活动的核心价值在于利用价格优势吸引消费者。许多消费者会积极寻找各类优惠，看到红包或折扣时容易产生购买冲动。

对商家而言，促销是快速清理库存的有效工具。特别是对于季节性商品或临期商品，促销能加快出货速度。同时，促销也能提升销售额，当消费者对商品感兴趣，但因价格犹豫不决时，适当的优惠往往能促使其下单购买。

13.1　促销业务概述

13.1.1　什么是促销

促销是商家吸引消费者购物的有效手段，旨在提高商品的知名度和销量。促销形式包括价格优惠、赠品、优惠券、折扣和买一赠一等。

在新零售行业中，促销非常重要。由于新零售将线上与线下相结合，消费者可以在线上浏览促销信息，再到实体店体验和购买商品。这种线上与线下的联动模式能显著增强消费者的购买意愿。

13.1.2　促销的价值

促销是一种强大的运营工具，能帮助运营者实现多个目标：吸引新用户、提高转化率、激活用户、提升留存率和促进传播。同时，促销可以有效推广商品、增加销量、提高客单价，并清理滞销库存。由于这些目标对运营者非常重要，促销成为一项关键的运营动作。

从消费者的角度来看，促销带来了以下好处：

- 省钱：促销让消费者以更优惠的价格购物，尤其在节假日期间，消费者能节省大量开支。
- 尝试新品：新商品通常会搭配促销活动，这降低了消费者尝鲜的成本和风险。即使商品不符合预期，较低的价格也能将损失降到最小。
- 购物体验：促销常伴随特殊包装、限量版商品或增值服务等新颖体验，增添了购物乐趣，提高了消费满意度。
- 简化选择：促销是消费者做出购买决定的重要依据，尤其对于对多个品牌持中立态度的消费者来说，优惠往往能成为最终的决定因素。

对商家而言，促销意味着：

- 塑造品牌形象：精心策划的促销活动能巩固商品的市场定位。例如，高端品牌通过限时折扣来维持其独特性，而富有创意的促销活动则能强化品牌形象，吸引目标客群。
- 增加市场份额：促销能帮助新品牌和新商品快速打开市场，提升品牌知名度。
- 了解市场反应：通过分析不同商品的促销效果，企业能获得商品受欢迎程度和价格敏感度等关键市场信息。
- 快速清理库存：促销能加速商品周转，尤其适用于季节性商品和即将过时的商品，有效降低了库存积压。

13.1.3 促销与营销的关系

促销是营销策略的一部分，专注于短期销售增长。它通过打折、优惠券、买一赠一、限时特卖等方式直接刺激消费者的购买行为。

促销的目的在于提升短期商品需求、增加销售额、清理库存，并在特定的时期扩大市场份额。它通常针对一部分商品或服务，具有时效性，鼓励消费者在限定时间内完成购买。

相比之下，营销是一个更广泛的概念，包含市场研究、产品开发、定价策略、促销活动和销售渠道管理等多个方面。营销的核心目标是满足消费者需求，通过建立品牌认知度和忠诚度来维系长期客户关系。除了促销活动，营销还涉及广告、公共关系、品牌建设和市场定位等领域。

总的来说，营销更注重长期战略发展，期望通过理解和满足市场需求来实现持续性增长。

13.2 促销业务流程

促销活动需要进行科学的规划和执行，一个完整的促销业务流程包含 5 个关键步骤：促销目标设定、促销方案设计、促销配置与推广、活动执行与过程管理、数据分析与评估，如图 13-1 所示。

促销目标设定 → 促销方案设计 → 促销配置与推广 → 活动执行与过程管理 → 数据分析与评估

图 13-1 促销业务流程

13.2.1 促销目标设定

1. 确定目标受众

开展促销活动前，需要先明确目标受众。既可按照新客户、老客户或特定消费群体等人群属性来分类，也可基于购买频率、客单价、地域分布等标签进行细分。

确定目标受众后，才能选择最适合的活动形式。比如，老客户需要更多的复购激励，而新客户则适合提供低门槛优惠或免费试用。

2. 明确促销的目标和预期结果

促销的目标主要分为销量目标和品牌目标。销量目标包括提升销量、清理库存和增加复购率等，品牌目标则侧重于提升品牌知名度和塑造品牌形象。

这些目标都需要具体量化，例如"活动期间销售额同比增长 20%""月均复购率达到 10 次"或"清理特定 SKU 库存"，这种明确的指标便于后期评估活动效果是否达到预期目标。

13.2.2 促销方案设计

1. 设计促销的活动内容

内容设计主要包括活动形式和优惠策略。常见形式包括满减、买赠、秒杀、优惠券和会员积分加倍等。在确定优惠力度时，需要考虑目标受众的价格敏感度，以及企业自身的利润边界。

如果目标是提高客单价，则可采用满减或满赠形式来鼓励消费者多买，例如"满100减10"或"购满两件送积分"。如果目标是吸引新客户，则可提供免运费或新人专享券等优惠。

2. 预算与收益评估

开展促销活动前，必须进行详细的投入产出分析，投入包括预算投入、商品成本、物料制作和宣传投放等费用。同时要预测促销可能带来的销售额增长和用户增长。

如果预估投入大于产出，则应及时调整优惠力度或改变活动方式，避免出现亏损。在预算有限的情况下，应优先选择见效最快的渠道，比如会员社群、微信公众号和 App 推送等。

13.2.3 促销配置与推广

1. 在系统中创建促销活动

在线上平台中，需要在促销后台配置各项促销活动参数，基本配置包括活动时间、参与门店、适用商品及优惠叠加规则。

对于新用户立减活动，必须明确定义"新用户"：是指活动期间新注册的用户，还是此前从未下单的注册用户，这些定义需要在系统中准确设置。

同时，可以设置数量限制，如"秒杀活动限量100件""每人限购2件"等。

经过审核后，活动将在指定时间生效。如果在活动期间发现配置错误或系统故障，则应立即中止或调整活动，以防损失扩大。

2. 物料制作与宣传推广

促销物料分为线上和线下两类。

线上素材包括 App 开屏页、微信公众号推文、社交媒体海报，以及短信或邮件文案。线下主要是实体门店海报、易拉宝和地推传单等。为了扩大影响力，应通过官网广告位、朋友圈和短视频平台等多渠道推广。此外，还可以开展异业合作，例如与商超联合发券。

13.2.4 活动执行与过程管理

1. 人员安排

促销活动的执行需要多个部门协同配合。线上活动中,运营团队负责监控系统数据,确保库存和价格的实时同步。

线下活动则需要门店员工主动引导消费者。对于大型促销活动,还需要仓储物流部门配合,提前做好货物储备,避免缺货情况。

客服团队要进行充分培训,确保能够熟练解答优惠规则和退换货等问题。同时,会设立专门的活动指挥小组,成员包括活动负责人,以及采购、IT、客服和市场等部门人员,共同处理活动期间可能出现的各类突发情况。

2. 活动现场或线上实时监控

活动开始后,需要实时监控订单量、库存销量和投诉情况等关键指标。

当某商品销售过快时,要及时采取限购或补货措施。如果发现转化率偏低,则需考虑调整优惠力度或加强宣传。同时要做好技术监控,包括后台系统的访问流量和支付接口稳定性。

当遇到峰值流量过高导致系统卡顿时,应立即采取扩容或限流措施,还要密切关注客服压力,在咨询量激增时及时增派人手,确保服务响应速度维持在合理水平。

3. 应急与迭代调整

当出现库存不足、核销异常或支付出错等突发状况时,必须迅速响应。

例如,当优惠券类型或发放渠道出错时,应立即停止发券并发布澄清公告。如果活动反响不及预期,则可适时增加补贴力度或调整商品策略来刺激购买。

商品退货与补发情况同样需要快速处理。例如,在秒杀活动中因超卖导致部分订单无法发货,及时向消费者发出退款通知,并发放补偿优惠券,有效缓解消费者的不满情绪。

13.2.5 数据分析与评估

1. 数据收集

活动结束后,需要全面收集用户行为数据、订单数据和渠道投放数据。这包括订单量、销售额、客单价、转化率和退货率等关键指标。同时，要记录各渠道的投放费用、点击量和成交转化情况。

后台需要进行埋点统计，监测消费者在每个促销页面的访问深度和停留时长。对于使用优惠券的活动，需要统计优惠券的发放量和实际核销量，评估不同类型优惠券的效果。只有掌握这些完整数据，才能客观评估活动成效。

2. 效果分析与目标对比

需要将活动实际结果与前期设定的目标进行对比分析，评估实际数据是否达到预期。同时要深入剖析原因：投放渠道是否精准？活动力度是否恰当？订单高峰期的发货延迟是否影响了用户体验？

3. 复盘与经验沉淀

最后要进行系统化复盘，全面梳理活动流程、投放效果和用户反馈。要总结成功经验，比如在促销配置时如何设置合理门槛来平衡利润和销售额。

同时要深入分析问题，例如部分商品叠加优惠造成定价混乱，导致结算时出现消费者投诉，这说明促销规则仍需优化。所有复盘结论都应记录在内部知识库中，为未来活动提供参考，避免重复同样的错误。

13.2.6 促销工具的使用场景

在新零售领域，我们面对多样化的促销工具使用场景，每种工具都被设计用来支持不同类型的促销活动。例如，特价促销、秒杀活动、满减优惠、买赠活动、满额打折、优惠券发放等。

然而并非每种促销工具都适用于所有促销场景。实际上，每种工具都有其特定的应用范围和效果最大化的场景。因此，选择合适的促销工具对于达成运营目标非常重要，这需要深入了解各种工具的特点和局限性。

对于零售商家，核心目标是将商品（货）更有效地推销给消费者（人），而促销的目标是提升整个过程的运营效率。

从消费的生命周期的角度来看，各阶段对应的促销场景如表 13-1 所示。

表 13-1　各阶段对应的促销场景（消费的生命周期的角度）

消费的生命周期	促销场景	促销工具
考虑阶段	用户拉新，促使潜在消费者购买商品或服务	新人券、入会有礼
购买阶段	激励消费者做出购买决定	包邮、拼团、下单有礼
复购阶段	激励消费者重复购买，增强消费者忠诚度	会员等级、会员积分、优惠券
挽回阶段	召回可能流失的消费者	特殊优惠券

从商品的生命周期的角度来看，各阶段对应的促销场景如表 13-2 所示。

表 13-2　各阶段对应的促销场景（商品的生命周期的角度）

商品的生命周期	促销场景	促销工具
引入阶段	在市场上推广新商品，提高消费者对新商品的认识和兴趣	新品券、秒杀、预售
增长阶段	快速提升销量和市场占有率，与竞争对手区分开	满减送、加价购、第二件半价、优惠套餐
成熟阶段	在竞争激烈的市场中，保持商品的市场份额	满减送、加价购、第二件半价、优惠套餐
衰退阶段	清理存货，为新商品腾出空间	限时折扣、打包一口价

13.2.7　促销工具的分类

在探讨促销业务时，首先要明确，促销活动的核心是提供优惠。这些优惠形式多种多样，目的是适应不同场景，实现特定的业务目标。

有些促销活动是直接降低商品价格，有些则要求消费者达到特定购买门槛才能享受优惠。这些不同的促销形式不仅在业务层面各有特点，在系统设计上也需要差异化处理。

为了设计出易理解、易扩展的促销系统，我们需要对促销工具进行分类。这种分类同时能帮助我们在设计系统架构时更好地进行业务抽象。

根据优惠形式的不同，我们可以将促销工具分为以下几个主要类别。

1. 单品级优惠

针对单一商品提供直接降价的促销方式。这类优惠最为直观，包括限时一口价、商品直降、固定折扣、限量秒杀等，这种优惠形式适合清理特定商品库存或提升单品销量。

2. 订单级优惠

基于整个订单中一组商品的总金额提供的优惠方式。这类促销包括满额减免、满额折扣、满额赠送商品，以及低价加购商品等形式。这种优惠能有效提升客单价，刺激消费者多购买，也可以通过搭配销售来推广新品。

3. 抵扣类优惠

在订单最终结算时提供的支付抵扣方式，包括各类优惠券抵扣、账户余额支付、平台红包抵扣、会员积分兑换等。这类优惠形式灵活多样，可以与其他优惠叠加使用，既能提供实惠，又可以增加消费者黏性。

4. 返还类优惠

基于消费者实际支付的金额提供的返利机制，如消费满额返还积分、购物返优惠券、消费满额返现等。这种方式通过返还激励，引导消费者进行后续购买，形成良性循环。

13.3 促销系统规划

各类促销活动的系统流程可以抽象为三个阶段：

- B端促销活动管理：商家运营人员在后台系统中配置和管理促销活动，包括设定活动基本信息、使用规则、选择适用商品等核心功能。
- C端促销活动参与：消费者在前台系统中浏览和参与促销活动，并在下单时获得相应的价格优惠或其他权益。
- 促销效果分析：通过促销活动的数据采集和分析功能，评估活动成效并为后续促销策略提供决策依据，重点跟踪销量提升、客单价变化和新客户转化等核心指标。

由于优惠券活动在创建流程、使用规则、发放方式和核销流程上具有特殊性，我们将对其进行单独讨论。

13.3.1 促销活动系统流程

如图 13-2 所示，促销活动系统流程开始于活动创建，经过活动生效、前端展示，最后应用在消费者结算、下单时的价格计算上。

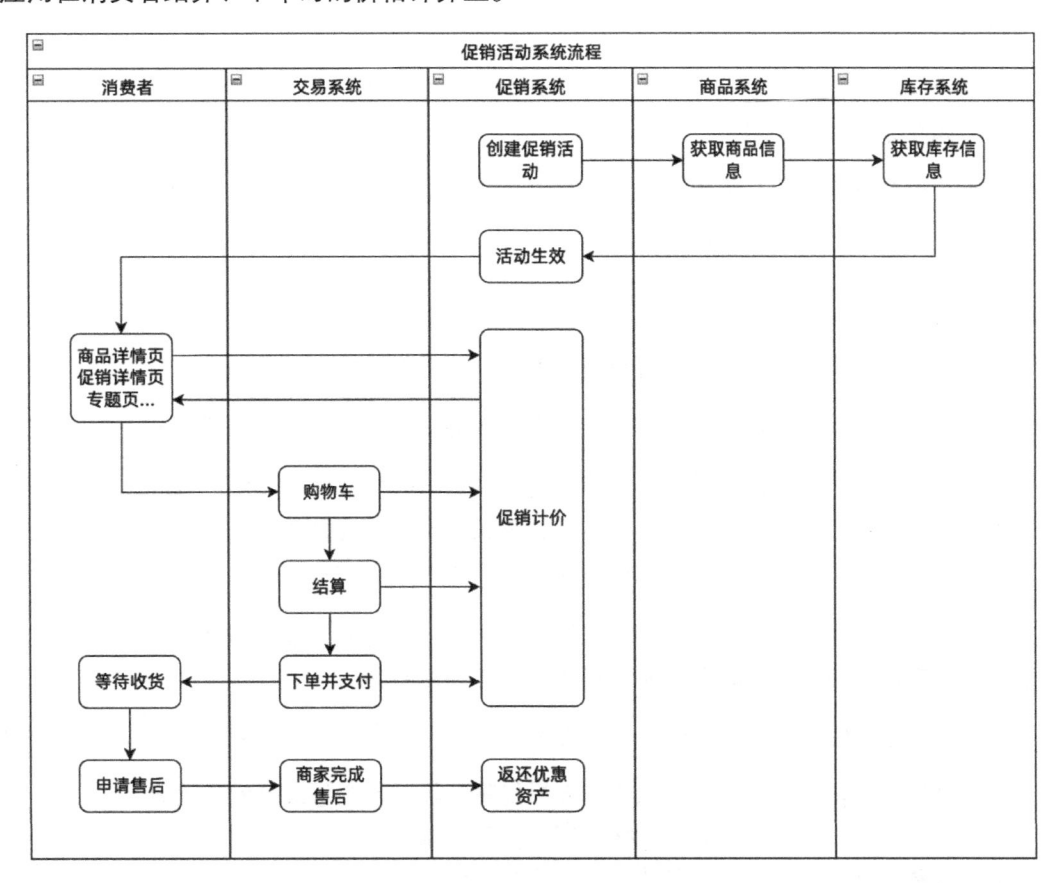

图 13-2　促销活动系统流程

13.3.2 促销活动创建环节

促销活动的创建分为三个核心配置环节：基础信息、活动规则、活动商品与活动库存。

1. 基础信息

基础信息决定促销活动的核心定位，主要包括活动名称、类型、时间周期、使用限制等。活动名称要清晰体现优惠方式,如"满100减10""限时秒杀"。

活动类型涵盖满减、直减、折扣、秒杀等形式。

时间周期需根据促销活动的目标、节假日需求和库存情况设置,例如"双十一"促销,通常持续数天至一周。

活动通常也需要设置使用限制,例如用户限制(如仅限新用户、特定会员等级)和渠道限制(如特定区域或终端)。

对于需要精确定位目标人群的活动,应在后台系统中设置合理的人群标签分类,确保活动生效后,能准确触达特定用户群体。

2. 活动规则

活动规则由优惠门槛和优惠内容组成,共同决定最终的促销优惠方案。

优惠门槛是指消费者需要满足哪些特定条件才能获得促销优惠。通常包括:

- 消费金额门槛:如"满300元减50元"中,300元为消费金额门槛。
- 购买数量门槛:如"买三送一"中,需要购买3件商品才能获得赠品。
- 会员等级门槛:某些优惠活动可能仅限特定等级的会员参与。

设置合理的优惠门槛可以帮助商家提升客单价,同时避免过度让利影响利润,门槛的高低需要根据商品特性、市场竞争和消费者消费能力来权衡。

优惠内容是指促销活动中具体给予消费者的优惠形式和力度,主要包括:

- 金额减免:如"满300减50""8折优惠"等固定金额或比例的优惠。
- 赠品促销:购买指定商品后赠送额外商品或赠品。
- 运费优惠:免运费或运费减免等物流费用优惠。
- 组合优惠:如第二件半价、多件优惠等数量相关的优惠。

此外,在创建促销活动时,必须明确规定该活动能否与其他促销叠加使用,包括是否可以与店铺优惠、平台活动或优惠券配合使用,这项规则对防止过度优惠非常重要。

3. 活动商品与活动库存

在创建促销活动时,可选择全部商品、指定商品或排除某些商品参与。例如,虚拟卡券不适用某个促销活动,在设置活动商品时,应在商品层面排除这些商品。为实现灵活的组合，参与活动的商品应细化到 SKU 粒度。

活动库存的管理包含用户维度和商品维度两个方面。用户维度通过限购来防止囤货，例如"每人限购 2 次"，超出限制后只能按原价购买。商品维度则控制活动总量，当库存耗尽时自动恢复原价，并下架活动。

活动库存管理在秒杀活动中格外重要。由于秒杀活动会吸引大量用户在短时间内集中抢购限量商品，系统需要精确控制库存数量以确保活动公平，并防止出现超卖问题。

活动生效与结束：

活动生效时，系统会根据设定的开始时间自动触发优惠。当大量商品同时生效时，系统负载会显著上升，需提前与技术团队沟通并进行压力测试。活动结束可通过以下方式触发：

- 正常达到设定的活动结束时间。
- 活动提前结束或中止，如活动库存快速售罄，无须继续维持促销。
- 人工干预撤出部分商品，如果发现价格定位失误或商品损失过大，则需临时取消优惠。

需要注意的是，在活动进行中撤销促销活动会影响用户体验。为了降低不良影响，可以通过严格的审批流程和后台权限管理进行把控。

13.3.3　C 端促销活动参与

C 端促销活动参与是指消费者在前端参与各类促销活动的完整过程。消费者可以通过多个入口了解促销信息，选择感兴趣的商品，并在下单时享受相应的价格优惠。促销活动参与的关键环节包括：

- 浏览促销信息：消费者通过首页 Banner、活动专题页、商品列表、商品详情等多个入口了解当前的促销活动。
- 选择商品：根据促销规则选择符合条件的商品，系统会实时展示优惠后的价格。
- 确认订单：确认商品数量，系统自动计算优惠金额并显示最终支付金额。
- 完成支付：消费者支付订单后，系统会记录其享受的优惠详情。

1. 促销信息展示

促销主要在以下几个位置进行展示：

- 商品详情页：按商品维度展示当前生效和即将生效的促销信息，包括促销标签、倒计时、到手价和促销说明等。即将生效的促销（如秒杀）会优先展示，并显示预计开始时间。
- 促销详情页：按促销维度展示活动时间、规则和参与商品。该页面便于消费者查找促销商品和凑单，配备搜索功能和价格排序等工具。
- 商品列表页：展示商品维度的促销标签，因展示空间受限，需设置标签优先级规则。
- 专题页：通过页面搭建模块，由运营人员手动配置和管理促销内容展示。

2. 促销计价

促销计价是指根据设定的促销规则，计算商品在促销活动中的实际销售价格的过程。它需要考虑多个因素，包括原价、促销规则和叠加互斥等，最终得出用户实际需要支付的金额。

促销计价的核心是确保商品价格既能体现促销优惠力度，又要保证商家的合理利润。同时，促销计价还需要将促销优惠金额合理地分摊到订单中的每个商品上。这个过程对于订单售后、数据统计和财务核算都非常重要。促销计价主要包括两个关键场景：

- 售后：当用户申请售后时，需要准确计算应退金额，这就需要知道每个商品实际分摊了多少优惠金额。
- 数据分析：为了准确统计每个商品的实际收入和利润，需要将订单级别的优惠按照合理的规则分摊到具体商品上。

促销计价会在概念模型设计章节中详细讲解。

13.3.4 促销逆向流程

促销逆向流程是指当订单发生取消、退款或其他异常情况时，需要对已使用的促销优惠进行合理处理的一系列操作。

促销逆向流程的核心目标是确保在订单发生变化时，能够准确、及时地处理优惠资产，既要保护商家利益，又要维护消费者权益。

例如，商家推出"满 100 元送优惠券"的活动。一位消费者下了 200 元订单并获得优惠券，后来申请全额退款，此时商家要求回收优惠券。另一位消费者也下了 200 元订单，但只申请退款 50 元，因为订单金额仍超过门槛，商家决定让消费者保留优惠券。

这个过程需要考虑多种复杂场景，如部分退款、分批退款等情况下的资产处理策略。

13.3.5 促销活动效果分析

促销活动结束后，需要对执行效果进行全面评估，关键是要将数据指标与活动目标相对应，例如：

- 如果活动目标是获取新客户，则重点关注新客户数量和获客成本。
- 如果目标是提升客单价，则重点分析订单金额分布和商品组合情况。
- 如果是清理库存，则重点分析目标商品的去化率和库存周转情况。

在长期运营过程中，促销活动需要持续试错和优化，在用户体验和收益之间找到平衡点。

13.3.6 优惠券系统流程

优惠券是一种常见的营销工具，本质上是商家承诺给予消费者的价格折扣凭证，具有面值、使用条件和有效期等基本属性。

如图 13-3 所示，优惠券系统流程主要包括创建优惠券模板、创建领券活动、领取优惠券、核销券。

促销活动结束后，还需要进行活动效果分析，整体可以视为一个"投放—领取—使用—复盘"的完整循环。

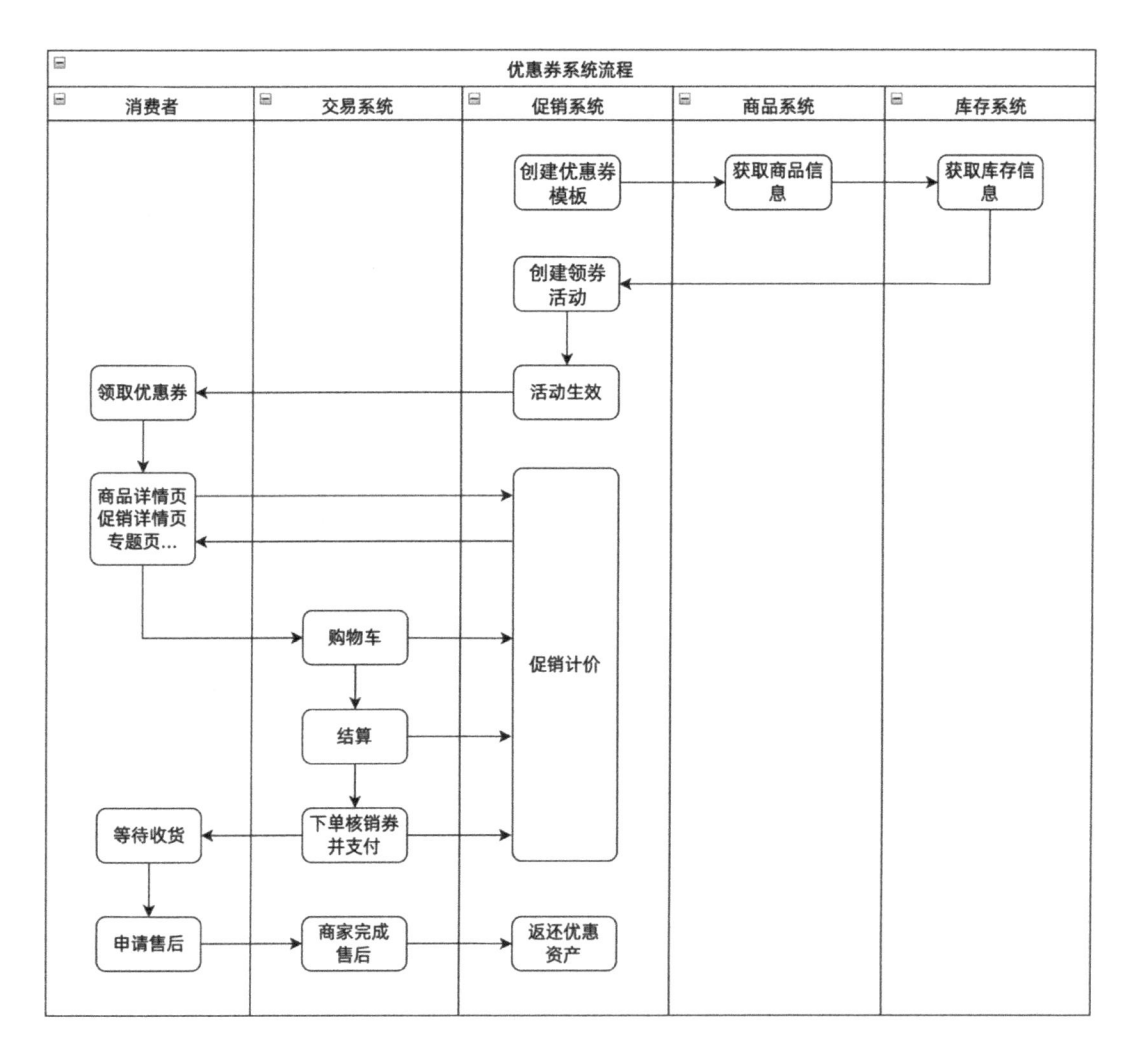

图 13-3 优惠券系统流程

13.3.7 创建优惠券模板

优惠券模板是创建和管理优惠券的基础配置单元，它定义了一类优惠券的核心属性和使用规则。通过优惠券模板，运营人员可以批量生成具有相同属性的优惠券。

优惠券模板主要包含以下核心信息：

- 展示信息：优惠券名称、面值金额、使用说明等。

- 有效期规则：固定有效期、领取后 N 天有效等。
- 使用门槛：适用商品范围、消费门槛、新客户/老客户、是否可与其他优惠叠加等。
- 发放规则：发放总量、单用户领取限制、发放渠道、目标用户群等。
- 优惠内容：满减、折扣、商品兑换等。
- 预算控制：优惠总额度、承担比例等。

有些系统为了让商家更容易理解，会将优惠券模板与活动信息合并在一起。

然而，从系统底层设计的角度来看，将优惠券模板和活动信息分开更为合理，主要基于以下几点考虑：

1. 模块化管理，适应不同活动类型

不同活动类型需要维护的信息各不相同。例如，领券活动需要"领取时间""用户限领量"等属性，而抽奖活动需要"奖品及规则设置""用户抽奖次数"等属性。

若将优惠券模板和活动信息合并，则会导致页面和配置逻辑臃肿，难以扩展。分开后，优惠券模板只需提供券基础信息即可，各模块可专注处理自身业务，便于后续维护和开发。

2. 预算管理更灵活

企业通常会对优惠券发放设置预算。将优惠券模板独立出来，并在创建时进行预算设置，有助于成本把控。

例如，"双十一"期间发放"满 100 减 10"的券，预算为 10 万元，限制发放 1 万张。创建优惠券后，这 1 万张券可在活动期间灵活发放。分开设计后，活动系统只需判断剩余可发券数量，预算核销则在优惠券模块统一处理，避免相互干扰。

3. 降低系统耦合度，减少维护成本

优惠券的使用场景多种多样，除了常规的领券活动，还包括客服补偿、抽奖、办会员赠送等。

如果优惠券与活动信息紧密绑定，那么任何一方的调整都可能影响另一方，增加升级和维护难度。相反，分离式设计符合软件工程的"低耦合"原则，可大幅降低后续迭代和维护成本。

13.3.8 创建领券活动

优惠券模板仅定义了券的基础信息、使用门槛和优惠力度。要实际将券发放给消费者，还需要创建领券活动，领券活动主要规定活动时间、领券位置、目标人群、活动总量与领取限制。

1. 活动时间

活动时间规定了消费者可领取优惠券的具体时段。为了确保用户体验，优惠券的有效期必须长于活动结束时间，避免消费者领到已过期或即将过期的券。

2. 领券位置

领券活动需要确定在哪些位置触达消费者，如首页、商品页、购物车、领券中心等。不同位置的曝光效果和投放成本各异。例如，首页弹窗虽然曝光最大，但成本也最高；对于新渠道合作，还需要考虑渠道自身的规则限制。

3. 目标人群

创建领券活动时需要明确目标人群，精细化运营则可以通过 CRM（客户运营系统）圈定具体用户群。

例如，为了提升高端会员的忠诚度，可专门向 VIP 用户发放满 200 减 50 的大额券。但此类高价值券需要配合风控措施，防止被滥用。

4. 活动总量与领取限制

领券活动需设置总发券量，并可分时段发放，避免优惠券瞬间被抢光。同时设定每人的领取上限，既可以确保优惠覆盖面，又能控制成本。

13.3.9 领取和使用 C 端优惠券

从 C 端视角看，优惠券的核心是"领"和"用"两个动作。

1. 领取优惠券

根据领取场景的不同，优惠券主要可以分为以下两大类：

- 公开券：在领券中心、商品详情页等公共入口提供，所有消费者均可领取。
- 私密券：仅能通过定向链接、兑换码或人工添加方式获得。

领取优惠券后，消费者可在个人账户中查看优惠券列表，可以根据券的状态（未使用、已使用、已过期）判断使用权限。

2. 核销优惠券

当消费者结算订单时，系统自动匹配可用的优惠券。当多张券同时满足使用条件时，系统会展示可选列表供消费者选择。

订单提交后，系统自动执行优惠券核销，将优惠券标记为已使用，并记录核销时间和订单信息，以供后续数据分析。

3. 售后返还

售后流程涉及优惠券返还政策，这是一个需要仔细考虑的重要环节。系统需要根据具体的退款情况和优惠券使用状态来执行相应的返还规则。常见的规则如下：

- 已过期的券不予返还。
- 订单全部退款时，优惠券返还至消费者账户并重新激活。
- 若只退货部分商品，剩余商品仍满足优惠券使用条件时，则不予返还优惠券，以防止重复使用。

这些流程需要与售后系统密切配合，监控售后原因和时间，同时对频繁退券行为进行风控。

13.3.10 促销系统的核心功能

通过上述的促销系统流程分析，我们已经了解了促销系统的核心要素和关键流程。促销系统的核心功能模块可以抽象为三大板块：促销活动管理、C 端促销活动参与和促销效果分析。

- 促销活动管理：活动创建与规则配置、活动审核与发布、活动状态管理等。
- C 端促销活动参与：活动页装修与展示、购物车（凑单、分组、优惠计算）、下单并支付（用券、抵扣、权益返还、优惠计算）等。
- 促销效果分析：数据采集、用户转化分析、ROI 分析、报表导出等。

13.4 概念模型设计

概念模型设计是促销系统开发的关键环节,我们需要基于之前的功能分析,将复杂的促销业务拆解成清晰的领域概念,这些概念之间的关系界定和边界划分,将直接决定系统的可维护性和扩展性。

13.4.1 促销系统核心概念模型

通过对促销业务的分析,我们可以抽象出促销系统核心概念模型,如图 13-4 所示。

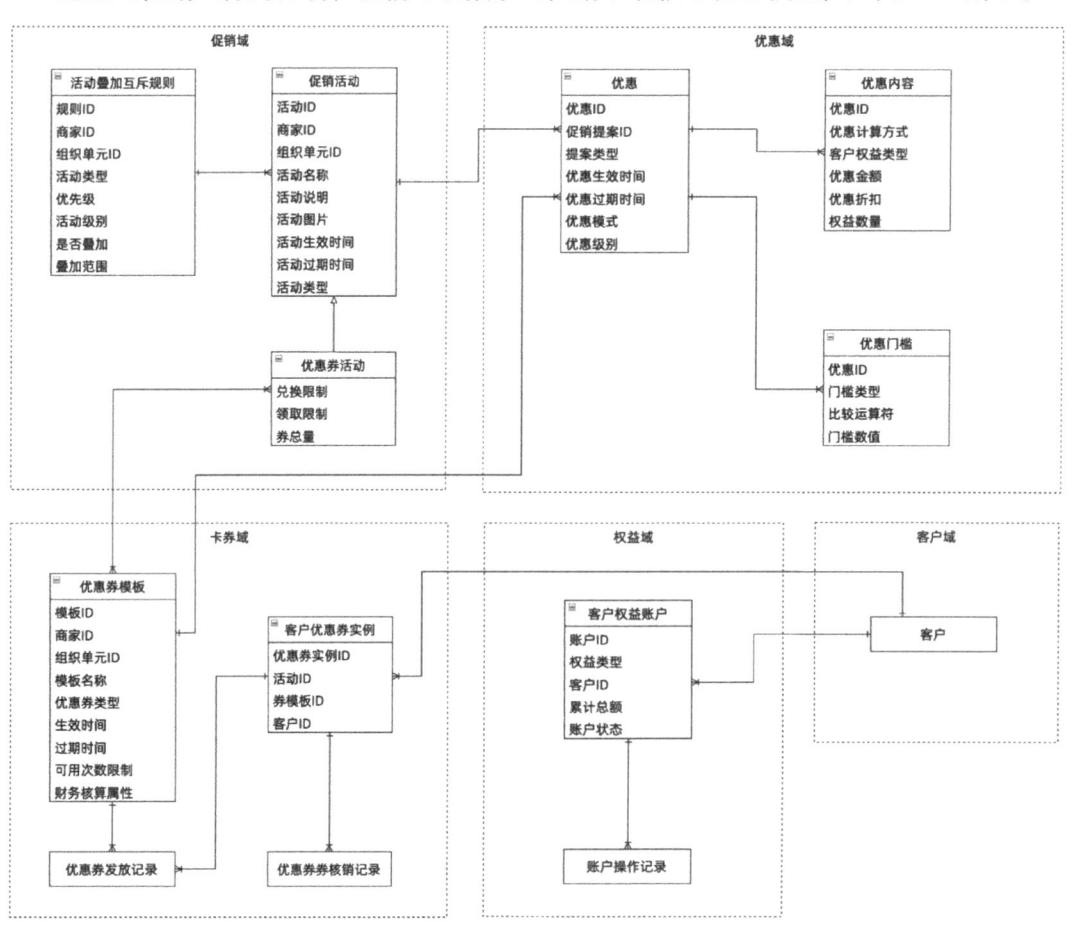

图 13-4 促销系统核心概念模型

1. 促销活动模型

促销活动模型对活动的各个要素和规则进行抽象，包含活动名称、描述、时间、类型和状态等基本属性。

2. 优惠券活动模型

优惠券活动是一种特定的促销活动类型，通过发放优惠券吸引消费者购买商品并提升品牌忠诚度。该模型包含活动名称、时间、发放数量限制和券总量等属性。

3. 活动叠加互斥规则

该规则定义了促销活动之间的组合关系，某些优惠不能与其他优惠同时使用（互斥），而某些优惠可以与其他活动一起使用（叠加）。

4. 优惠模型

优惠模型是对商家提供给消费者的福利的抽象，可以是折扣、固定金额减免等。一般来说，消费者必须满足特定行为才能享受。

1）为何抽象出一个"优惠"模型

优惠规则通常是促销活动的一部分，为何不能合并到活动模型中，需要抽象出一个"优惠"模型？主要有以下考量因素：

- 业务关注点不同：虽然优惠规则通常是促销活动的一部分，但促销活动本质上是对消费者的一种行动号召，并承诺消费者满足特定行为就能给予优惠。促销活动主要关注如何吸引消费者参与，可能包含推广、营销策划和销售目标制定。而优惠是消费者实际享受的具体折扣、返利、积分累积或其他福利。
- 灵活性和扩展性：将优惠作为一个独立模型，可以更灵活地扩展促销系统。例如，新增一个促销活动"会员专享优惠"，只需基于现有的优惠模型，设置会员专享的优惠门槛和优惠内容即可，不影响现有的优惠处理逻辑。此外，优惠不仅可以来源于促销活动，还可以来源于其他场景，例如会员等级成长所带来的优惠。
- 简化会计和财务处理：从会计和财务角度看，不同促销活动的处理方式可能完全不一样，将优惠模型独立出来，也是为了简化会计和财务处理，针对不同的优惠模式、优惠级别进行标准化的处理。

2）优惠级别

优惠级别分为商品级、订单级、权益级，这些级别定义了优惠价值如何被分配和应用。

- 商品级：优惠价值应用于符合优惠门槛的单个商品或多个商品。例如，买一送一场景，优惠金额减免会直接应用于这些买赠的商品上。
- 订单级：优惠价值应用于整个订单，通常是基于订单总价来计算，同时之前应用的商品级价格也会跟着减少。
- 权益级：优惠价值应用于一个权益账户，通常只适用于延迟赠送的奖励。例如，消费者因为下单支付而获得积分，这些积分累积在账户中，可以在未来用作折扣或兑换商品。

3）优惠模式

优惠模式分为立享、抵扣、返还三种模式：

- 立享：在交易过程中立即兑换优惠价值，如满减、满折、满赠等。
- 抵扣：之前积累的优惠价值，在后续交易订单的最终支付金额上提供抵扣，如使用优惠券、余额、红包、积分等。
- 返还：基于订单的实付金额或特定策略提供返利，可在未来购买商品时使用，如满返积分、满返优惠券等。

5. 优惠内容

详细说明优惠的具体内容，优惠内容可分为价格替代、折扣、固定金额减免、运费减免、积分/优惠券返还及其他奖励。

6. 优惠门槛

消费者享受优惠需要达到的条件，门槛类型包括商品相关（特定商品、品牌、分类）、购买数量、金额、销售渠道、消费者相关（特定消费者账户、会员等级）、特定支付方式等。

7. 优惠券模板

用于创建具体优惠券的基本属性和规则，模板定义了优惠券的基本属性，如名称、有效期、使用门槛、可用次数限制等。

8. 消费者优惠券实例

消费者优惠券实例是消费者领券后，根据优惠券模板生成的具体优惠券实体。

9. 消费者权益账户

记录和管理消费者在商家处的积分、红包等权益的账户，通常用于追踪消费者的购买历史、积分累计和兑换情况等。

基于上述核心概念模型，下面讲解促销计价的处理逻辑。

13.4.2 活动的叠加互斥规则

活动的叠加互斥规则用于控制多个促销活动是否可以同时生效。针对同一商品或订单，系统需要判断是否允许多种优惠叠加。若只允许一种优惠生效，则称为互斥；若允许多个优惠同时生效，则称为叠加。以下是常见的叠加互斥规则：

1. 单品级组内互斥

单品级组内互斥规定同一商品只能享受一种优惠。比如某商品同时参与"一口价"和"限时折扣"两种促销，活动生效时，只能选择其中一种，这样可以防止单个商品优惠力度过大、商家利润受损。

2. 订单级组内共享

订单级组内共享是指允许多个基于订单总额的活动同时生效，如"满减""满折""满赠"等订单维度的促销活动。

举例来说，消费者下单金额为 120 元，同时满足"满 100 减 10"和"满 100 赠 5 元券"的条件。在订单级允许共享的情况下，这两个优惠可以同时享受。

如果商家希望控制优惠力度，则可以将"满减"和"满赠"设置为互斥，但这样会降低促销的灵活性。

3. 配送费组内互斥

配送费组内互斥是指限制配送费促销活动只能生效一种，以防止配送费优惠过度。例如，"配送费减 5 元"和"配送费减半"这类优惠只能二选一，不能叠加使用，这样可以避免商家承担过高的运费成本。

13.4.3 活动命中规则

活动命中规则决定了当商品或订单同时满足多个活动条件时，应该使用哪个活动。

"叠加互斥规则"解决了"是否可以叠加"的问题，而"命中规则"解决了"不能叠加时选哪个"的问题，它帮助系统选择最适合且最有利于商家的活动方案。

活动命中规则并无统一标准，需要根据具体业务场景来制定。运营团队通常会从优惠力度、活动优先级和活动有效期等方面来确定活动的优先顺序。

1. 按优惠金额优先

当系统以"优惠金额最大化"为导向时，会根据促销活动的实际让利金额来确定优先级。例如，某商品原价为 10 元，可享受 7 折或限时特价 5 元两种优惠。因为 7 折优惠 3 元，而限时特价优惠 5 元，所以系统会选择限时特价方案。

2. 按活动优先级排列

部分商家会在后台配置活动优先级，系统按优先级从高到低依次判断。例如，新品推广活动的权重高于常规促销，系统会优先采用新品推广活动。

3. 按时间先后

按时间先后的活动命中规则主要考虑两个因素：

- 活动创建时间：系统优先选择较早创建的活动，确保原有活动得到充分利用。
- 活动结束时间：系统优先考虑即将到期的活动，以充分利用活动资源，避免名额或预算浪费。

例如，当商品同时满足两个活动条件时，如果其中一个活动将在 24 小时内结束，另一个还有一周有效期，那么系统会优先使用即将结束的活动，确保临期活动能被及时使用。

13.4.4 优惠计算顺序

优惠计算顺序决定了多个活动在同一订单中的计算先后顺序，这个顺序直接影响最终订单价格。例如，先计算折扣再计算满减，与先计算满减再计算折扣，最终结果可能会有显著差异。

常见的优惠计算顺序如下：

（1）计算单品优惠，这会直接改变商品的结算价格。

（2）计算订单级优惠，因为需要根据商品的最终单价来判断是否达到优惠门槛。

（3）处理返还类优惠，比如"支付后返积分"需要消费者完成支付才能触发。

部分商家可能会根据运营需求灵活调整这个顺序以提高转化率。无论采用何种顺序，关键是要确保计算逻辑清晰、避免歧义，并保证结果可以准确复现。

13.4.5 优惠分摊

优惠分摊是指将活动优惠金额按比例分摊到各个享受优惠的商品上，从而在数据统计或退款时能准确计算出每件商品获得的实际优惠金额。

常见的分摊公式：商品优惠金额=总优惠金额×(商品金额/参与优惠的商品价格总和)。

1. 分摊要点

首先要确定参与分摊的商品范围，未参与优惠的商品不应参与分摊。

将优惠按商品金额从小到大依次分摊，并将最大金额的商品作为最后一件，以确保优惠金额能完全分配完毕。

对于舍入和尾差，当分摊金额出现小数时，需要明确四舍五入的规则，并将尾差加到最后一件商品上，确保分摊总额与实际优惠金额相符。

2. 分摊示例

假设消费者购买 A、B、C 三件商品，单价分别为 20 元、30 元、40 元，总价为 90 元。参加"满 80 减 20"的活动，总优惠金额为 20 元。

- A 商品分摊金额：20/90×20≈4.44 元。
- B 商品分摊金额：30/90×20≈6.67 元。
- C 商品分摊金额：40/90×20≈8.89 元。

为了确保数据准确，最终分摊总额必须等于 20 元。如果遇到四舍五入误差，则可将尾差计入 C 商品或最大金额商品。

13.5 应用架构设计

图 13-5 为促销系统的应用架构设计。接下来将从应用架构的三个层面展开讨论：应用层、领域层和关联系统。

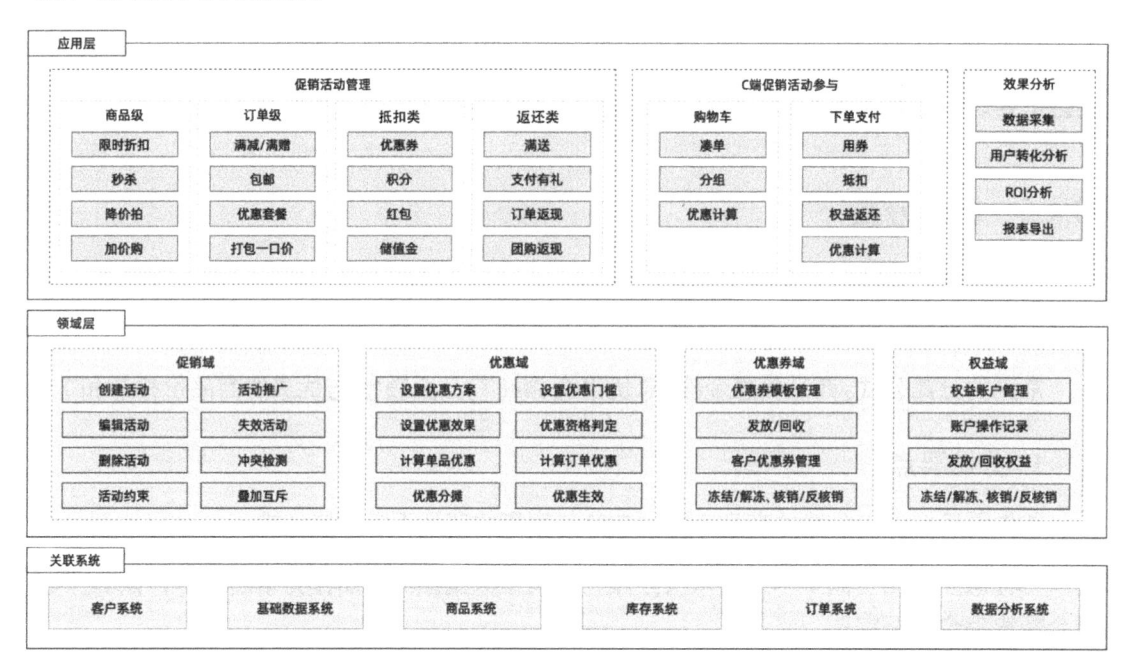

图 13-5　促销系统的应用架构设计

这种分层设计可以有效降低系统复杂度，同时提升代码的可维护性和可扩展性。每一层都具有明确的职责和边界，并通过清晰的接口定义实现层间通信。

13.5.1 应用层

应用层接收用户请求并提供服务功能，主要包含以下模块：

1. 促销活动管理

负责创建与管理商品级、订单级、抵扣类和返还类的促销活动。商家可以根据市场需求和销售策略，灵活设计和调整促销活动。

2. C 端促销活动参与

为消费者提供优惠计算、抵扣和权益返还等服务：

- 凑单、分组：智能算法帮助消费者找到最优惠的商品组合，并按商品类型和促销规则进行分组，让消费者轻松获得最大优惠。
- 优惠计算：根据订单金额和优惠规则，计算最终优惠金额。
- 抵扣：让消费者使用已有权益抵扣订单金额。
- 权益返还：按照商家设定的规则，将订单金额部分转化为权益（如积分、红包、集点）并返还给消费者，提升购物体验和品牌忠诚度。

3. 效果分析

为商家提供促销效果分析功能，包括数据采集、用户转化分析、ROI 分析和报表导出。

13.5.2 领域层

领域层是业务逻辑的核心，负责处理促销系统的核心业务并沉淀可复用的服务能力。主要模块包括：

- 促销域：负责促销活动的管理、推广、活动约束、叠加互斥规则的设置等功能。
- 优惠域：处理优惠规则设置、门槛判定、优惠计算、优惠生效等功能。
- 优惠券域：管理优惠券模板、券实例的完整生命周期，包括发放、核销、反核销等功能。
- 权益域：管理消费者的各类权益账户，如积分、红包和集点等功能。

13.5.3 关联系统

促销系统需要与多个关联系统进行交互和数据交换，以下是促销系统的主要关联系统，以及核心业务关系：

- 客户系统：提供消费者的基本信息、购买历史、偏好设置、消费者等级等信息。
- 基础数据系统：促销系统通常需要根据组织机构的不同部门、区域、门店来定制特定的促销活动。
- 商品系统：提供商品价格、分类、描述等促销相关的商品资料。

- 库存系统：促销系统需要库存系统提供库存数据来确保活动商品有足够的库存量，促销活动通常和库存水平息息相关，特别是库存清理、商品促销热卖的场景。
- 订单系统：在订单创建、结算过程中，会处理优惠计算、优惠生效的逻辑。
- 数据分析系统：记录和分析促销活动的效果数据，包括活动参与度、用户转化率、消费者行为分析和投资回报率（ROI）等关键指标。

13.6 本章小结

本章详细介绍了促销系统的设计与实现，对促销的基本概念、业务流程到系统架构设计进行了全面的阐述。

在促销业务概述部分，明确了促销的多样形式及其在新零售行业中的重要性。促销不仅能帮助运营者实现吸引新用户、提高转化率、激活用户等多个目标，还能有效推广商品、增加销量、提高客单价，并清理滞销库存。

在业务流程方面，本章将促销活动分为五个关键步骤：促销目标设定、促销方案设计、促销配置与推广、活动执行与过程管理、数据分析与评估。每个环节都需要细致规划，确保活动效果，特别是在目标设定阶段，需要明确目标受众和预期结果，为后续活动评估提供明确标准。

本章还深入探讨了促销系统的核心概念模型，包括促销活动模型、优惠券活动模型、活动叠加互斥规则、优惠模型等重要组成部分。这些模型的合理设计直接影响系统的可维护性和扩展性。在促销计价方面，详细讨论了活动叠加互斥、活动命中规则、优惠计算顺序和优惠分摊，确保了促销优惠的准确性和公平性。

在应用架构设计部分，采用了分层架构，将系统划分为应用层、领域层，并明确了系统间的关联关系。

应用层负责处理促销活动管理、C端促销活动参与和数据分析等功能；领域层作为业务核心，提供促销、优惠、优惠券和权益等关键域的领域能力；同时促销系统还需要与客户系统、商品系统、库存系统、订单系统等相关系统进行密切交互。

通过合理的分层和模块化设计，促销系统能够灵活应对各类促销场景，满足商家多样化的运营需求，同时为消费者提供流畅的购物体验。

第四部分
AI 时代的 SaaS 变革

第 14 章　AI 大模型与智能体

第 15 章　SaaS+AI 应用实战

第 14 章　AI 大模型与智能体

随着人工智能技术的快速发展，AIGC（AI Generated Content）和 AI 智能体（AI Agent）技术正在深刻改变软件行业的格局。

本章将深入探讨 AI 大模型与智能体的核心概念、应用和发展趋势，让读者深入理解这些创新技术为企业带来的机遇与挑战。

首先介绍 AIGC 的基本概念、发展历程和产业链结构，然后深入探讨 AI 大模型与智能体的基本概念、工作原理、架构设计。

通过本章内容，SaaS 从业者可以更好地把握 AI 技术带来的变革机遇，为企业在人工智能时代的数字化、智能化转型提供指导。

14.1　AIGC 概述

14.1.1　基本概念

AIGC 是指利用人工智能技术，自动或半自动地生成文字、图像、音频、视频等各种形式的内容。

与传统依靠人工创作（User Generated Content，UGC）或专业团队创作（Professional Generated Content，PGC）的方式相比，AIGC 不仅大幅度提升了内容生产的效率，更拓展了创作边界，给内容创作带来了前所未有的机遇和挑战。

AIGC 的出现离不开人工智能技术的飞速发展。随着深度学习（Deep Learning）的普及，特别是大语言模型（Large Language Model，LLM）和生成式对抗网络（Generative Adversarial Network，GAN）等技术的突破，为 AI 在内容生成领域提供了强大的支撑。

AI 内容生成模型可以在海量数据中学习语言模式、图像风格或音乐节奏，并运用所学知识创作出新的内容。

比如，文本生成模型可以基于庞大的训练语料，掌握语义逻辑和写作风格，自动生成自然流畅的文章。GAN 则擅长学习图像的特点，通过"对抗"机制在生成器和判别器之间迭代训练，最终输出逼真的图像或视频。

AIGC 是人工智能时代内容创作的一场革命。它基于深度学习和生成模型等先进技术，大幅提升了各类创作的工作效率，也为商业应用、学术研究乃至大众生活带来了新的机遇。

14.1.2　AIGC 类型

AIGC 技术可以广泛应用于多个领域。

在文字领域，AI 写作工具可以帮助企业在短时间内生成海量营销文案、产品描述、新闻稿等内容，或者帮助个人作家快速构思大纲和情节，为创作提供灵感辅助。

在图像领域，AI 可以根据提示词生成不同风格的绘画、插画或设计草图，并基于用户反馈不断进行微调，从而得到满意的作品。

在视频和音频领域，AI 算法可以合成音乐、配音，甚至直接生成动画短片，大幅度减少人力成本和制作周期，让小型工作室也能制作出高质量的视觉作品，促进创意产业的多样化和繁荣。

目前，AIGC 主要包含以下几种类型：

- **文本生成**：包括聊天机器人、写作辅助工具和文案创作等，代表应用有 DeepSeek、ChatGPT、Kimi、豆包等。
- **音频生成**：包括语音克隆、文本转语音和音乐生成，代表应用有 Suno、Audiobox、讯飞智作等。
- **图像生成**：包括 AI 绘画、图像编辑和图片修复等，代表应用有 Midjourney、Stable Diffusion、DALL·E 3 等。
- **视频生成**：包括 AI 换脸、特效和自动剪辑等，代表应用有 Runway、Pika Labs、即梦 AI、可灵 AI 等。
- **3D 生成**：应用于 3D 建模、AR/VR 和 3D 打印场景。

- **数字人生成**：专注于视频交互和虚拟人技术。
- **游戏生成**：用于生成游戏场景、人物和 NPC，以及策略决策辅助。
- **代码生成**：提供代码自动补全和解释功能，代表应用有 GitHub Copilot、Cursor 等。
- **跨模态生成**：整合文本、图像和视频的多模态协同技术，代表应用有 ChatGPT、百度文心系列、阿里通义系列等。

14.1.3　AIGC 产业链结构

AIGC 产业链由上游、中游和下游三个层面构成，分别负责基础技术研发与硬件支持、模型与平台开发，以及行业应用与服务输出。这些层面之间通过有效协作，让 AIGC 产业链能够广泛应用在各类场景中。

1. 上游：基础层（硬件、数据与核心技术）

在 AIGC 产业链的上游，硬件算力与数据资源构成了关键支撑部分。

高性能计算芯片（如 GPU 图形处理单元、TPU 张量处理单元）和云计算服务平台（如 AWS、Azure、阿里云、谷歌云等）为模型训练和推理提供了必要的计算基础。

生成模型的训练需要庞大的数据集，包括文本、图像、音频、视频等多模态数据。为了确保数据质量与多样性，上游企业或研究机构负责数据的采集、清洗和标注工作，并将其开放给中下游使用。

此外，核心算法和基础框架的研发同样属于上游范畴。这包括深度学习框架（如 TensorFlow、PyTorch 等），以及对 GAN、VAE、Transformer 等模型结构的创新与优化，它们共同为 AIGC 技术发展奠定了基础。

2. 中游：模型与平台（算法服务与生成工具）

产业链的中游主要负责将基础算力与数据资源转化为实用的生成式模型与服务。

研究机构、科技公司和初创团队依托上游提供的硬件与数据，开发并训练大语言模型及其他生成模型，并通过 API、SDK 或平台化服务的形式对外提供服务。这些服务主要包括文本生成、图像生成、语音合成和视频合成等。

随着大模型的参数规模和功能持续扩展，平台型企业开始整合或自研第三方模型，打造面向开发者和企业的 AIGC 开发平台。

这些平台不仅支持深度定制与二次开发，还允许企业通过模型微调（fine-tuning）训练专业化模型，大幅降低 AIGC 落地成本。

3. 下游：应用与服务（行业落地与商业模式）

在产业链的下游，AIGC 技术深入渗透各个行业，催生出多样化的商业应用。

- **媒体与营销**：企业运用 AI 生成文章、广告文案和视觉素材，开展社交媒体推广和产品宣传，让营销活动更具规模化和效率。
- **影视娱乐**：借助 AIGC 的自动化生成、剧本辅助创作和数字人等工具，大幅降低制作成本与周期，推动创作模式的创新。
- **游戏与交互**：游戏开发商利用 AI 生成角色原画、对话剧情和场景地图，既减少人力投入，又为玩家营造更丰富的互动体验。
- **教育与科研**：通过自动化试题生成、论文写作辅助和科普视频合成等应用，降低教研成本，同时实现学习体验个性化。
- **电商与客服**：电商平台利用 AI 生成商品描述和个性化推荐，提升用户转化率。智能客服系统结合自动应答和情绪识别，优化服务体验。

14.1.4 AIGC 营收模式

随着人工智能技术的普及，各种商业模式逐渐成熟。企业将技术能力与市场需求相结合，从而实现可持续发展和盈利。下面我们将深入分析 5 种主要商业模式的特点、适用场景。

1. 模型即服务（MaaS）

模型即服务通过 API 接口为用户提供 AI 模型调用。用户无须掌握技术细节，只需通过接口调用模型功能，即可将 AI 能力嵌入业务中，服务商按照调用次数或计算资源使用量收费。

这种模式显著降低了企业使用 AI 的门槛，特别适合语音识别、图像处理等领域。例如，OpenAI 的 GPT API 就是典型案例，开发者可用它生成内容、回答问题或优化用户交互体验。

2. 定制服务

定制服务为用户提供针对性的 AI 解决方案，包括数据收集、模型训练、优化与部署全过程。这种模式主要用于需求复杂、专业性强的场景，如金融风险评估、医疗辅助诊断或智能制造。

这种模式虽然收益可观，但要求服务商具备深厚的行业经验和强大的技术能力。它更适合高端用户，但在规模化复制方面存在挑战。

3. SaaS 订阅

SaaS 订阅是按月或按年向用户提供 AI 功能访问权限。用户可持续使用 AI 工具，服务商则获得稳定的收入来源。

比如 Adobe Firefly 的 AI 工具采用月度订阅制，用户可以生成图像和处理内容。这种模式收入可预测，易于推广，特别适合中小企业和个人开发者。

4. 按内容量收费

按内容量收费是根据用户生成的内容数量或计算资源使用量计费，可以是文本字数、图片数量、视频时长或模型训练次数。

5. 授权模式

授权模式通过出售 AI 生成内容的使用权获利。用户购买内容用于商业用途，服务商通过知识产权管理获得持续收益。

以设计行业为例，企业可以购买 AI 生成的艺术图像用于产品包装或广告。这种模式特别适合需要高质量、差异化内容的场景，但对服务商的内容质量要求高，并且需要完善的知识产权保护机制。

14.2　AI 大模型的基础概念

随着 AI 技术的飞速发展，AI 大模型已成为推动技术创新和产业变革的核心引擎。

作为 AIGC 技术的基础支撑，AI 大模型不仅在自然语言处理领域展现出惊人的能力，还通过多模态融合开辟了更广阔的应用空间。

接下来，我们将深入探讨 AI 大模型的基础概念。

14.2.1 大语言模型

大语言模型是一种专注于处理语言数据的人工智能模型，通过分析和学习海量文本数据来掌握语言的语法、语义和上下文关系，从而实现自然语言的理解与生成。

大语言模型的核心任务是实现与人类的语言交流，包括书面语言和口语表达。

为什么叫"大语言模型"？这一名称主要来源于两个关键特征：规模庞大和语言处理能力。

规模庞大主要体现在模型参数数量、训练数据规模上。现代大语言模型通常拥有数十亿到上千亿个参数，这让其能够准确捕捉复杂的语言模式和细微的语义差异。

语言处理能力则表现在模型能够理解上下文、生成连贯文本、回答复杂问题，以及进行流畅的多轮对话等方面。

14.2.2 参数

参数是衡量模型大小的主要指标。通常情况下，参数越多，模型能够学习和表达的知识就越丰富。

大模型的参数可以类比成无数个"开关"。在训练过程中，这些开关会不断调节，使模型能够从海量文本中学习语言规律。

这就像学习弹钢琴：初学者需要反复调整手指力度、按键位置和节奏，直到找到最佳演奏方式。对大模型而言，这些调整项就相当于模型中的"参数"。

当模型遇到每个训练样本时，它会尝试预测结果。如果预测不准确，就会微调这些参数，使其更接近正确答案。通过成千上万次的反复训练，这些参数逐渐积累了语言如何排列组合、上下文如何关联的知识。

在大模型领域，我们通常用"B"作为计量单位。"B"代表十亿参数，例如"7B"模型意味着它包含约 70 亿个可训练的参数。

还有更小或更大的单位：如"K"（千）、"M"（百万）或"T"（万亿）。小型模型可能只有几百万（M）的参数，而大型模型可能达到数千亿（数百 B）甚至上万亿（T）的参数。

大模型厂商在展示时常用"模型名称+版本号+参数量"的格式。比如在阿里云百炼或欧拉玛（Ollama）平台上，我们能看到不同规模的模型，其中一些专用于特定领域的定制模型的参数量可能只有几百万（M）或几千（K）。

这些参数较少的模型虽然规模小，但在特定领域仍能发挥出色的性能。因此，选择模型时应该根据实际需求，而不是盲目追求更大的参数量。

14.2.3　token

token 是大模型处理信息的最基础单位。它可以是一个字、一个完整的词、图像中的像素块，或者音频中的一帧片段。具体形式取决于模型的输入类型和分词或分块方式。

在中文场景下，常见的分词策略会将句子分成最小的语义片段。比如"你好！"会被拆分成三个 token："你""好""！"。

再比如"我想吃拉面。"会被拆分为"我""想""吃""拉面""。"。这里保留"拉面"作为一个完整 token，是因为其被拆分后会失去原有的语义。

token 的拆分通常依赖分词工具或模型内置的分词功能，如 THULAC、HanLP、LTP 等。这些工具能够智能地将完整句子拆解成若干 token。

对普通用户来说，无须直接操作这些分词工具。大多数大模型已内置分词方案，只要输入原始文本，模型就会自动完成 token 化，再进行后续推理。

14.2.4　上下文

上下文是指对话或文本中提供的相关背景信息。大模型处理输入时会参考之前的内容来理解新问题。

这类似于人与人之间的对话。假设有人说"我正在开发一个新功能,你有什么问题吗？"，你能理解这是在讨论产品需求或技术问题。

但如果一个不了解情况的人突然被问"你有什么问题吗？"，那么他就无法给出恰当的回答，因为缺少必要的背景信息。

大模型的问答机制也是如此。当你先问"这个文档包含哪些部分？"，然后问"第二部分的核心观点是什么？"时，模型会结合前一个问题和答案，给出连贯且合理的回应。但若缺少这些前置信息，那么模型就无法确定具体是哪份"文档"，也就无法描述其"核心观点"。

在实际应用中，上下文长度有限制。当对话内容过多导致上下文积累太长时，模型可能会遗忘早期内容或不得不丢弃之前的对话。目前主流大模型都会在产品文档中说明其支持的最大上下文长度，一般在 4000 到 32000 个 token 之间，某些专门用于长文档分析的模型甚至支持更长的上下文范围。

上下文让大模型能在多轮对话中持续理解用户意图。但要注意避免引入过多无关信息，以免影响模型对核心问题的理解。

14.2.5 多模态

多模态是指模型能够处理多种不同类型的数据，比如文字、图片、文档、语音、视频等。与之相对的单模态模型只能处理其中一种类型。例如，纯文本模型只能理解文字内容，却无法理解图像信息。

现在不少厂商都在推动多模态模型的发展。比如某些大模型既能回答文本问题，又能接受图片输入，然后结合图片和文本进行分析，告诉我们图片中的物体是什么或文档中的结构如何。

有些还能处理音频，识别语音中的人的情感、语速等特征。这些能力都归功于"多模态预训练"思想，让模型在不同模态中学习并映射更丰富的知识。

OpenAI 早前推出的 GPT-3 属于单模态，主要处理文本。后来的 GPT-4 已经加入了对图像等多模态数据的理解。

阿里云、百度、腾讯等国内厂商也在大力推进多模态模型的研究与应用。一些通用大模型平台还会提供在线上传文档或图片的功能，用来做检索或问答。这类多模态能力可以应用在客服机器人、智能审图、视频分析等许多领域。

14.2.6 温度

温度（temperature）是大模型生成回答时，控制其"随机性"或"发散度"的一个关键参数。它通常用 0 到 1 之间的小数或类似的范围数值表示。

当温度值高时，模型更愿意尝试不同的词汇组合，并产生更具创造性、跳脱的回答。当温度值低时，模型会倾向更保守、更一致的回答，减少出现天马行空答案的可能。

举个简单的例子：当你把温度值调高，并让模型写一首诗时，它可能会采用更独特的语句、夸张的比喻。但如果你希望模型回答得严谨有序，不要离题太远，就可以将温度值调低，让它更像一个"正经"的程序一样回答问题。

不同场景下对温度的需求不一样。如果你在做创意写作辅助，就可能希望温度值高一些，多尝试不同句式。如果你在写严肃报告，就希望温度值低一些，以保证逻辑紧密和语言准确。

在许多大模型中，调用接口时都可以自由配置这个温度值。一般情况下，默认的温度值就能满足很多应用需求。

如果发现生成内容不断重复，毫无新意，则可以尝试提高温度值。如果发现模型经常"跑题"或"脑洞太大"，则适当降低温度值。温度值并不是越高越好，也不是越低越好，要根据具体使用场景做调整。

14.2.7　词向量

向量（vector）在数学领域是一个数字列表，例如一维向量表示为（x），二维向量表示为（x,y），三维向量表示为（x,y,z），以此类推。

大模型在处理文本时，会将每个 token 或词转换成高维向量，这个过程被称为"词向量"或"embedding"。

为什么需要词向量？因为机器无法直接理解"苹果"或"电脑"这样的文字符号，但能轻松处理数字。通过将词语映射到数值向量空间，模型就能用"距离"和"方向"来表示词语之间的关系。向量距离越近，表示两个词的语义越相似；距离越远，表示语义差异越大。

对大语言模型来说，词向量是理解词语含义和上下文关联的基础。模型通过词向量学习词汇间的内在关系，比如"出租车"和"司机"在语义上紧密相连，"企业"和"员工"也经常关联在一起。

当两个向量非常相似时，说明这些词在语义上有共同之处。这使模型能在回答问题时推断出问题关联的内容。

在海量数据中，模型反复学习大量文本内容，将用法相似的词放在向量空间的相近位置，最终生成的向量可用于文本相似度计算、语义检索、聚类分析等多种应用。这也是大模型能够"理解"文字上下文和深层逻辑的关键原因之一。

14.3 AI 大模型的原理与实践

14.3.1 大模型如何理解人类语言

大语言模型虽然被称作"能够听懂人类语言",但它实际上并不具备真正的理解能力。

它主要依赖海量文本数据的训练,从中掌握语言中的词汇关联、语法结构和语义模式。它表现出的"理解"本质上是一种概率和模式识别的结果。在大量语句中,模型学习到了"某个词后面常接什么词""特定句子结构具有什么样的风格或含义"等规律。

举个例子,如果我们提供成千上万句类似"我早上喜欢喝咖啡""我下午习惯喝茶"这样的训练句子,模型就能通过分析统计频率和出现位置,学会在"我……喝"之后填充"咖啡"或"茶"等与"喝"相关的名词。

因此,当我们让它续写"我每天都想喝"时,它很可能会输出"咖啡"或"茶"等符合上下文的词语。

鹦鹉能说"你好",但那只是机械重复,并不理解这个词的含义。大模型的"理解"比鹦鹉更进一步,它不是简单地复制输入,而是能根据上下文关联,组合出新的、合乎逻辑的语言输出内容。

然而,大模型仍然不具备自我意识或深层认知。它既无法理解"你好"背后的文化内涵,也感受不到其中蕴含的情感。它只是在概率模型和训练样本的驱动下,做出"听起来合理的回答"。

14.3.2 Transformer 架构

语言模型的发展经历了三个主要阶段:从基于简单统计的 n-gram 模型,到基于神经网络的深度学习,最后发展到现今主流的 Transformer 架构。

- n-gram 模型:仅能通过前面 n 个词来预测下一个词。这种模型在处理短语时尚可应付,但面对长文本或复杂语境时就显得力不从心。

- 基于神经网络的深度学习：为模型带来了多层次的表示能力。RNN、LSTM 等结构虽然能够按时序处理输入，但在处理长距离依赖关系时仍有很大局限性。
- Transformer 架构：通过自注意力机制（Self-Attention）实现了对整段文本的并行处理，使每个词都能与其他词建立动态联系，大幅提升了模型在长文本和复杂场景中的表现。

Transformer 的核心是自注意力机制，它让每个词在处理时都能与上下文中的其他词进行交互。这种机制使句子首尾的词也能相互影响，有效解决了传统 RNN 在处理长距离依赖时的梯度消失问题。同时，Transformer 的并行处理能力显著加快了大规模训练速度，使得训练超大规模参数模型成为可能。

14.3.3 提示词工程

提示词工程（Prompt Engineering）是通过精心设计输入内容，向大模型传达用户的需求、上下文和期望输出形式的方法。

由于大模型在预训练阶段并未针对每个具体任务做专门适配，提示词可以帮助它快速聚焦特定需求，从而产生更准确、更专业的回答。

虽然大模型拥有处理各类问题的通用能力，但当遇到模糊不清的提问时，它往往会给出含糊、偏离主题或混乱的答案。通过提示词工程，能显著提升大模型的输出质量，主要思路如下：

（1）明确任务目标：告诉模型具体任务，如"写一份需求文档"或"解释某段代码的逻辑"。

（2）设定角色与风格：指定模型以"专家""律师""医生"等身份回答，或要求使用"商务风格""简洁明了的语气"。

（3）限制格式：规定以表格、列表或特定排版方式呈现内容，使答案更清晰易读。

在实践中，CO-STAR 框架提供了结构化的提示词设计思路，帮助大模型更准确地理解和完成任务：

- C（背景）：提供应用场景，如"我是一家初创公司的创始人，需要一份用于路演的项目方案"。

- **O（目标）**：明确任务需求，如"编写一份简短但有说服力的商业计划书"。
- **S（风格）**：指定写作风格和专业程度，如"采用严谨务实的商业分析风格"。
- **T（语气）**：设定回答基调，可以是正式、幽默或友善等。
- **A（受众）**：确定目标读者——投资人、高管、同事还是客户？
- **R（回复格式）**：规定输出形式，比如是否分点陈述、是否需要标题、是否包含表格等。

运用 CO-STAR 框架可以确保模型全面理解需求，提高输出内容的完整性和针对性。

提示词优化通常需要多轮迭代。初学者可以通过以下步骤，逐步完善对话直至获得满意的回复：

（1）给出一个初步提示，评估模型的输出是否符合预期。

（2）根据需要补充背景信息或示例文本，帮助模型更准确地把握格式和写作风格。

（3）设定明确的限制条件，如避免过度使用专业术语或冗余内容。

（4）提供具体样例，展示期望的写作成果，引导模型模仿相应风格。

14.3.4 知识库

知识库是一个专门的资料库，用于存储特定领域的事实、数据和文档。

当大模型需要回答特定行业、产品或专业领域的问题时，它可以从知识库中提取相关信息，并结合自身的语言处理能力给出更精准的回答。

这使得大模型不仅能利用训练过程中获得的通用知识，还能接入实时、真实和专业的数据源。

大模型与知识库有以下几种组合应用方式：

- **实时检索**：当用户提问时，大模型通过检索模块从知识库中找到相关资料，并将其融入回答中。
- **预加载**：在微调或训练阶段，将知识库的核心数据整合到训练集中，使模型的权重中包含更多专业领域知识。
- **后处理**：模型会先生成初步答复，然后对关键事实进行核实或补充，最后呈现给用户。

14.3.5 微调

微调是让通用大模型进一步适应特定任务或领域的过程。大模型往往是在海量公开数据上训练而成的，涵盖了各类语言规律和基础知识。

但对于某些专业场景，如医学影像诊断、金融风险评估等，通用模型并不能直接拿来就用。这时，微调就是将与应用领域相关的数据提交给模型，让它在原有权重的基础上进行"小范围再训练"，从而获得更贴合业务需求的能力。

微调需要改变模型内部的参数，从而让模型从根本上学到新模式与新知识。知识库则是一种外部信息源，提供事实与数据，但不修改模型参数。两者并不冲突，且常常结合使用。

例如，先通过微调，让模型"懂行话""懂流程"。然后，在实际对话中，再从知识库检索最新资料，及时补充或纠正答案。

14.4 AI 智能体

14.4.1 什么是 AI 智能体

AI 智能体也被称为人工智能代理，是一种模拟人类智能行为的人工智能系统，其核心引擎通常是大模型。AI 智能体能够感知环境、做出决策和执行任务，以实现特定目标。

与传统人工智能相比，AI 智能体具有自主性、适应性和交互性，能在复杂多变的环境中独立运作。

AI 智能体不仅能高效处理已知任务，还能灵活应对未知环境。比如，传统机器人只能按预设程序执行任务，而 AI 智能体可以根据环境变化自主调整策略，完成复杂的工作流程。

14.4.2 为什么需要 AI 智能体

随着技术的快速发展，AI 智能体在提升效率、降低成本和增强用户体验方面发挥着关键作用。

传统的大模型如 ChatGPT，虽然在自然语言处理上表现出色，但仍存在明显局限：容易产生幻觉、输出结果不够可靠、难以掌握时政热点、无法进行复杂计算，且缺乏实际行动能力和长期记忆能力。

为了克服这些局限，AI 智能体应运而生。以点外卖为例，传统的 ChatGPT 只能提供文字建议，而基于 ChatGPT 的 AI 智能体则能自主调用应用程序，完成从选择菜品到支付的全过程，无须人工干预。

这是因为 AI 智能体能够将复杂任务分解为具体步骤，并通过调用搜索引擎、操作 App、调用支付接口等外部工具来完成操作。

更重要的是，AI 智能体通过长期记忆和自主学习，不断完善自身的决策和执行能力。它们不仅能高效处理当前任务，还能积累经验，持续提升工作效率和准确度。随着技术的进步，AI 智能体必将成为现代社会的重要组成部分，推动各行各业向智能化转型。

14.4.3　AI 智能体与传统 AI 协同工作的区别

AI 智能体与传统 AI 协同工作有显著区别。传统的 AI 协同，如 GitHub Copilot，更多地被视为"副驾驶"，在特定任务中为人类提供辅助和建议。

例如，GitHub Copilot 可以在代码编写过程中提供实时建议，帮助开发者提高效率。然而，GitHub Copilot 依赖于明确的用户指令，其能力范围受限于用户的具体需求和提示的清晰度。

相比之下，AI 智能体具备更强的独立性。只需设定一个目标，AI 智能体便能自主思考并采取行动，详细拆解任务步骤，利用外部反馈和自主生成的提示词实现目标。

例如，设置一个 AI 智能体的目标为"优化现有的项目管理流程"，AI 智能体会自主分析现有流程，识别瓶颈，提出改进方案，并执行相关操作，无须用户逐步指导。

14.4.4　AI 智能体的架构

AI 智能体的架构通常包括感知、规划、记忆、工具、行动五个关键组件，如图 14-1 所示。这些组件相互协作，赋予智能体自主决策和执行任务的能力。

1. 感知

感知是 AI 智能体与外部环境交互的基础接口，负责收集和解析环境数据，包括文本、图像和语音等多种形式。

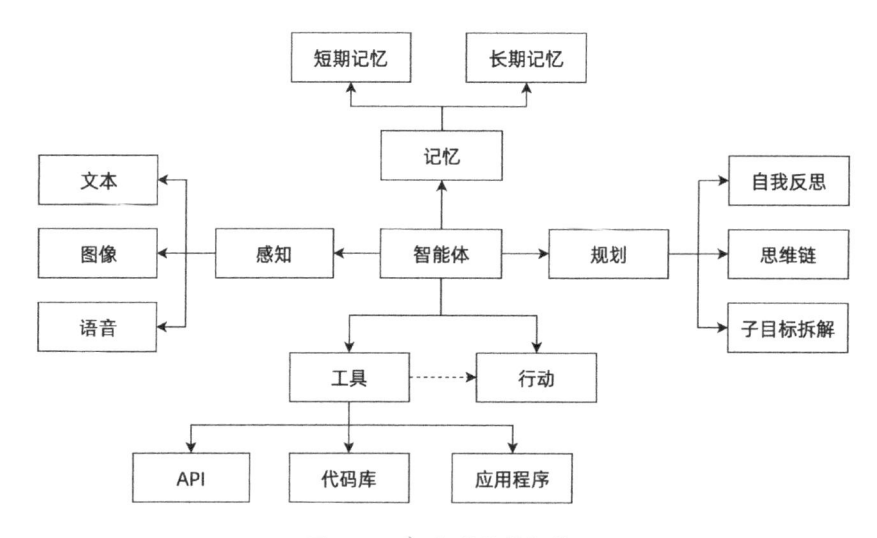

图 14-1 AI 智能体的架构

我们以一个"会议助手"AI 智能体为例，用户对"会议助手"说"安排一场明天下午的团队会议，主题是一季度的团队工作安排"，AI 智能体需要通过麦克风获取语音数据，并将其转换为可处理的文本信息。

2. 规划

规划作为 AI 智能体的决策中心，负责将目标分解为可执行步骤，并制定实现策略。

思维链（Chain of Thoughts）已成为一种标准的提示技术，用于提高模型在复杂任务中的表现。模型被要求"一步一步地思考"，将复杂任务分解为更小、更简单的步骤。

针对"安排一场明天下午的团队会议"这个任务，AI 智能体需要规划具体的安排步骤，并合理安排执行顺序。例如：

- **理解用户需求**：用户说"安排一场明天下午的团队会议"，AI 智能体首先理解这是一个需要时间安排、参与者邀请和会议内容确定的任务。
- **子任务分解**：会议助手将会议安排任务拆解为多个阶段——确定会议时间、选择会议地点、邀请参与者、准备会议议程、发送会议邀请。
- **依赖检查**：如果发现部分参与者在指定时间有其他安排，则系统会提示用户选择其他时间，或通过会议时间检测工具自动寻找最佳时间段。

规划的有效性直接决定会议的顺利安排和参与者的满意度。通过合理的任务分解和优化，AI 智能体能帮助用户高效、有序地完成复杂的会议安排任务。

3. 记忆

记忆模块存储各类信息，涵盖历史交互、知识积累和临时任务数据。它分为短期记忆和长期记忆两种。短期记忆存储当前会话信息，长期记忆保存用户偏好和历史记录等持久性数据。AI 智能体通过快速检索机制访问这些记忆，支持复杂任务的执行。

在"安排一场明天下午的团队会议"这个任务中，智能体需要记住用户的偏好、会议的历史数据及之前的安排经验。短期记忆可存储当前的对话和临时信息，长期记忆则依赖外部数据库或云端记录，存放用户的常用会议时间、参与者的偏好和历史会议记录等数据。

4. 工具

工具让 AI 智能体能够调用外部资源来扩展自身能力，包括 API、代码库、应用程序或其他服务。

单纯依赖大模型内部知识并不能解决所有问题。AI 智能体若能自主调用日历应用、邮件系统或会议平台的 API，就能获取更精准、更及时的信息，让会议安排过程更加顺畅。例如：

- **日历 API**：当用户需要安排会议时，会议助手可以调用日历 API，自动检查用户和参与者的空闲时间，选择最佳时间段。
- **邮件系统 API**：会议助手可以自动生成并发送会议邀请邮件，包含会议时间、地点或在线链接、议程等信息，并跟踪参与者的回复。
- **会议平台 API**：若会议需要在线进行，则会议助手可以调用飞书会议或腾讯会议的 API，自动创建会议链接，并将其附加到邀请中。
- **任务管理工具**：若会议涉及具体任务，则会议助手可以调用任务管理工具的 API，自动创建相关任务并分配给相应人员。

5. 行动

行动是 AI 智能体执行任务和环境交互的具体表现。它基于规划和记忆来执行具体动作，响应环境变化并完成既定任务。

智能体在规划好会议安排的步骤后，最终需要将这些方案付诸实施。行动不仅包括提供具体的指导和建议，还会直接操作相关工具完成任务。

14.4.5 AI 智能体与大模型的关系

AI 智能体和大模型虽然密切相关，但有着本质区别。大模型是 AI 智能体的核心，为其提供语言理解和生成能力。而 AI 智能体除了包含大模型，还具备规划、记忆和工具等多种能力，这赋予了它更强的自主性和执行力。

作为 AI 智能体的"大脑"，大模型负责处理和生成自然语言，具备逻辑推理和语言理解能力。它能根据输入生成合理的输出，比如 ChatGPT 可以理解复杂指令并生成详细计划。但大模型本身无法执行具体任务，需要依靠 AI 智能体的其他组件来完成操作。

AI 智能体通过整合大模型并结合规划、记忆和工具功能，实现了更高层次的智能行为。它能根据大模型生成的计划，自主调用外部 API，完成预订餐厅、安排会议等任务。同时，其记忆模块能够存储和检索长期信息，确保多轮对话中的上下文连贯性。

14.4.6 AI 智能体平台

随着 AI 智能体技术的发展，构建和部署 AI 智能体的平台正在快速演进。这些平台提供了丰富的工具和框架，让开发者能轻松创建复杂的智能系统。以下介绍几款当前的主流平台。

1. Dify

Dify 是一个开源的大语言模型应用开发平台，支持 GPT、Mistral、Llama3 等数百种模型。该平台提供声明式开发环境（通过 YAML 定义应用）、模块化设计、LLMOps 功能（监控和优化应用性能）及私有化部署能力。其定位是简化复杂 AI 应用的开发流程，特别适合需要深度定制化或企业级部署的场景。

优势：

- 国际化支持：主要面向海外市场，集成多语言模型和国际化工具。
- 灵活性与扩展性：支持自托管和云服务，可无缝集成企业现有系统，满足数据安全和合规需求。
- 活跃开发者生态：开源社区提供丰富的模板和协作机会，支持快速迭代创新（如 Workflow 可视化流程）。
- 多模型对比：支持同时测试不同模型（如 GPT-4 与 Claude 3）的响应，优化任务适配性。

劣势：

- 学习门槛较高：模型集成和配置需要用户具有技术背景，对新手不友好。
- 国内生态较弱：与 Coze 相比，国内市场份额和插件支持有限。

适用场景：

企业级 LLM 基础设施搭建、私有化部署、开发者主导的复杂 AI 应用开发。

2. Coze

Coze 是字节跳动推出的低门槛智能体开发平台，以自然对话体验为特色，支持语音识别/生成、丰富的插件生态，并可通过 Web SDK 嵌入网页。其核心用户群体是 C 端用户和轻量级应用开发者。

优势：

- 极致用户体验：界面简洁，对话流畅，语音交互精准，适合非技术用户快速上手。
- 插件与生态优势：内置多领域插件（如电商、客服），依托字节跳动技术资源，国内生态支持强大。
- 免费 GPT-4 接入：国际版支持免费使用 GPT-4 模型，功能成熟度高。

劣势：

- 定制化不足：主要面向标准化 Bot 开发，复杂任务扩展性弱于 Dify 和 FastGPT，且仅支持云端部署。

适用场景：

智能客服、语音助手、社交媒体聊天机器人等注重交互体验的 C 端应用。

3. FastGPT

FastGPT 专注于知识问答类智能体开发，基于 RAG 技术优化知识库检索，适合企业级的深度定制，但生态主要聚焦国内市场。

优势：

- 垂直领域优势：在知识库构建和复杂问答场景表现突出，支持高度定制化功能。
- 开源与可扩展性：吸引开发者贡献，适合需要自主优化的团队。

劣势：

- 部署复杂：需要用户具有技术背景，对初学者不友好。
- 生态局限：国际化支持较弱，插件和模型集成选项少于 Dify 和 Coze。

适用场景：

企业知识库管理、专业领域问答系统、需本地化部署的行业解决方案。

14.5　本章小结

本章深入探讨了 AI 大模型与 AI 智能体的核心概念和应用。首先介绍了 AIGC 的基本概念，它是利用人工智能技术自动或半自动生成文字、图像、音频、视频等内容的技术。我们详细分析了 AIGC 的类型、发展历程和产业链结构，阐述了它在软件行业中的重要性和应用场景。

在 AI 大模型方面，我们探讨了大语言模型的核心概念，包括参数、token、上下文、多模态和温度等关键要素。通过具体示例说明了大模型如何理解和处理人类语言，以及 Transformer 架构在自然语言处理中的重要作用。同时，我们还介绍了提示词工程、知识库和微调等实践技术，这些技术对提升大模型的应用效果至关重要。

在 AI 智能体部分，我们详细阐述了智能体的五个核心组件：感知、规划、记忆、工具和行动。这些组件相互协作，使 AI 智能体能够感知环境、做出决策并执行任务。通过会议助手的具体案例，展示了 AI 智能体如何在实际应用中发挥作用，特别是在任务规划和执行方面的优势。我们还深入探讨了 AI 智能体与传统 AI 协同工作的区别，以及 AI 智能体如何通过整合大模型实现更高层次的智能行为。

最后，我们介绍了当前主流的 AI 智能体平台，包括 Dify、Coze、FastGPT。这些平台为开发者提供了丰富的工具和框架，推动了 AI 智能体技术的快速发展和广泛应用。随着技术的不断进步，AI 智能体将在未来扮演越来越重要的角色，为软件开发和应用带来更多机遇。

第 15 章　SaaS+AI 应用实战

在人工智能技术迅速发展的今天，SaaS 行业正经历着前所未有的变革。AI 技术的融入不仅为传统 SaaS 带来了新机遇，更催生了全新的 AI 原生应用形态。

本章将深入探讨 SaaS 与 AI 的融合之路，分析 AI 为 SaaS 行业带来的深刻变革，并通过新零售行业的具体案例，展示 AI 如何在实际业务场景中创造价值。

15.1　SaaS+AI 概述

随着人工智能技术的迅猛发展，SaaS 与 AI 的融合已成为行业发展的必然趋势。要深入理解这一变革，首先需要明确 AI 原生应用的概念及其与传统 SaaS 的关系，从而探讨 AI 技术为 SaaS 行业带来的机遇与挑战。

15.1.1　SaaS 是否会被 AI 原生应用取代

AI 原生应用（AI-Native Application）是指将 AI 能力作为核心竞争力，从产品设计之初就深度融入 AI 技术的应用软件。与传统 SaaS 后期集成 AI 不同，AI 原生应用具有以下特点：

- 架构设计以 AI 为中心，所有功能模块都围绕 AI 能力展开。
- 数据收集和处理机制天然支持 AI 训练和优化。
- 用户交互方式更加智能化，如自然语言对话、智能推荐等。
- 产品迭代速度更快，可持续学习和进化。

在人工智能大模型的浪潮下，一些人认为 AI 原生应用能快速替代 SaaS 系统。然而，AI 原生应用并不意味着一定会取代传统 SaaS。相反，两者更可能走向融合，传统 SaaS 通过深度整合 AI 来提升智能化水平，而 AI 原生应用则需要借鉴 SaaS 成熟的商业模式和运营经验。关键在于如何让 AI 真正服务于业务场景，为用户创造价值。

1. 深厚的行业经验储备与专业解决方案

SaaS 产品通常经历了多年打磨，总结了大量企业管理实践经验，其中包含对采购、销售、生产、财务、人力资源等多种业务环节的系统支撑。这种基于行业经验的流程梳理不仅深入，而且具有一定的通用性。大模型虽然擅长语言理解与推理，但从零开始构建一套完整的业务流程仍然很困难。

SaaS 能在很多垂直领域站稳脚跟，依靠的是其对行业独特的洞察力。以医疗、零售、制造等领域为例，各领域都在信息化建设中产生了大批细分的业务需求。为了满足这些需求，SaaS 厂商必须真正懂得"行业痛点"，并沉淀出一套成熟的最佳实践方案。

从咨询到落地，不同行业的门槛高度不一样。SaaS 厂商在过去数年甚至数十年中服务了大批用户，拥有难以复制的经验储备和成功案例。这些成果为后续的 AI 融合打下了深厚的基础，这也是 SaaS 在面向行业领域化落地时难以被大模型或 AI 初创应用轻易替代的根本原因。

2. 数据积累与生态系统优势

很多 SaaS 厂商在服务用户的过程中，都会累积大量的业务数据，例如日常的操作记录、运营指标、用户行为数据等。通过持续的数据采集与分析，SaaS 厂商能够不断迭代自身产品，让功能与用户体验随市场变化而演进。

在 AI 时代，这种数据储备尤为关键。训练大模型需要海量且高质量的数据，但很多企业没有足够丰富或标准化的数据来源。SaaS 则恰好扮演了数据"供给方"和"加工方"的角色。它可以将多个企业的历史数据进行脱敏与结构化处理，再配合其对行业的理解，为零售企业提供量身定制的 AI 功能或决策辅助功能。

此外，SaaS 厂商往往在多年运营中构建了完善的生态系统，包括合作伙伴、技术解决方案提供商、渠道商与其他软件服务商。这种生态协同能够帮助 SaaS 厂商更快地整合新技术，也能为企业用户提供多样化的增值服务。

AI 原生应用本身在生态层面的建设还不够成熟，很难快速复制 SaaS 多年积累的生态资源网络。因此，SaaS 在 AI 集成上的竞争力和独特价值将持续显现。

15.1.2 AI 给 SaaS 行业带来的变革

AI 技术正在前所未有地重塑 SaaS 行业的发展格局。这种变革不仅体现在产品功能的智能化升级上，更深入运营模式、服务交付和技术研发等多个层面。下面我们将从四个关键维度详细探讨 AI 为 SaaS 行业带来的变革与创新机遇。

1. 将 AI 技术融入现有产品

许多 SaaS 厂商已在积极探索如何利用大模型为其产品功能注入新的增长动力。最常见的做法是将 AI 对话或 AI 生成式能力与 SaaS 的现有业务场景结合，推出智能化功能或交互式助手。

例如，在客户服务领域，某些 CRM 类 SaaS 已集成生成式 AI，用以识别客户需求、预判客户情绪、自动生成初步回复建议，并在必要时转由人工接管。这不仅大幅提升了客服响应效率，也改善了客户体验。

类似的例子还有营销自动化 SaaS 借助大模型生成个性化文案，财务管理 SaaS 利用智能助手提供自动化财务合规审查。

企业用户与最终消费者普遍希望通过自然语言方式与系统进行交互，希望 AI 助手可以像人一样厘清复杂业务流程，并给出建议或直接执行。这样的功能在一定程度上超越了传统 SaaS 只能被动执行固定功能的限制，为用户提供更主动、更灵活的体验。

2. 借助 AI 能力满足个性化需求

传统的 SaaS 产品功能是相对固定的，若企业想进一步定制或拓展功能，则需要基于 PaaS 平台进行额外的二次开发。但对于许多中小企业而言，定制化开发的门槛很高。同时，SaaS 厂商也需要投入人力、物力为客户做深度支持，运营成本高昂。

有了大模型，SaaS 可以改写这种"重运营、轻开发"的状态。通过在后端部署 AI 运营助手，SaaS 可以快速为不同客户提供更自动化、更智能化的定制方案。客户可以在 SaaS 后台输入自身行业特点、产品信息、客户群体等数据，让 AI 自动生成针对性的解决方案。这些方案可能包含用户界面定制、业务流程优化建议、报表模板配置等。

在这种"SaaS+AI"模式下，一方面，企业可以更轻松地获得贴合自身需求的功能与分析报告。另一方面，SaaS 厂商能够减少大量人工咨询和开发成本，将更多精力放在核心产品优化上。

3. 提供"数字员工"能力

传统 SaaS 企业交付的主要是功能和服务，未来 SaaS+AI 企业交付的或许是多位"数字员工"。数字员工可在客户服务、订单处理、财务处理、人事管理或合同审核等多场景独立工作。

过去评估软件项目成功与否，需要看交付周期、是否达成功能需求等。现在评估"数字员工"，则更关注它能为企业节省多少人力、提升多少效率、带来多少收益。

这种新的交付方式改变了乙方与甲方的对接模式，让 SaaS 软件服务商直接面向业务结果交付。

4. 研发成本大幅降低

AI 还为 SaaS 软件开发带来了新的生产力提升。开发人员可以通过 AI 辅助写代码，这已经成为许多程序员必备的工作方式。从编写注释、完善函数、单元测试，到修复 Bug，AI 辅助编程都在提升研发效率。

现在编写简单应用程序比以前容易得多，甚至有可能出现组织或个人自行重建大型 SaaS 应用的情况。下一步，AI 编程将从"辅助驾驶"向"自动驾驶"演进。届时，开发人员只需要明确目标和业务需求，剩下的由系统自行拆分任务、执行开发、测试并完成交付。开发效率与质量会得到指数级提升。届时，软件工程师 90% 的传统技能将失去价值，需要培养全新的思维方式和专业能力。

15.1.3　SaaS+AI 的四种应用类型

随着 AI 技术的不断发展，SaaS+AI 应用已经形成了多种成熟的模式。根据功能特点和应用场景，我们可以将 SaaS+AI 应用大致分为以下四种类型：Copilot 辅助助手、创意内容生成、智能体自动执行，以及数据洞察与决策建议。

1. Copilot 辅助助手

Copilot 辅助助手是一个集成了所有智能功能的快捷调用窗口，具备对话和通知能力。它的核心任务是通过搜索、查询和对话等方式帮助用户快速简单地使用产品，从而降低产品学习成本，提高用户使用效率。

具体的 SaaS+AI 应用场景包括功能查找和指引、订单快速搜索、自动日报推送、数据报表分析等。通过自然语言交互，用户可以更直观地完成各项操作，无须记忆复杂的操作流程或菜单层级。这种辅助模式特别适合新用户快速上手，提升日常工作效率。

2. 创意内容生成

创意内容生成是指利用 AI 来生成创意内容，包括文字、图片、音频、视频等。此类 SaaS+AI 应用在设计、营销、影视制作等创意行业尤为常见。它可以快速产出海量高质量的文案、创意方案及视觉素材，帮助企业和个人加速内容创作。

例如，广告文案生成工具可根据用户提供的品牌信息、受众定位，自动产出多种风格的文案，并且可以根据效果数据进行迭代优化。再比如，AI 设计软件可根据简单草图或关键词生成多种风格的海报和插画，大幅度提升设计速度。AIGC 在一定程度上释放了创意生产力，让团队专注于更高层次的创意策划。

3. 智能体自动执行

智能体自动执行是指由 AI 智能体承担部分业务流程的执行工作。它可以通过任务分解、环境感知和实时决策来完成重复性或逻辑性强的操作。例如，智能客服在收到常见问题时，可自动匹配知识库进行回答，并根据用户反馈动态调整语气和内容。

对于电商平台，智能体可以充当"智能管家"，实现商品上下架、库存更新、订单处理等工作。相比传统脚本式自动化，智能体具有一定的学习和推理能力，可根据外部环境做出更灵活的动作。通过智能体，企业能减少对人工的依赖，将人力资源投入到更高价值的创新和管理中。

4. 数据洞察与决策建议

数据洞察与决策建议类应用可通过 AI 的推理能力挖掘数据背后的规律，给出经营层面的建议。企业在营销、供应链、财务等领域，都需要基于大量数据做决策。如果使用传统的 BI（商业智能）工具，往往只能看到报表或可视化图表。但这类应用可以结合 AI 的思考与推理能力，为用户自动发现异常、识别趋势、预测未来发展。

例如，智能财务分析工具可以将复杂的财务报表数据进行结构化建模，并挖掘潜在的成本优化方案或预算偏差成因。

15.2 AI在新零售行业的应用场景

目前传统实体店正面临互联网消费模式的冲击，市场扩张愈发困难。因此，众多零售企业转而专注于存量市场的深度运营，通过优化内部流程、提升用户体验，以及加强线上与线下的融合来维持竞争优势。

生成式AI为零售行业提供了全新的解决方案。不同于传统数据分析工具，生成式AI不仅能洞察企业潜在需求，还能自动生成产品创意、营销文案和客服回答等内容。零售商借助这些能力，可以快速构建新服务场景并优化现有业务流程，特别是在提升运营效率和降低成本方面，AI技术的价值日益突显。

在此背景下，新零售正从"规模取胜"向"AI驱动与用户体验取胜"转型，催生了众多面向消费者和企业内部管理的AI应用场景，如图15-1所示。

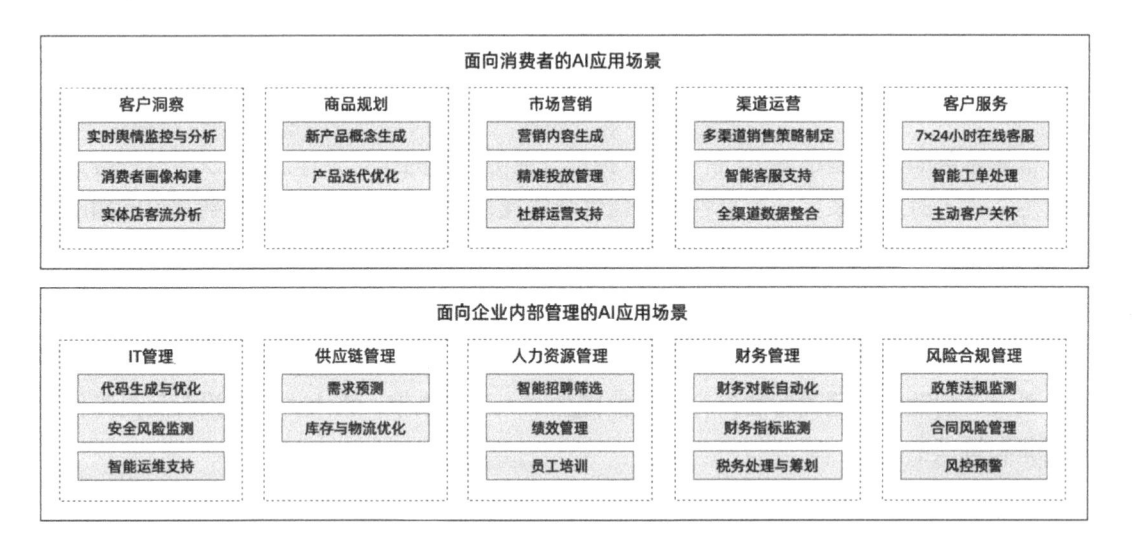

面向消费者的AI应用场景				
客户洞察	商品规划	市场营销	渠道运营	客户服务
实时舆情监控与分析	新产品概念生成	营销内容生成	多渠道销售策略制定	7×24小时在线客服
消费者画像构建	产品迭代优化	精准投放管理	智能客服支持	智能工单处理
实体店客流分析		社群运营支持	全渠道数据整合	主动客户关怀

面向企业内部管理的AI应用场景				
IT管理	供应链管理	人力资源管理	财务管理	风险合规管理
代码生成与优化	需求预测	智能招聘筛选	财务对账自动化	政策法规监测
安全风险监测	库存与物流优化	绩效管理	财务指标监测	合同风险管理
智能运维支持		员工培训	税务处理与筹划	风控预警

图15-1 AI在新零售行业的应用场景

15.2.1 客户洞察

客户洞察是新零售运营的核心环节，它通过深入分析消费者行为、偏好和需求，为企业提供数据驱动的决策支持。

（1）通过AI算法实时监控多平台舆情，企业能快速把握消费者的观点、评价和情绪变化。例如，系统可自动抓取社交媒体和论坛中的产品评价，并将关键信息交给 AI 进行分析。这让企业无须投入大量人力逐条信息进行分析，从而将精力集中在产品改进和服务优化上。

（2）在深层洞察方面，生成式 AI 可协助企业构建精准的消费者画像。它通过分析用户的购买记录、浏览偏好和互动轨迹，识别出消费者潜在的兴趣点，为精准营销奠定基础。先进的 AI 模型还能预测用户需求，如判断消费者可能需要的补给品或配套产品，并制定相应的推荐策略。

（3）客户洞察同样适用于实体门店。零售商通过智能感应设备分析客流动线、停留时间和热销区域，结合消费者特征进行 AI 推理分析。这些分析结果最终可帮助企业优化商品陈列、提升导购效率，精准投放优惠，从而有效提高转化率和复购率。

15.2.2　商品规划

商品规划包括从概念生成、产品开发到上市后的持续优化的全过程。传统商品规划主要依赖部门经验和市场调研，往往无法及时把握消费者的需求变化。而借助 AI 技术，企业能更快获取市场反馈，用 AI 驱动方式确定产品方向。

（1）AI 模型通过分析目标人群兴趣、流行趋势和历史销售数据，协助企业生成新产品概念。它能从海量的线上内容中筛选出最具潜力的热点元素。企业随后可利用这些热点元素拓展创意，在设计阶段优化产品定位和功能优先级。

（2）AI 在产品上市前后的迭代过程中也能发挥重要作用。通过智能分析消费者反馈，模型能识别产品缺陷和改进空间，并提供具体优化建议。在个性化需求较强的领域，AI 还能为定制化产品开发提供方案，让消费者通过交互界面选择偏好方案，系统即时生成产品方案。

15.2.3　市场营销

市场营销是连接企业与消费者的重要纽带。AI 在这一领域的应用能简化营销素材的生产流程，并实现更精准的投放效果的追踪与评估。在内容创作方面，生成式 AI 可快速产出文案、海报文字、短视频脚本等多样化素材，显著提升营销团队的工作效率。

（1）AI 能协助营销人员生成初步宣传文案，并根据关键词或主题风格提供多个版本。团队经过简单修饰和润色，即可得到符合品牌调性的宣传语。在节日或热点事件期间，AI

还能结合实时动态，快速生成匹配情境的海报或短视频脚本。

（2）在营销投放环节，AI 能根据受众特征进行智能分组，实现精准投放。它可以为社交媒体用户生成互动性更强的文案，为传统媒体受众提供更直观的图文内容。投放后，AI 会收集并分析点击率、转化率和评论情绪等数据，自动生成分析报告并提供优化建议。

（3）在社群运营方面，AI 能在适当时机生成运营素材，如个性化海报和社群活动方案。通过持续优化这些内容，企业可以加强与消费者的互动，打造稳固的粉丝群体和良好口碑。

15.2.4　渠道运营

在新零售时代，渠道不仅包括传统的线下门店，还包括小程序线上商城、电商平台、社交平台等多元化入口。不同渠道的用户群体与消费习惯存在显著差异，零售商需要针对性地开展运营管理。AI 在渠道管理中可发挥多重作用。

（1）AI 可辅助企业为各渠道量身定制销售策略。在社交平台渠道，用户偏好体验式购物，需要更多互动性文案和快捷链接。系统能自动生成吸引人的短促销语，并结合产品亮点进行精准推送。对于线下门店，AI 可为导购提供个性化话术，通过实时分析客户的店内浏览行为，推荐最适合的商品卖点和优惠方案。

（2）AI 能作为"智能客服助手"。在线上商城中，AI 生成式客服可即时回答消费者关于产品尺寸、材质或搭配方案的问题。这不仅减轻了人工客服的工作负担，还让企业能在无人工干预的情况下为消费者提供及时服务。随着 AI 训练样本的积累，对常见问题的解答会更加准确。

（3）多渠道数据整合是 AI 发力的重要领域。企业可将各渠道的用户信息、交易数据和售后记录进行统一分析，形成全面的数据视图。AI 能迅速识别跨渠道购买行为模式，帮助零售商制定全渠道运营决策，如实时调整线上与线下库存、优化促销资源分配等。

15.2.5　客户服务

客户服务对零售行业的口碑和复购率有着决定性影响。传统的人工客服中心已无法满足消费者随时随地咨询的需求。而 AI 客服的引入，显著提升了服务效率和用户满意度。

（1）最典型的应用是"7×24小时在线客服"。AI客服机器人运用自然语言处理技术，能够实时识别用户问题和核心诉求。对于常见问题，系统可在数秒内完成回复，并支持语音、文字等多种交互方式。这使得消费者即便在深夜或节假日，也能获得及时服务，避免了因等待时间过长导致的客户流失或投诉。

（2）对于复杂的售后问题，如退换货或投诉处理，AI会先对工单进行分类预判，并指引用户提供必要信息。在完成基础信息收集后，系统会将疑难问题转交人工客服处理，优化整体服务流程。对于简单的标准流程（如自动退款、物流查询），AI可直接处理，有效降低企业运营成本。

（3）随着AI与其他技术的深度融合，客户服务将不再局限于答疑与售后，而是延伸至主动关怀领域。AI能够基于消费者的历史偏好和行为数据，在消费者购买商品后提供个性化使用指导和再购建议，助力企业构建长期稳定的客户关系。

15.2.6　IT管理

IT管理是企业数字化转型的核心。面对系统规模持续扩张、需求快速变化的现状，AI能为IT部门提供多方面的助力。

（1）AI可以自动生成和优化代码。开发IT系统时，可利用AI模型获取代码提示并检测潜在漏洞。这种智能编码辅助不仅能显著提升开发效率，还能减少冗余逻辑和安全隐患。在持续集成交付流程中，AI能动态生成测试环境，通过自动化脚本进行压力和功能测试，有效缩短上线周期。

（2）AI在网络安全与风险监测方面也能发挥重要作用。通过分析系统日志和网络流量，AI能及时识别异常行为并触发预警。这为零售企业有效降低了恶意攻击和信息泄露风险。

（3）IT运维的智能化已成为重要趋势。针对复杂的跨系统问题，AI能快速排查原因并提供修复建议，提升运维效率。相比传统依赖经验丰富工程师逐步排查的模式，AI的引入既能减少人力投入，又能降低系统宕机造成的经营损失。

15.2.7　供应链管理

供应链涉及商品从生产到流通的全过程，是零售企业降低成本、保障货品及时供应的关键环节。AI的引入让供应链的规划和执行更加灵活和精准。

（1）在需求预测领域，AI 能综合分析历史销售数据、节假日特点、季节变化和社会热点，准确把握需求趋势。对于快消品和季节性商品，AI 还能实时监测销售异常，帮助企业及时进行补货或促销调整。

（2）在库存与物流管理方面，AI 能根据实时销量和运输路线，优化仓储布局和配送路线。系统通过分析各仓库的库存量、地理位置和运输成本，计算出最佳调配方案，降低空驶率并缩短运输时间。对于易损耗或临期商品，AI 会根据保质期和订单分布情况，适时安排调拨或促销，将损耗降到最低。

15.2.8 人力资源管理

零售行业的人力资源管理涉及大量招聘、培训、绩效考核和人才发展工作。特别是在经营旺季或新店开业时，人力需求会急剧上升。AI 技术能在招聘、绩效管理和员工培训等方面提供有力支持。

（1）在招聘方面，AI 可实现简历初筛和候选人匹配。系统通过分析求职者的职业经历和能力标签，自动推荐最适合岗位的候选人，提升人力部门的筛选效率。对于门店的日常招聘需求，AI 还能基于历史用工数据，准确预测企业所需的人力数量和岗位类型。

（2）在绩效管理方面，AI 能分析员工的销售业绩、服务评价和工作时长等数据，为管理层提供客观的考核依据。系统还会根据员工的兴趣特长和企业的人才需求，提供个性化的培训建议。这种方式有助于及早发现和培养潜力人才，为企业持续储备管理和专业人才。

（3）在员工培训方面，AI 助手为员工提供互动式学习体验。它能根据每位员工的岗位和能力差距，定制合适的课程和模拟练习环境，使培训更有针对性。管理层可通过系统生成的培训报告评估学习效果，持续优化培训方案。

15.2.9 财务管理

财务管理是企业内部最敏感和关键的职能部门之一。人工处理财务报表、发票和报销单据等工作不仅烦琐，还容易出错。AI 能帮助财务部门显著提升自动化水平，同时减少人为失误。

（1）在财务对账自动化方面，AI 通过图像识别和自然语言处理技术，能快速识别并录入大量票据和报销单据。相比人工输入，AI 不仅处理速度更快，而且错误率更低。对于生成管理报告、统计现金流和银行对账等常规财务操作，AI 都能自动完成，大幅缩短了处理时间。

（2）AI 还为财务指标监测与预警提供有力支持。系统通过实时监控企业资金往来、应收应付和库存周转率等关键数据，在发现异常趋势时立即发出提示和建议。

（3）在税务处理与筹划方面，AI 可帮助企业掌握最新税收政策，并结合实际运营数据为节税策略和风险管理提供建议。面对复杂的税务情况，AI 能预先评估不同方案的效果，为财务人员提供决策依据，从而提升财务管理的准确性和灵活性。

15.2.10　风险合规管理

在竞争激烈的零售市场中，风险合规管理同样不可忽视。由于不同国家和地区的法规标准差异显著，企业需要投入大量人力跟进政策变化。AI 技术能有效提升风控效率，为企业应对监管挑战提供有力保障。

（1）AI 能自动监测政策法规。当新的进口关税或消费税政策发布时，系统能第一时间收集相关资讯并提炼关键要点。企业可据此快速评估业务影响并做出调整。对于内部合规文件，AI 能进行自动化审阅，大幅减少人工工作量。

（2）在合同管理方面，AI 模型能识别文本中的潜在风险和法律条款漏洞。成熟的解决方案可根据标准化模板自动生成或修订合同条款，确保合同符合最新法规和公司内部合规要求。当发现异常条款或模糊表述时，AI 会及时提醒法律团队进行复核。

（3）在风控监测方面，AI 可整合企业多维数据，对欺诈行为和不合规操作及时预警。比如，通过分析交易流水，系统能识别出可能存在的洗钱、套现或虚假交易行为。在发现高风险情况时，AI 会自动触发报警并收集证据，帮助企业及时采取应对措施。

15.3　SaaS+AI 应用架构

在 SaaS 与 AI 应用的演进过程中，合理的架构设计至关重要。本节将以如图 15-2 所示的 SaaS+AI 应用架构作为参考，详细介绍其五个核心层次：

- 业务场景：发现和确定业务场景。
- 智能体：构建可复用的智能应用。

- **大模型**：采用合适的大模型作为核心推理引擎。
- **知识库**：管理企业的核心知识资产。
- **工具系统**：现有的运营工具和业务系统。

图 15-2　SaaS+AI 应用架构

15.3.1　业务场景：发现和确定业务场景

业务场景是整个 SaaS+AI 应用架构的起点，其核心任务是帮助 SaaS 企业从客户的经营和发展目标出发，找准最急需解决的业务痛点。可通过调研、访谈和历史数据分析等方式，梳理当前面临的主要挑战，如客户流失率过高、生产效率低下或市场推广成本过高等。

在明确这些痛点后，需要将其细化为具体的业务场景，精准匹配其所需的 AI 能力。每个场景都需要设定可量化的关键指标和目标值。例如，通过 AI 优化客服流程后，将客服响应时间缩短 30%，或将人工客服的成本减少一半。只有在充分理解业务场景并明确目标后，才能准确选择和运用相应的 AI 技术与工具。

15.3.2 智能体：构建可复用的智能应用

智能体是实现 AI 能力的关键环节。一方面，它提供"即插即用"的通用 AI 功能，包括文本生成、语义搜索、图像识别和语音交互等。另一方面，它支持根据企业需求进行深度定制，解决特定业务问题。

在日常运营和开发中，智能体与大模型和知识库紧密协作。它通过调用底层大模型实现高阶推理和决策，处理复杂的自然语言任务。同时，智能体会访问企业的结构化和半结构化知识，确保处理结果符合企业的行业背景和业务特点。

运营人员和开发团队可通过统一的 API 或 SDK 快速接入这些智能体，在不同场景下灵活组合和复用 AI 能力。为了适应各业务单元的需求，企业在构建智能体时应注重模块化和标准化，这不仅能降低重复开发成本，还能加快业务场景的迭代速度。

15.3.3 大模型：选择合适的大模型作为核心推理引擎

大模型是整个 SaaS+AI 应用架构的核心引擎。大模型拥有强大的学习能力，能处理从文本到多模态的各类数据，并进行深度语义理解和复杂推理。

企业在选择大模型时，需要根据业务场景的实际需求和精度要求，权衡大模型的可解释性、执行效率、硬件需求、算力消耗及预算限制等因素。

15.3.4 知识库：管理企业的核心知识资产

知识库是企业在运营中积累的结构化和半结构化信息的集中存储单元。它包含行业标准、产品信息、各类流程规范、行业案例等。

在 SaaS+AI 应用架构中，知识库为智能体和大模型提供关键的上下文及业务逻辑支持，让智能体能更准确地理解和运用企业特有的知识。比如，当智能体回答客户的产品功能咨询时，它会查阅知识库中的产品规格和操作手册，确保回答既准确又符合企业合规要求。

15.3.5 工具系统：现有的运营工具和业务系统

在企业 AI 转型过程中，现有的业务系统无法完全被替换。因此，SaaS+AI 应用架构必须与现有的 ERP、客户运营系统、供应链系统或其他内部系统紧密配合。这些传统工具仍然是日常业务运转的必要支撑部分。

通过开放 API，企业可以将现有系统的数据和操作能力无缝接入 AI 应用架构。这种方式既保留了现有系统的稳定性和历史数据积累，又为智能体和大模型提供了必要的输入。

以上介绍了 SaaS+AI 应用架构的各个层次。接下来将通过 AI 内容营销和门店数字员工两个具体案例，详细说明 SaaS+AI 应用架构的设计方法。

15.4 AI 内容营销

AI 内容营销运用 AI 技术，能够快速分析受众需求并自动生成、分发营销内容。这种技术可以广泛应用于品牌推广、产品宣传和客户互动等领域。

传统内容营销主要依靠人工进行客户洞察和内容制作，在处理海量数据和多渠道分发时往往效率低下。通过引入 AI 技术，零售企业能够快速锁定目标受众，自动生成合适的内容素材，从而实现更精准、更有针对性的营销策略。

15.4.1 AI 内容营销的业务场景

无论是小型零售商家，还是大型集团企业，各类企业都需要通过内容传递产品和品牌的关键信息。这些内容可以是文字、图片、音频、视频等多种形式。由于不同场景有着独特的内容需求，接下来介绍几个常见的内容营销的业务场景。

1. 社交媒体内容运营

社交媒体的兴起，为品牌带来接近用户的机会，也让竞争更为激烈。企业通常会在微博、微信、抖音、视频号等平台同时运营账号，希望触及最大范围的受众。每个平台的用户特征和互动方式都不尽相同。生成式 AI 可在这一领域发挥作用，为不同平台量身定制文案、海报或短视频脚本。

在社交媒体运营中，热点捕捉与快速响应非常关键。传统做法需依赖运营人员保持高度关注，难免有疏漏或滞后。借助 AI 的文本分析与热点识别，可以追踪热门话题、提炼用户评论要点，并自动生成相应的内容。这样不仅节省人力，更能提高互动效率与话题热度。

同时，社交媒体大多有自己的推荐算法，关注视频播放时长、用户点赞与评论数等指标。若企业能利用 AI 分析这些指标，就能优化内容投放策略。

2. 博客与长文内容

一些企业通过有深度的文章来塑造专业形象。与社交平台的轻量化内容相比，这类长文要求具有更完整的逻辑和更严谨的论证。生成式 AI 在这种场景下可用于辅助资料收集和文本创作。

AI 会通过搜索引擎和内部数据库全面检索目标主题，收集有价值的数据和文献。它能整合和提炼这些资料，为内容创作者提供清晰的思路。在写作过程中，生成式 AI 能根据企业的写作风格和关键词需求，提供段落框架和标题建议。

如果企业需要多语言版本，那么生成式 AI 还能协助企业快速翻译文章。经过简单的人工校对后，就可以完成多语言内容的输出。

3. 品牌宣传与活动策划

品牌宣传需要保持统一的视觉和文字风格，同时传达核心价值主张。例如节日促销、周年庆典，AI 都能分析历史活动的策划方案和创意素材，总结成功案例的共同特征，包括目标人群定位、活动时间和宣传渠道等。

基于企业的营销主题和品牌定位，AI 能生成多套活动创意方案。对于大企业来说，这类规模庞大、协作复杂的活动，AI 能大幅缩短前期策划时间。

在品牌宣传中，企业声誉和信息合规至关重要。AI 会在生成文本时自动筛查敏感词，及时提醒运营人员进行必要修改，防止出现误导性信息或不当言论。

15.4.2　AI 内容营销的系统流程

要实现高效的 AI 内容营销，需要建立一套完整的系统流程，如图 15-3 所示。该流程覆盖从目标设定到效果评估的全过程，确保内容营销活动能有序开展，并达成预期目标。接下来详细介绍 AI 内容营销的五个核心步骤。

1. 明确目标

第一步是确定本次营销活动所要达成的目标。目标既可以是提升品牌曝光度，也可以是增加产品销量，还可以是提升用户留存率。如果目标过于模糊，就会导致后续的 AI 分析缺乏方向，资源投入难以取得理想收益。

AI内容营销的系统流程			
AI智能体	客户运营系统	爬虫系统	内容分发系统

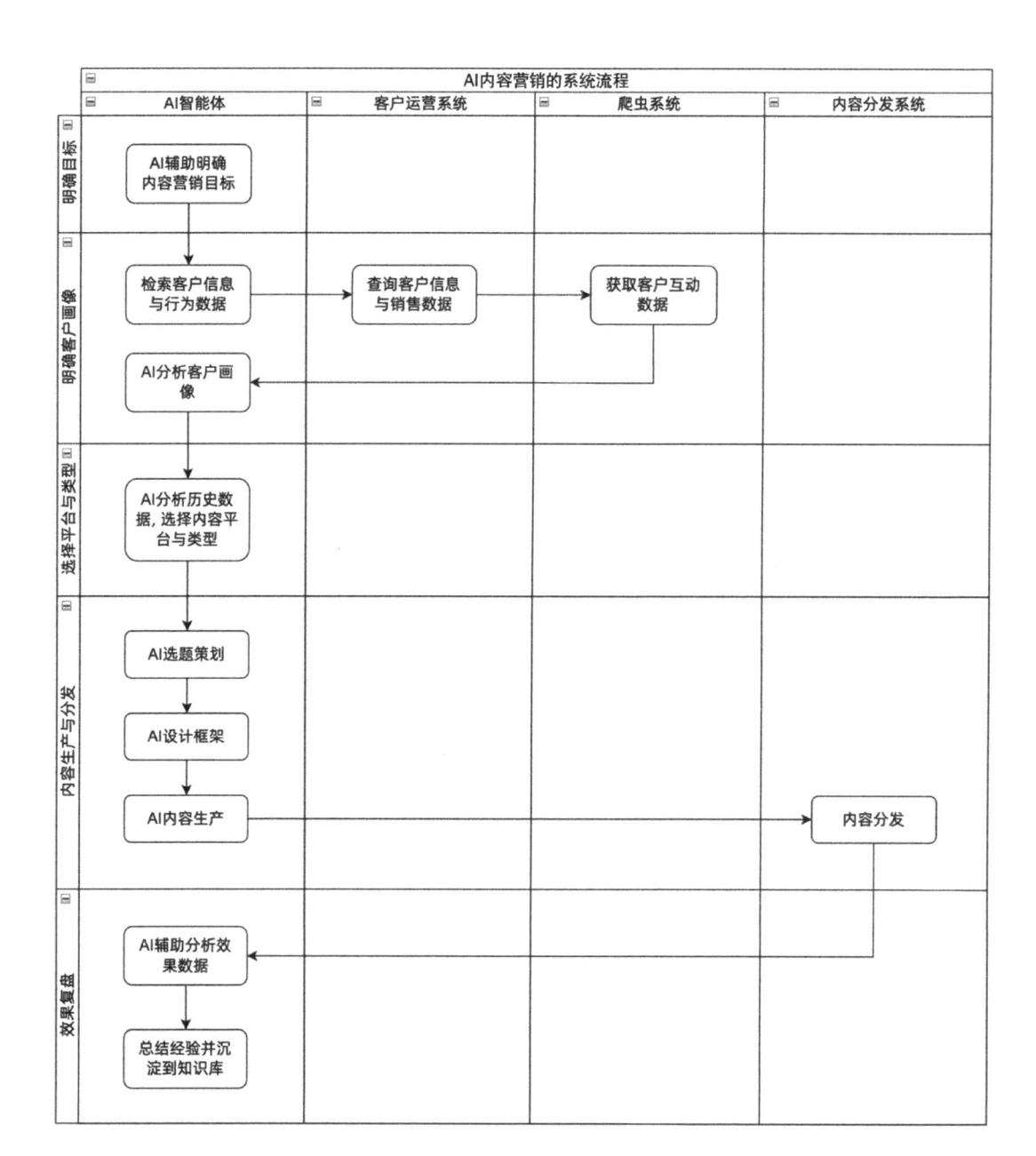

明确目标：AI辅助明确内容营销目标

明确客户画像：
- 检索客户信息与行为数据
- 查询客户信息与销售数据
- 获取客户互动数据
- AI分析客户画像

选择平台与类型：AI分析历史数据，选择内容平台与类型

内容生产与分发：
- AI选题策划
- AI设计框架
- AI内容生产
- 内容分发

效果复盘：
- AI辅助分析效果数据
- 总结经验并沉淀到知识库

图 15-3　AI 内容营销的系统流程

在设定目标时，应考虑企业所处的发展阶段和可用资源。若是新品牌，则主要追求社交媒体曝光。若是成熟产品，则可能更看重购买转化或用户续费。此时，要为每个目标指

定清晰的量化指标,比如点击率、转化率或注册数。这样才方便在后续进行效果评估,并为 AI 提供参考依据。

2. 明确客户画像

目标确定后,第二步是明确客户画像。客户画像描述了潜在用户的基本特征,包括年龄段、地域分布、兴趣爱好、消费能力及行为习惯等。传统做法常依赖问卷调查和人工归纳,过程烦琐且易忽视细节。AI 可以从社交媒体互动、购买记录及第三方数据源中快速挖掘用户共性与偏好。

若要获取准确的客户画像,则需要多维度的数据支撑。企业内部的客户运营系统会存储历史销售记录与客户信息,外部的社交媒体则提供点赞、评论和分享等互动数据。AI 通过对这些数据进行聚类、关联分析与识别,能把大规模用户分成若干细分群体,并为每个群体打上兴趣或行为标签。

客户画像的精准程度直接影响内容生产方向。假设 AI 发现年轻用户群体偏爱视频化内容,中年用户群体更喜欢图文干货,就可在后续阶段分别准备两套不同风格的内容方案。这样既能减少资源浪费,也能提高投放的准确度与转化率。

3. 选择平台与类型

在明确目标与客户画像后,第三步是选择恰当的平台和内容类型。常见平台有图文平台、短视频平台、博客、长视频平台等。

如果想快速覆盖年轻用户,则短视频平台与新兴社交媒体往往更适合。如果需要深度传递品牌理念或产品优势,则公众号、博客或视频网站更有利于长篇内容展示。不同平台的用户属性与业务场景并不相同,AI 可以根据客户画像和平台数据来判断哪种渠道更能触达目标受众。

4. 内容生产与分发

内容生产与分发是 AI 技术发挥关键作用的环节。AI 可基于关键词或产品信息,自动生成文案草稿或视频脚本,并为图片或视频素材提供智能修饰或剪辑。这样能大幅减少人工策划与编辑时间,让团队把精力集中于创意和质量把控。

分发时,AI 可根据平台特点和受众活跃时段自动排期。系统结合历史点击率和转化效果,推荐合适的发布时间,并在必要时进行多次投放。若企业使用营销自动化工具,则可进一步搭建相关流程,让用户在不同触点和行为阶段获得相应内容,形成个性化的营销闭环。

5. 效果复盘

最后一步是对投放效果进行复盘,并在必要时进行迭代优化。效果指标包括点击量、浏览量、完播率、点赞量、转化率、评论互动率等。AI通过数据分析,可以快速将这些指标进行可视化处理,让团队更直观地看到不同平台与内容的表现差异。

监测数据不仅反映投放效果,还可为后续内容生产提供指导。AI会自动识别出高绩效内容与低绩效内容,并分析原因。若发现某类型视频更容易获得转化,则可在下一轮投放中扩大该类型的占比。若某平台互动率低,则要及时缩减资源投入或更换投放策略。

15.4.3 AI内容营销系统的应用架构

基于上述AI内容营销的系统流程,现在构建其应用架构。该架构采用分层设计,每层负责特定功能,包括展现层、智能体、大模型、知识库和工具系统,如图15-4所示。

1. 展现层

展现层负责用户与系统的交互界面和体验,确保内容在各个平台上显示流畅、操作便捷。

- **PC工作台、App工作台、小程序**:作为不同的展示渠道,分别适配PC端、移动端和小程序,确保系统在各种终端上提供一致的用户体验。
- **AI运营后台**:供系统管理员和运营人员进行AI系统管理、数据监控分析和参数调整,确保智能体高效运行。

2. 智能体

智能体负责系统的智能决策与内容生成,通过AI技术自动化完成营销策划、内容生产和效果复盘等核心任务。

- **营销策划助手**:负责目标设定、客户画像分析、平台与渠道选择,以及活动创意生成等任务。
- **内容生产助手**:负责生成图文内容、短视频脚本、音频内容,以及海报设计、敏感词检测等任务。

- **效果复盘助手**：负责监控内容效果，通过效果监测、竞争对手分析等，为后续内容营销提供数据支持和优化建议。

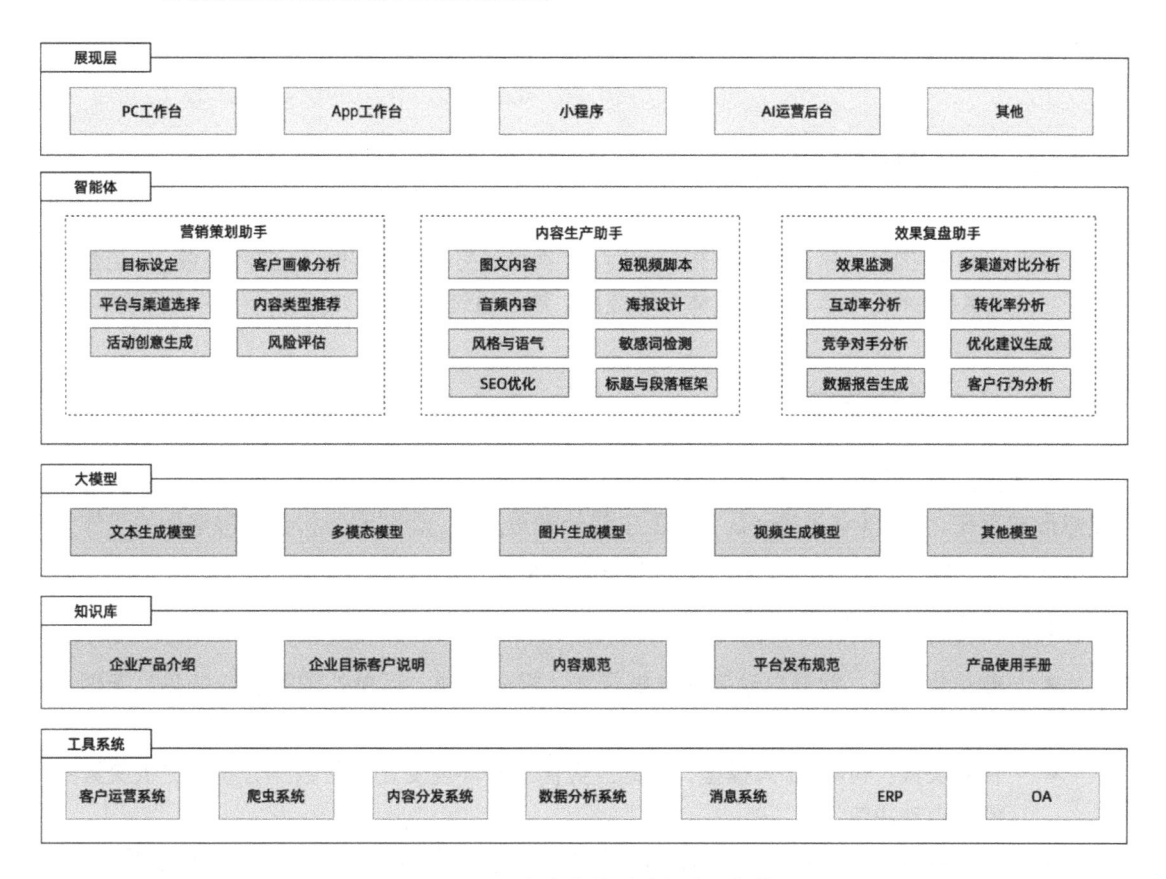

图 15-4　AI 内容营销系统的应用架构

3. 大模型

提供核心的生成式 AI 大模型，支撑智能体层的各项功能，执行内容生成、逻辑推理和数据分析等任务。

4. 知识库

为 AI 系统提供知识支持，整合企业和行业核心数据、产品信息和客户信息，辅助智能体层进行分析决策。

5. 工具系统

提供基础业务功能支持，包括外部平台数据抓取、内容发布、客户信息查询、历史数据查询等功能。

15.5 门店数字员工

在介绍完 AI 内容营销系统的架构设计后，下面探讨另一个重要的 AI 应用场景：门店数字员工。这是 AI 技术在零售行业的具体落地应用，展示通过 AI 技术如何提升门店运营效率。

15.5.1 什么是数字员工

数字员工是指利用人工智能和自动化技术来完成特定业务任务的虚拟员工。它以线上虚拟形式存在，没有实体形态。数字员工主要处理重复性、规则明确和数据密集型的工作，帮助企业提升效率，减少人为错误并降低运营成本。

数字员工的核心特点包括：

- **自动化执行**：能够自动完成数据录入、报表生成、订单处理等复杂任务，无须人工干预。
- **智能决策**：利用 AI 大模型，根据业务需求和环境变化进行数据分析，提供决策支持或自动决策。
- **工具集成**：可与 CRM、ERP 等系统和平台无缝集成，适用于多种业务场景。
- **全天候工作**：能够 7×24 小时不间断运行，实时处理任务。
- **持续优化**：通过数据积累不断优化执行流程，并能根据新需求灵活调整。

以零售门店为例，数字员工可以管理商品上下架、处理订单、提供售后服务、自动检查库存、更新商品信息、处理退款等，无须人工参与，既减轻了员工负担，又提高了业务运营效率。

15.5.2 数字员工的实现思路

在理解了数字员工的概念和特点后，下面讨论如何将这些理论转化为实用的解决方案。

数字员工的实现需要循序渐进,通过系统化的方法论和技术架构来逐步构建。如图 15-5 所示,我们将从技能构建、业务流程整合和持续优化三个关键维度详细阐述实现思路。

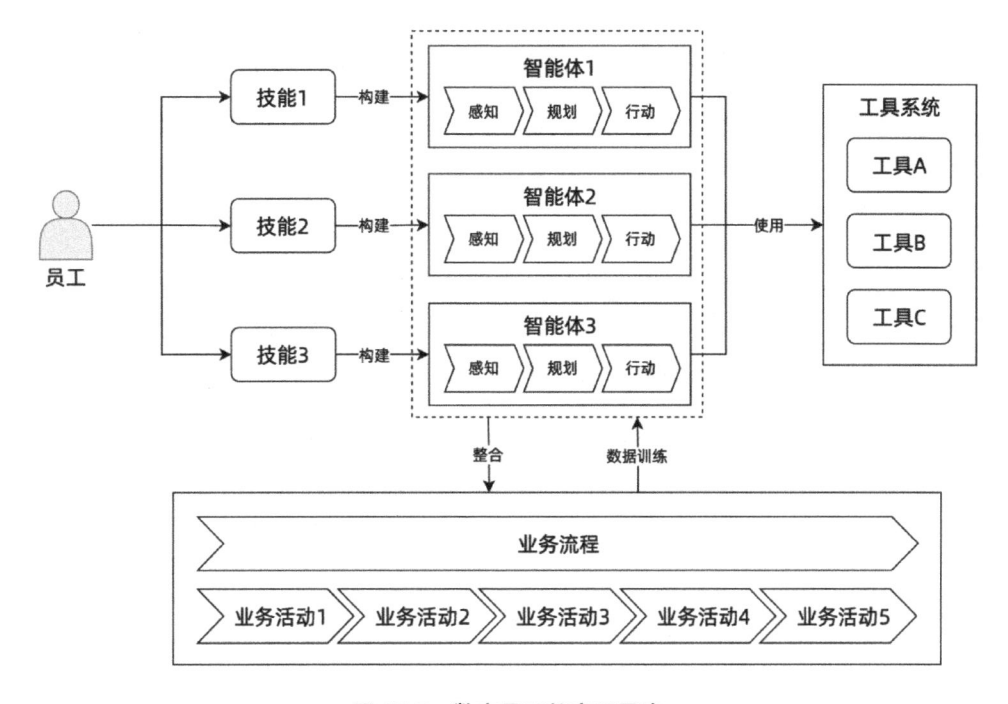

图 15-5 数字员工的实现思路

1. 将数字员工拆解成"技能",通过智能体构建"技能"

数字员工是 AI 技术的重要应用,代表自动化、智能化的未来工作模式。然而,要让数字员工真正落地并发挥作用,仅依赖现有的技术框架和资源是不够的。

数字员工是多个技能的集合,涵盖从基础任务处理到复杂决策支持等多个方面。我们需要拆解数字员工的技能,通过智能体来构建这些技能,每个技能都具有独立功能,负责处理特定的工作内容。

2. 业务流程数字化、线上化,将"技能"集成到业务流程中

数字化意味着将企业业务流程中的所有环节转化为数据,让其可以存储、分析和应用。线上化则是将传统的人工操作流程转移到线上,通过自动化系统来提升效率和准确性。

在积累了足够多能替代"员工技能"的智能体后,关键在于如何将它们整合到业务流

程中。传统业务流程包含多个环节，涉及不同部门和人员的协作。通过将这些智能体整合为"数字员工"并嵌入流程中，可以显著提升整体效率和响应速度。

3. 采集行为数据，进一步训练 AI 模型，实现"AI 熟练工"

数字员工需要循序渐进地发展，它需要大量行为数据来训练模型，以提高任务执行的精准度。这个过程就像一名员工从新手成长为熟练工，通过持续的反馈和学习，数字员工能够逐步适应不断变化的业务环境。

行为数据包括员工的操作步骤、决策过程和任务完成情况等实际工作记录，通过收集的行为数据，我们可以不断优化 AI 系统。初期，AI 系统或许只能处理简单的规则化任务，但随着数据的积累，它能够掌握更复杂的技能，逐步应对更具挑战性的业务场景。

这种进阶过程与人类员工的成长轨迹相似，从实习生到熟练工，AI 数字员工的能力会随时间稳步提升。最终，它将成为业务流程中的熟练工，帮助企业提高效率，推动创新发展。

15.5.3　门店运营的业务场景

门店运营是零售行业的核心，涵盖了从开业准备、营业中到打烊后的各个环节。每个环节都涉及大量的人工操作和协调工作。如何通过 AI 赋能，提升工作效率、减少错误、优化流程，成为当前零售行业关注的重点。

1. 开业准备

开业准备是运营的起点，通常包括收货、上架和系统操作等多个环节。门店员工需要处理大量的商品、原材料和库存信息。

（1）商品和原材料的收货与核对：员工需要手动核对配送到店的商品和原材料的数量与质量，并在系统中确认收货。这一环节往往涉及人工操作，容易出现疏漏或者错误。AI 系统可以通过自动化识别来确认物品的数量与质量，减少人工操作带来的误差。

（2）商品上架与线上渠道同步：员工将商品按要求理货并上架，同时需要同步更新线上平台（如微信商城、美团外卖、饿了么外卖等）的库存情况。AI 可以通过智能库存管理，实时同步门店和线上渠道的库存，避免人工更新时的延误和误差。

2. 营业中

营业中的工作流程更加复杂，需要同时处理线下客户需求和线上订单。门店员工需要随时根据客户需求进行调整，保证服务质量和订单履行的效率。

（1）客户接待与服务：门店员工需要在繁忙的工作中兼顾接待客户、推荐商品等任务。AI 可以通过智能客服系统，辅助门店员工快速响应线上客户的需求，提供商品推荐和帮助。智能客服助手可以根据客户的购买历史和偏好，推送个性化的商品推荐，提高客户的满意度和购买率。

（2）线上订单的接单与处理：门店员工不仅要接待线下客户，还需要实时处理来自微信小程序、美团外卖等平台的线上订单。AI 可以通过自动接单系统，帮助门店员工快速响应线上订单，减少人工接单时的时间延误和出错率。同时，AI 还可以根据订单的具体情况，自动安排商品的打包和配送，确保订单准时完成。

（3）售后处理：售后处理是一个复杂的环节，尤其是在面对订单修改和退款请求时。如果处理不当，则可能导致客户投诉和损失。AI 可以帮助门店员工自动化处理退款和订单修改，实时更新订单状态，确保门店能够及时响应并处理售后问题，避免人工处理的延迟和疏漏。

（4）库存更新与缺货管理：在高峰时段，尤其是某些热销商品快速售罄时，需要快速调整库存，避免超卖。AI 可以根据实时销售数据，自动更新库存，并在商品售罄前自动下架，降低人工操作的复杂性。同时，AI 还可以预测哪些商品可能会缺货，提前进行库存调配。

3. 打烊后

打烊后的工作虽然相对较少，但同样重要，包括对账、盘点、报损，以及制订备货计划。

（1）每日对账与财务核对：门店员工需要手动打印日结小票，并对各渠道的销售情况进行汇总。AI 可以自动生成对账报告，并将门店的销售数据与财务数据进行比对，减少人工操作的错误和时间浪费。同时，AI 还可以提供实时的财务分析，帮助店长及时了解门店的运营状况。

（2）库存盘点与报损：库存盘点与报损是门店打烊后的重要工作。门店员工需要手动清点商品，并在系统中登记报损商品。AI 可以通过智能摄像头和物联网设备，实时监控库存情况，并自动生成报损清单，降低人工盘点和报损的复杂度，提高工作效率。

（3）制订备货计划：门店员工根据当天的销售数据和库存情况，制订次日的备货计划。AI 可以根据历史销售数据和市场趋势，预测第二天的需求量，并自动生成备货计划。通过与供应链系统的结合，AI 还可以向总部发起要货请求，确保门店次日的商品供应充足。

（4）数据分析与决策支持：AI 不仅可以帮助门店员工完成日常的操作任务，还可以提供数据分析和决策支持。通过对历史销售数据、客户行为数据等的深度分析，AI 可以为门店提供市场趋势、热销商品的预测，帮助门店优化商品组合和运营策略。

15.5.4 门店数字员工的应用架构

通过对门店运营业务场景的深入分析和实践经验，我们将数字员工的核心技能分为以下几个关键领域：

- **商品库存管理技能**：负责门店商品和库存的全流程管理，涵盖商品入库、库存更新、上架管理和补货调度等环节。
- **客户服务技能**：以客户为中心，提供全方位服务支持，包括客户咨询、订单处理和售后服务等。
- **财务与数据分析技能**：通过数据分析和财务管理，为门店提供战略决策和运营优化支持，包括数据汇总、财务分析和利润计算等工作。

根据这些员工技能，可以进一步构建智能体助手。门店数字员工的应用架构如图 15-6 所示。

1. 展现层

展现层主要负责与用户进行交互。

- **PC 工作台**：提供桌面端的用户界面，适用于门店管理者、财务人员等需要使用计算机进行操作的角色。
- **App 工作台**：提供移动端操作界面，适用于店员、配送员等在门店或配送过程中使用。
- **小程序**：主要用于客户与门店之间的互动，如商品浏览、下单、支付等。
- **AI 运营后台**：为门店运营人员提供数据展示、智能体管理、运营决策等功能的后台平台。

门店数字员工的应用架构

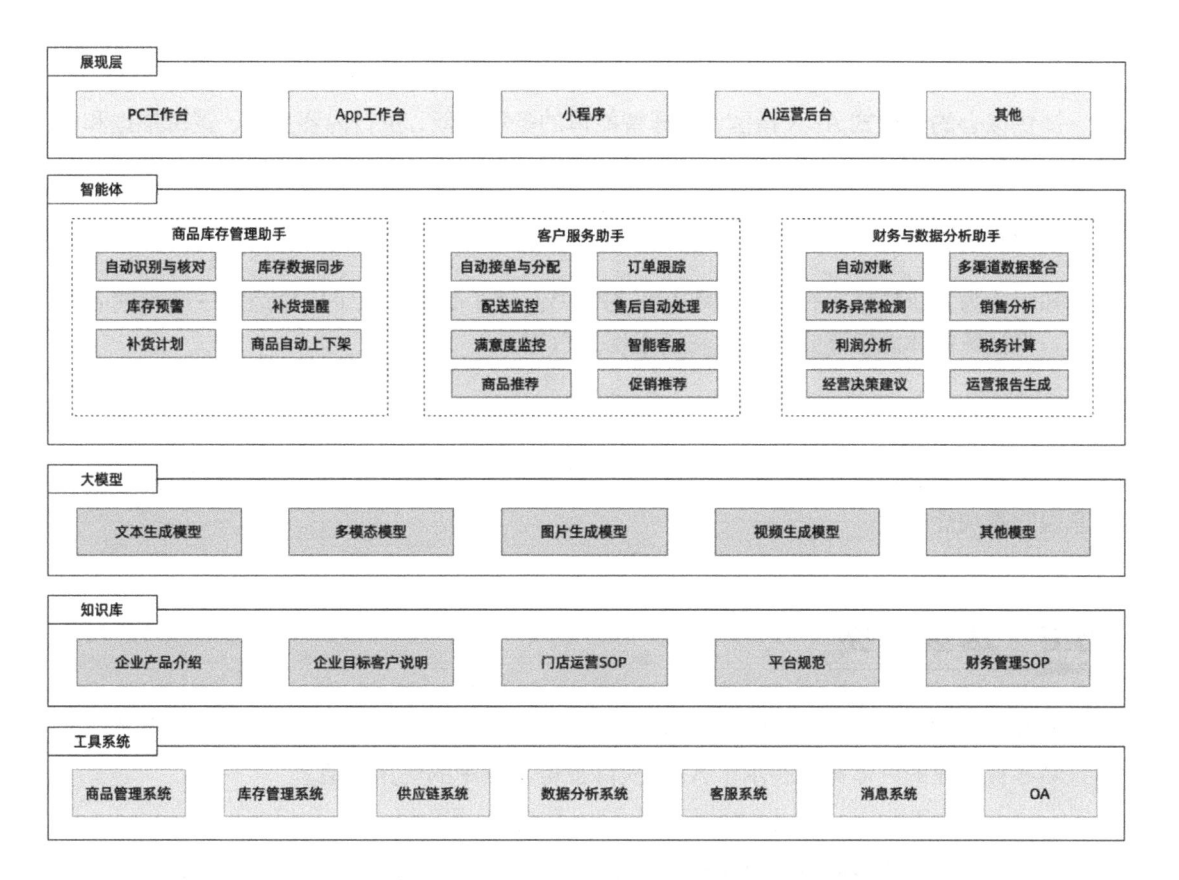

展现层：PC工作台、App工作台、小程序、AI运营后台、其他

智能体：
- 商品库存管理助手：自动识别与核对、库存数据同步、库存预警、补货提醒、补货计划、商品自动上下架
- 客户服务助手：自动接单与分配、订单跟踪、配送监控、售后自动处理、满意度监控、智能客服、商品推荐、促销推荐
- 财务与数据分析助手：自动对账、多渠道数据整合、财务异常检测、销售分析、利润分析、税务计算、经营决策建议、运营报告生成

大模型：文本生成模型、多模态模型、图片生成模型、视频生成模型、其他模型

知识库：企业产品介绍、企业目标客户说明、门店运营SOP、平台规范、财务管理SOP

工具系统：商品管理系统、库存管理系统、供应链系统、数据分析系统、客服系统、消息系统、OA

图 15-6　门店数字员工的应用架构

2. 智能体

智能体是系统的核心层，负责实际的智能决策和任务执行。这个层次涵盖了不同的智能体，分别对应门店运营的各个功能。

- **商品库存管理助手**：负责商品和库存的自动化管理，包括库存预警、补货提醒、商品自动上下架等功能。
- **客户服务助手**：提供智能客服、订单跟踪、售后自动处理等功能，提升客户体验和运营效率。
- **财务与数据分析助手**：对财务数据进行自动化处理与分析，生成对账报告、财务分析报告等，支持运营决策。

3. 大模型

提供核心的生成式 AI 大模型，支撑智能体的各项功能，执行内容生成、逻辑推理和数据分析等任务。

4. 知识库

知识库为系统提供了存储和调取知识的能力。这个层次集成了门店运营中所需的各种信息，保证智能体能够高效地获取和使用相关数据。

5. 工具系统

提供基础业务功能支持，包括商品管理、库存补充、采购补货、客户服务、数据分析、消息通知等功能。

15.6 本章小结

本章深入探讨了 SaaS 与 AI 技术的融合趋势，分析了 AI 技术对 SaaS 行业的变革，并通过新零售行业的具体案例展示了 AI 在实际业务场景中的应用价值。

首先，AI 原生应用作为一种新兴软件形态，与传统 SaaS 在架构设计、数据处理、用户交互和产品迭代等方面存在显著差异。AI 原生应用以 AI 为核心，实现了更智能化的功能，但传统 SaaS 凭借深厚的行业经验储备和数据积累，仍具有独特优势。未来两者更可能走向融合，而非完全取代。

AI 技术为 SaaS 行业带来了全方位变革，包括产品功能的智能化升级、个性化需求的满足、数字员工的出现及研发成本的降低。这些变革不仅提升了用户体验，还改变了 SaaS 企业的运营模式和服务交付方式。

SaaS+AI 的应用类型丰富多样，如 Copilot 辅助助手、创意内容生成、智能体自动执行和数据洞察建议等，为企业提供了更高效、更灵活的解决方案。

在新零售行业，AI 技术的应用场景涵盖客户洞察、商品规划、市场营销、渠道运营、客户服务、IT 管理、供应链管理、人力资源管理和财务管理等多个领域。通过 AI 技术，零售企业能够优化内部流程，提升客户体验，加强线上与线下融合，从而在竞争激烈的市场中保持优势。

其次，介绍了 SaaS+AI 应用架构的设计，包括业务场景、智能体、大模型、知识库和工具系统等五个核心层次。这种架构设计帮助企业更好地整合 AI 技术与现有业务系统，实现智能化转型。

最后，通过 AI 内容营销和门店数字员工两个具体案例，展示了 SaaS+AI 应用架构在实际应用中的架构设计思路与方法。AI 内容营销通过自动化生成和分发营销内容，提升了内容营销的效率和精准度；门店数字员工则通过自动化处理运营任务，提高了门店的运营效率和管理水平。

反侵权盗版声明

电子工业出版社依法对本作品享有专有出版权。任何未经权利人书面许可,复制、销售或通过信息网络传播本作品的行为;歪曲、篡改、剽窃本作品的行为,均违反《中华人民共和国著作权法》,其行为人应承担相应的民事责任和行政责任,构成犯罪的,将被依法追究刑事责任。

为了维护市场秩序,保护权利人的合法权益,我社将依法查处和打击侵权盗版的单位和个人。欢迎社会各界人士积极举报侵权盗版行为,本社将奖励举报有功人员,并保证举报人的信息不被泄露。

举报电话:(010)88254396;(010)88258888

传　　真:(010)88254397

E-mail:dbqq@phei.com.cn

通信地址:北京市万寿路173信箱　电子工业出版社总编办公室

邮　　编:100036